马来西亚南海政策研究

苏莹莹◎著

A Research on Malaysia's South China Sea Policies

时 事 出 版 社
北京

序

很高兴为苏莹莹老师的这本书写序。作为她读博阶段的导师，我和苏老师认识了近十年，对她比较了解，对于这本书的完成也比较了解。她为人勤勉，治学严谨，为此书的撰写付出了多年的心血。

《马来西亚南海政策研究》一书将马来西亚南海政策置于中马关系发展的大局中予以考察，在深入剖析马来西亚与南海的关系以及马来西亚南海政策、中马南海争议现状等重要问题的基础上针对中国的应对策略提出了解决争端的建议。全书的谋篇布局具有恰当的合理性，理论架构具有较强的逻辑性，形成了完整的、自成一体的理论体系。

作者将中马南海争端放在历史和现实的大背景下，纵横交错地进行分析，这是这本书的一大特点。作者广泛收集、系统梳理了马来西亚有关南海问题的各类军方、智库、媒体等文献，在此基础上，这本书将历史考察与国际关系研究有机结合，将多学科的理论和方法相互融合，提出了诸多具有创新意义的观点。比如对马来西亚与南海关系的定位，马来西亚南海政策的两面策略，马来西亚在南海问题上的选边策略的分析等等。

尤其难能可贵的是，作者精通马来语，又有长期在马来西亚体验社会文化的经历，阅读和采用了大量丰富的马来语文献资料，包括马来西亚学界论文、当地报章杂志的报道评论，该国智库的官网资料等。这些国内学术界鲜少能够掌握利用的马来语文献资料的汇集、分析，不仅大大丰富了我国学术界在南海研究领域的外文文献，而且为支撑作者的论述奠定了良好的基础，使作者的观点更具有客观性和准确性，也更令人信服。

马来西亚是“一带一路”沿线的重要节点国家，也是目前与中国关系最好的东盟国家之一。南海问题不仅是关系到中国的领土主权和维护国家海洋权益的重大问题，而且直接关系到中国的经济建设和安全利益。制定正确的应对策略，处理好中美南海争端，对于解决与东盟等南海声索国的南海争端，无疑具有重要的示范意义。

此书的出版对于深化国内学界对南海问题的研究，对中马关系的研究，对于我南海维权外交实践均有十分积极的理论价值和现实意义。这本书是近年来国内学术界在南海问题研究方面，特别是针对马来西亚的国别研究方面，具有较高学术质量的专著。对于我们政府制定相关政策，同行学者进行相关研究都是很有参考价值的。

李金明

2019年5月27日

目　　录

绪　论

中国是一个海陆兼备的国家，具有重大的海洋权益。中国拥有19057公里的漫长海岸线，大潮高潮时露出水面的面积在500平方米以上的岛屿有8168个，海岛岸线长16775公里。中国毗邻黄海、东海、南海三大边海，加上中国内海渤海，水域面积约470万平方公里，主张管辖海域约300万平方公里。

中国在陆地上，与14个邻国的边界总长达2.28万公里，其中90%已完成了划界。而在海洋划界方面却还任重道远。与中国海岸相邻或相向的8个国家和中国存在着海洋划界争议，其中黄海约5万平方公里、东海约30万平方公里、南海约118万平方公里。目前，中国在海上只完成了与越南在北部湾的划界，长度为506公里，占全部海上边界的7%。海域划界争议面积大、情况复杂、斗争尖锐，可以说，中国是世界上海域形势最复杂、划界任务最繁重的国家。① 其中，在南海海域所面临的划界问题由于各种因素的综合作用变得最为复杂。

南海，是中国以南的边缘海，也是一片半闭海，具体是指位于东经99°10′与122°10′、北纬23°27′与南纬3°之间的地处中国东南的那片海域。南海海域北濒中国大陆和台湾地区，东临菲律宾群岛，南接包括东马两州及印度尼西亚加里曼丹四省的婆罗洲，西至马来半岛，包括泰国湾在内。该海域周边环绕着9个国家，依顺时针方向，依次为：菲律宾、马来西亚、文莱、印度尼西亚、新加坡、泰国、柬埔寨、越南和中国。地处太平洋与印度洋之间的南海，东西距离为1380公里，南北距离为2380公里，总面积约为350万平方公里。② 其中，中国主张管辖的海域面积约为201万平方公里。

由于目前南海争端涉及“五国六方”，海域划界涉及“六国七方”，因此中国在南海的海洋权益正面临着前所未有的挑战，形势较为严峻。

近几年来，在美国高调宣称“重返亚太”，日本、印度、澳大利亚等

---

① 孙书贤：《海洋权益形势与强国战略》，2015年10月20日，北京外国语大学讲座。

② 李金明：《中国南海疆域研究》，哈尔滨：黑龙江教育出版社，2014年第1版，第3页。

国亦对南海表现出强烈的兴趣的大背景下，越南、菲律宾在南海地区频频制造挑衅、摩擦、争端等各种事件，言辞激烈、态度嚣张。南海局势的升温使坚决捍卫领土主权的中国面临着复杂局面。中国在积极推进以“双轨思路”应对南海争端的同时，应考虑在东南亚的几个当事国中需求突破口，力促“双边解决机制”的建立。而综合考量之下，马来西亚无疑是最佳选择。这正是本书的缘起和讨论的主题。

一、南海问题及其实质

南海是连接大洋大洲的要冲，东北部经巴士海峡（Bashi Channel）、巴林塘海峡（Balintang Channel）等众多海峡、水道与太平洋相沟通，东南经民都洛海峡（Mindoro Strait）、巴拉巴克海峡（Balabac Strait）与苏禄海（Sulu Sea）相接，南面经卡里马塔海峡（Karimata Strait）及加斯帕海峡（Gaspar Strait）与爪哇海（Jawa Sea）相邻，西南经马六甲海峡（Strait of Malacca）与印度洋相通。作为沟通两大洋和联系三大洲的海上枢纽，南海占据着极其重要的战略地位，又蕴藏着储量丰富的生物资源及非生物资源。无论是从能源蕴藏、国际贸易重要航道，还是地缘政治等角度来衡量，南海的重要战略地位，都受到了各国专家、学者的高度评价。

李金明先生从几个方面概括了南海所具有的重要战略地位：是世界上最丰富的渔场之一，全世界最发达的30个渔业国家中，有七个每年都在这里捕捞；拥有中国香港和新加坡这两个亚洲的主要港口；蕴藏有储量相当丰富的近海石油和天然气资源；一些重要海峡（马六甲海峡、新加坡海峡、巽他海峡和龙目海峡）控扼太平洋和印度洋的咽喉；是世界上最重要的一些商业战略航线的必经之地，从波斯湾到东亚的石油运输的主要航线要经过这里，每年有一万多艘商船通过这里，从亚洲到世界各地的主要货物航线也要经过这里。①

当前纷纷扰扰的“南海争端”，聚焦点在于地处南海东南部的南沙群岛，而非整个海域。其实质是南沙部分岛礁的领土争议以及南海部分海域的划界争议。南沙群岛的确切地理坐标，位于北纬3°40′—11°55′，东经109°30′—117°50′，东西宽400多海里，南北长500多海里，海域总面积为82万多平方公里。南沙群岛由230余个岛、礁、沙、滩组成，其中露出水面的岛屿有25个，明、暗礁128个，明、暗沙77个。②

南海问题如果从海域划界争端的角度看，则涉及到“六国七方”，即

---

① 李金明：《中国南海疆域研究》，哈尔滨：黑龙江教育出版社，2014年第1版，第3页。

② 李金明：《中国南海疆域研究》，哈尔滨：黑龙江教育出版社，2014年第1版，第11页。

包括对南沙群岛西南侧的部分海域声称“拥有管辖权”的印度尼西亚，其所公布的专属经济区划入中国“断续线”内3.5万平方公里。[①] 在东南亚四个南海声索国中，越南自1975年开始，至今已陆续占据了南沙群岛的29个岛礁；菲律宾自1970年开始，先后占据了八个岛礁；马来西亚自1983年起，武装占据了南沙五个岛礁；文莱虽然声称“对南通礁拥有主权”，并将其声称的大陆架延伸至南薇滩，但是并没有在南沙群岛占据任何岛礁沙滩。显然，就占据岛礁的数量而言，越南侵权行为最为严重。

如果说南海争端的核心是南沙群岛部分岛、礁、滩、沙的领土问题和南海的海域划界问题，那么，各方战略利益冲突的重心则是南海油气资源的开发。[②] 这是因为南海地区已经被证实是世界上蕴藏石油和天然气最丰富的地区之一，随着人类对能源问题的深切关注以及各国能源战略的不断升级，南海争端也随之不断升级，并必然导致域外大国势力纷纷介入南海。加之南海是全球非常重要的能源通道，数据显示，全亚洲海上贸易吞吐量的90%，以及由中东输往东北亚的油气资源的95%都须穿越这片半封闭的边缘海，这就使南海问题早已不是一个地区问题。[③] 能源开发和航道安全使南海问题在近年来持续成为国际社会的关注热点及讨论焦点。

二、研究中马南海争端的现实意义

（一）探寻南海争端的有效解决对中国的“和平崛起”具有现实意义

今日的中国毫无争议是个海洋大国，但是离“海洋强国”的发展目标还有很长的路要走。中国主张管辖的约300万平方公里的海域以及绵长的海岸线使中国成为目前全世界海洋纠纷最多的国家。其中，在南海海域，中国所面临的海洋权益纠纷最为复杂。南海问题，关乎主权，关乎能源，是近年来中国周边外交和区域安全的重中之重。除了涉及包括中马在内的“五国六方”之外，美国、日本、印度、澳大利亚等域外势力也从维护自身利益和亚太战略需要出发，插手南海争端。毫无疑问，这一切导致了不断升级的南海争端成为目前世界上涉及国家最多、情况最为复杂的海洋权

① 李国强：《中国的南海诉求究竟是什么》，《国际先驱导报》2012年3月9—15日，第32版。

② 李国强：《南海油气资源勘探开发的政策调适》，《国际问题研究》2014年第6期，第104页。

③ 刘怡：《南海之上：中国海洋转型的考验与前途》，《三联生活周刊》2016年第32期，第34页。

益之争。

近十年来，随着中国综合国力的持续高速增长，中国的崛起已成为全世界关注讨论的热点和研究审视的重点。部分国家，包括中国的周边邻国由于受到“国强必霸”的逻辑影响，对中国“和平崛起”的承诺产生了质疑。可以说，目前中国所面临的与周边多国的摩擦与争端，包括南海争端中部分国家对我国的误读误判、质疑挑衅，其实质都是对中国“大国崛起”的一种反应。因此，探寻南海争端的有效解决途径具有积极的现实意义。

（二）探寻中马南海争端的应对策略对南海问题的解决具有长远意义

2013年，中央召开了周边外交工作会议，集中探讨了中国所面临的海洋争端的解决路径。习近平主席明确指示，需要用“亲、诚、惠、容”的思路来解决争端，即在坚持底线的基础上，要秉持亲切、亲和、诚意、诚恳、互惠、普惠、容纳、容忍的态度来应对与邻国的主权争端。近几年来，三沙警备区的推进、钓鱼岛的针锋相对、黄岩岛的压制政策、在981钻井平台坚决防御越方冲撞船只、中国在整个南海海域的持续巡航、中美在南海的对峙……中国正以前所未有的力量全力推回，这些都显示了我们捍卫主权的“强硬”一面。

在涉及南海争端的几个东南亚声索国中，相比于菲律宾、越南的种种不理智行为，马来西亚的态度一直是比较冷静、理智、务实的。如果中马南海争端能够比较妥善地解决，那么既是“亲诚惠容”政策的有力实践，更将为中国与其他南海声索国解决争端提供很好的范例。因此，对中马南海争端解决路径的探讨具有积极的现实意义和长远意义。

（三）探寻中马南海争端的解决路径对实践“共同开发”具有指导意义

美国能源信息署（U. S. Energy Information Administration，EIA）于2013年2月初在其官网上发布了南海油气资源评估报告。该报告的数据显示，南海海域的石油储量约为110亿桶，而天然气储量约为190万亿立方英尺。① 不过，就东南亚四个声索国在南海占据及开采的油气资源的数量来说，情况又有所不同。马来西亚事实上已经成为南海主权争端中最大的

① 王海霞：《EIA公布最新南海油气资源评估报告》，《中国能源报》2013年2月25日，第08版。

经济利益获得者。进入21世纪以来，东南亚各国争夺开采中国南海油气资源的状况愈演愈烈。这就使原本存在的岛屿归属和海域划界争议更趋复杂化。因此，探讨与马来西亚进行联合开发油气资源的可能性对其他国家具有借鉴和指导意义。

三、马来西亚是南海争端突破口的最佳选择

据中国史籍的记载，中国人在公元前后已经抵达了马来本土，中马两国的友好关系可谓是源远流长。两国从官方到民间的各种往来在中国历朝历代的史籍中皆有大量的详细记载。马六甲苏丹国时期，恰值中国明朝中期，中马两国关系达到了鼎盛。现代史上，东盟创始成员国中，第一个与中国建交的国家是马来西亚，在推动东盟与中国的友好关系方面，其做出了重要贡献。近年来，中马两国高层互访频繁，民间互动积极，在各个领域的务实合作稳步推进。① 两国的新一届政府高度重视双边关系，已将其提升至“全面战略伙伴关系”。即使是2014年春季发生了震惊全世界的马航客机MH370失联事件，中马的传统友谊面临巨大挑战，但中马两国政府仍能携起手来，积极应对，坚定地维护了两国关系发展的稳定友好大局。马来西亚前总理纳吉布于2016年10月底来华访问，更是进一步深化了两国在关键性领域的互信与合作。2018年马哈蒂尔重新执政后，中马关系虽面对诸多挑战，仍实现平稳健康发展。

近年来，面对南海局势的持续紧张，相比于越南、菲律宾的种种不理智行为，马来西亚政府较为克制。从20世纪末至今，该国历届政府始终秉持以维护区域稳定、获取经济利益为核心的南海政策，在南海争端中保持了比较冷静克制的态度。几届政府保持在南海问题上的“务实”政策，一方面始终坚持对所占岛礁的主权声索，不放弃对油气资源的持续开采；另一方面又不断强调以“外交途径”“和平方式”来解决南海争端，避免有损区域稳定的不利局面出现。

2014年5月底，为庆祝中马建交40周年，时任马来西亚总理纳吉布应邀访华，并接受了中央电视台的专访。当被问及有关南海问题的立场时，纳吉布表示：“马中两国在南海问题上存在着分歧。我们需要以一种非常理性、成熟的方式来处理分歧。马来西亚的信念是，我们必须恪守《南海各方行为宣言》的精神，反对使用武力，通过协商找到一个解决分歧的方案。中马两国都致力于寻求地区的和平和稳定。东盟需要中国，中

① 苏莹莹:《中国文化在马来西亚的传播与传承》，《中国高校社会科学》2015年第6期，第96页。

国也需要东盟，这就是战略大局。南海问题不应破坏我们的战略目标。我们必须确保本地区的和平与稳定。”

南海争端的解决该何去何从？中国政府郑重表示，倾力支持加强南海合作的积极行动；果断回应破坏南海和平稳定的挑衅行为。中国对南海诸岛及其附近海域的主权不可能拱手相让；但是为了南海海域的和平，中国可以“搁置争端、共同开发”。中国可以同东盟协商维护南海地区和平与稳定的途径和方式，但涉及领土主权和管辖权的争议只能由直接当事国磋商和谈判处理。然而，长久以来，中国政府的友好表态，并没有在有关当事国中达成充分的共识。

有鉴于此，如何寻求南海困局的突破口，笔者认为，中国政府应充分考虑发挥“马来西亚因素”的积极作用。为达成此目的，应从不同角度对该国政府的南海政策进行比较全面、深入的解读，并在此基础上，积极探讨解决中马南海争端的有效策略。综上所述，本书议题具有较大的研究价值。

第一章　马来西亚与南海

南海作为连接两大洋三大洲的交通要冲，从古至今都是东西方往来的重要通道。具有绵长海岸线的马来西亚，其西马的东海岸全线以及东马的北侧和西侧濒临南海。中国与马来西亚隔南海相望，两国间从古至今的诸多往来皆与南海密切相关。马来半岛与苏门答腊岛之间的马六甲海峡，是往来东西方的船只由南海直通印度洋的必经之道。古代阿拉伯海员将该海峡作为中印两国的分界线，将海峡以西的海域称为“印度海”，以东的海域则被称为“中国海”。时至今日，在美欧等国所绘制的世界地图上，将南海标称为“南中国海”，正是沿袭了这一称谓。①

第一节　早期历史中的马来西亚

根据已发现的考古证据，考古学家们估计在今天马来西亚的境内，史前文明中的旧石器时代开始于 4 万年至 3.5 万年前。其证据就是在霹雳州的哥打淡边（Kota Tampan）、沙巴州的丁加由（Tingkayu）以及在沙捞越州的尼亚洞（Gua Niah）所发现的文物。至和平文化时期，生活在马来半岛的原始人类已经从中石器时代开始进入新石器时代，其起始时间大约为 5000 年前。不过其文化发展程度在不同地区并不平衡。许多先民仍然生活在石灰岩洞中，还有一些人如他们的祖先那样居住在开阔地带。大约在 2500 年前，在东南亚的海岛地区，那些已经经历了新石器时代的沿海地带进入了金属时代。部分考古学家认为，马来地区在金属时代的铜器文化与铁器文化是同步发展的。金属时代被认为是史前文化的最后一个时代，为有史记载的文化揭开了序幕。已故的东南亚史学家许云樵先生曾说：“中印两国的人因欲在海上互相交通而路径马来亚，才促进马来亚史前文化的

① 《中国主权的南海历史》，《国土资源》2012 年 6 月，第 64 页。

进步。”[1]

马来群岛的封建时代自公元后有史记载开始，终结于16世纪初西方殖民者进入。在这漫长的岁月中，马来群岛地区曾出现过数个封建王朝，或并存或更替。这里所说的马来群岛地区，包括了今天的马来西亚、印尼、文莱、新加坡、泰国南部以及菲律宾南部等地区，即古代马来语的使用区域。

中国历代史籍中曾记载的“狼牙修”（马来文为“Langkasuka”，公元2—7世纪，其中心在今天泰南的北大年府，疆域包括今天的西马北部的部分地区）、“丹丹”（或“单单”，马来文为“Tan-Tan”，其中心在今日西马的吉兰丹州）、“盘盘”（马来文为“Pan-Pan”，公元3—7世纪，其中心在今日马来西亚半岛中部和北部）、“赤土”（马来文为“Negeri Bumi Merah”，公元6—7世纪，位于马来半岛东北部）、“满剌加”王朝（马来文为“Kerajaan Melaka”，公元1400—1511年，位于今日马六甲州）、柔佛—廖内王朝（马来文为“Kerajaan Johor-Riau”，公元1680—1800年，位于今天马来西亚半岛南部及印尼廖内群岛地区）以及“婆皇”（今日西马彭亨州）、“干陀利”（今日西马吉打州、霹雳州一带）[2] 等东南亚古国，据考证，全境或部分国境位于今日马来西亚境内。

依据考古挖掘可知，中国人早在公元前2世纪至公元前1世纪就已到达了马来半岛南部及婆罗洲北部。马来半岛的柔佛河流域曾经挖掘出秦、汉两代的陶器残片，说明那时中国的铁器、铜鼓、钱币等已被带到了这些地区。[3]

汉武帝于公元前2世纪开辟了海上丝绸之路。马来半岛地处这条海上丝绸之路的交通要道，占据着连接南北、沟通东西的优越地理位置，因而成为当时国际海上贸易的交汇点。凭借着这条海上丝绸之路，中马友好往来连绵不断地发展起来。唐代高僧义净前往印度求取佛法途中，就曾停留于今天西马北部的吉打州一带。元代汪大渊的《岛夷志略》曾记载了婆罗洲一带的居民对到此经商的中国人十分友好，“尤敬爱唐人也”。如这般的记载在中国历朝历代的史籍中都可以找到。

15世纪时，恰值中国明朝及满剌加（即马六甲）苏丹国时期，中马交

---

① 《马来亚的来历》，许云樵编：《马来亚研究讲座》，［新加坡］新加坡世界书局有限公司，1961年11月版，第6页。见周伟民、唐玲玲：《中国与马来西亚文化交流史》，海口：海南出版社，2002年第1版，第54页。

② 周伟民、唐玲玲：《中国与马来西亚文化交流史》，海口：海南出版社，2002年第1版，第63页。

③ 孔远志：《中国与东南亚文化交流的特点》，《东南亚之窗》2009年第1期，第40页。

往达到了鼎盛。建国于马六甲海峡东南部的满剌加苏丹国于15世纪初兴起，因其地处沟通太平洋和印度洋的海上交通要道，而成为当时东南亚的国际商贸中心，更是闻名东西方乃至引起欧洲王室觊觎的国际香料贸易中心。明永乐三年至宣德八年（1405—1433年），郑和船队七下西洋。其中，曾经五次皆抵马六甲。

当时的满剌加是东方最大的贸易中心，盛产香料、木材、象牙及犀牛角等物产。来自文莱的樟脑、帝汶岛的檀香、马鲁古的丁香、万丹的肉豆蔻等，无不汇集于此，被交换成盐、米、陶土制品以及铁器等。葡萄牙药剂师多默·皮列士（Tome Pires）在其传世著作《东方志》的第六章——“马六甲”中详尽记载了马六甲早期的历史、地方行政、贸易、邻近诸地、葡萄牙对其的占领以及马六甲和明代中国的交往。他在书中对在当时的东西方贸易中盛极一时的马六甲给予了非常高的评价：“在这里，你能找到你所需要的东西，有时更超过你的期望。整个东方的货物在这儿都找得到，全西方的货物都在这儿售卖。”[①] 而马来西亚当代学者弗兹亚·沙非雅（Fuziah Shaffie）和卢斯兰·再努丁（Ruslan Zainuddin）在他们的著作《马来西亚历史》（*Sejarah Malaysia*）中指出：“从东西方远道而来的商贾们带来了他们国家的珍稀商品，并将其中的部分奉献给了马六甲当地的统治者，例如：金、银、丝绸和精美的手工艺品。”[②]

满剌加苏丹国历代君主皆与明朝庭交好，当时的中国是其遥远的宗主国。明永乐七年（1409年），为解决暹罗对满剌加的入侵问题，郑和首访满剌加，他带诏书前来，建碑封城，命其国名为“满剌加国”，并赐其开国君主拜里米苏剌（Parameswara）袍服、冠带、双台银印等。此后，满剌加多位国王都曾亲率使团来华访问，以表示对明朝庭的感激之情，仅《明史》记载，马六甲遣使来华共达22次。如永乐九年（1411年），拜里米苏剌亲率其妃、子、陪臣一行540余人来华访问，此举成为中马关系史中的一件盛事；[③] 之后，二代王依斯坎达尔·沙（Iskandar Syah）于永乐十七年（1419年），三代王穆罕默德·沙苏丹（Sultan Muhammad Syah）[④] 于永乐

① 多默·皮列士著，何高济译：《东方志——从红海到中国》，南京：江苏教育出版社，2005年第1版，第44页。

② Fuziah Shaffie, Ruslan Zainuddin. 2000. *Sejarah Malaysia*. Shah Alam: Penerbit Fajar Bakti Sdn. Bhd., hlm. 7. 弗兹亚·沙非雅、卢斯兰·再努丁：《马来西亚历史》，沙阿兰：黎明出版有限公司，2000年版。

③ 苏莹莹：《中国文化在马来西亚的传播与传承》，《中国高校社会科学》2015年第6期，第97页。

④ 穆罕默德·沙，也被称为“Sri Maharaja”，中国学者将其名译为“西里麻哈剌者”，他是马六甲王朝历史上第一个使用“苏丹”称号的国王。

二十二年（1424年）、宣德八年（1433年），都曾率领其王妃及臣下来华访问，中马友好之歌在海上丝绸之路唱响。

在此中马政治、经济往来繁盛的时期，许多中国商人纷纷于马六甲长久定居。马来古典文学名著《马来纪年》(*Sejarah Melayu*）和《杭杜亚传》(*Hikayat Hang Tuah*）都对这些外来华商与当地人的亲密友好关系有所记述。[①] 当时的中国商贾们被允许常住于此，有经商的权力，马来君主还赋予他们政治权利。他们有自己的聚居区，例如“Bukit China”（中国山）等，并受到当地人的尊重。今日马六甲城中仍有不少历史古迹，印证着中马关系昔日的盛况。正是在这种宽松、和平的环境下，在此生根、繁衍的中国人渐渐地形成了当地的华人社群，并逐渐融入当地社会，出现了“民族同化现象”。土生华人族群“峇峇娘惹”（Baba Nyonya)，即马六甲的混血族群的产生就是华马两族通婚同化的结晶，而中国文化也在异域的土壤上生根、发芽，于潜移默化中融入了马来社会。

此后，16世纪初至20世纪中叶是东南亚的殖民时代。这几个世纪里，中马关系有所阻隔，但华侨成为维系两国关系的纽带。至近代，随着大批华人移民涌入马来亚，中国文化在马来西亚的椰风蕉雨中传承与发展，与异域文明融合共生。

第二节　马来西亚的南海利益

中国和马来西亚隔着水波浩渺的南海遥遥相对。南海，于马来西亚而言，利益攸关。南海因其战略性地理位置和经济价值成为全世界的关注焦点。这一片海域的经济价值就在于其蕴藏着丰富的能源，还是当今世界能源运输的主要商业通道。作为海上商业要冲，南海对于区域经济和全球贸易的重要性不可估量，世界贸易中的相当一部分必经这段航道，往来于东西之间。

对于东亚国家，如中、日、韩而言，其国际航运贸易的绝大部分必须要经过这一片海域。而对于国民经济在较大程度上依赖于油气资源和渔业资源的马来西亚而言，南海异常重要。作为东盟第二大油气生产国兼世界第三大天然气出口国，马来西亚几乎所有的油气资源都来自于南海地区，且大量的天然气从沙捞越的民都鲁（Bintulu）港口经由南海航道出口到东

① 苏莹莹：《走进马来西亚》，《回族文学》2010年第1期，第65页。

亚国家及远东地区。

一、南海油气资源是马来西亚国家收入的重要来源

南海是西太平洋最大的边缘海之一。从地质结构而言，南海的形成演化与其周边板块的构造活动密切相关。它位于欧亚板块、印度—澳大利亚板块与太平洋—菲律宾板块相互作用的构造部位，这也就是南海具有优越的油气资源的决定性地理条件。①

从油气资源的分布上看，南海海域北部富气，南部富油，整体而言，南部油气资源更为丰富。就南沙群岛而言，该海域含油盆地有八个：郑和盆地、安渡滩盆地、中越盆地、西北巴拉望盆地、礼乐滩盆地、文莱—沙巴盆地、万安盆地及曾母盆地，总面积约41万多平方公里，这八个沉积盆地总油气资源量为349.7亿吨，因此享有“第二个波斯湾”之称。② 而在这八个沉积盆地中，马来西亚所占领、控制的区域涉及曾母盆地、文莱—沙巴盆地及安渡滩盆地。

随着20世纪70年代后期大范围的油气勘探活动的展开，南海油气资源储量被逐步探明，周边国家纷纷抓紧掠夺，划出各自的海上油气开发区块。东盟南海声索国由于自身缺乏资金和技术，就以对外招标的形式，以各种优惠条件来吸引西方各大国际石油公司进行合作开发，就此明目张胆地大规模开展油气开发活动。③

巨额的利润引来众多争抢者。到20世纪90年代末期，南海周边国家已经在南沙海域发现含油气构造200多个，钻井1000多口，油田101个、气田79个。至2012年，各国在争议海域钻井达1380口。马来西亚由于所占领的岛礁附近海域的油气蕴藏丰富，成为东盟争端国中油气产量最多的国家，其次是文莱和越南。④

占据着得天独厚的油气开采条件的马来西亚从20世纪70年代开始，就与国际能源巨头们合作，源源不断地获取来自于南沙海域的油气资源。在东马沙巴、沙捞越岸外，于1972年首次发现了近海石油。于是，许多油井在此架设，石油资源被源源不断地开采出来。据统计，这些油井生产的石油总量超过马来西亚当时国内需求量的两倍。到1980年，其日均炼油量可达到28.03万桶，约4万吨。石油收入约占当时马来西亚国民收入的

---

① 刘锋：《南海油气资源开发与合作》，《新东方》2010年6月，第20页。

② 王圣云、张耀光：《南海地缘政治特征及中国南海地缘战略》，《东南亚纵横》2012年第1期，第67页。

③ 刘锋：《南海油气资源开发与合作》，《新东方》2010年6月，第20—21页。

④ 刘锋：《南海油气资源开发与合作》，《新东方》2010年6月，第22页。

22%，已成为其最重要的出口商品。液化气自1983年开始出口，液化气厂就建在位于沙捞越中部海岸的民都鲁。①

至2011年，马来西亚在中国南海“断续线”内海域共开采油田18个，气田40个。石油年产量超过了3000万吨，天然气近1.5亿立方米。该国出口石油的70%来自于中国“断续线”内海域。② 目前，马来西亚是在南海开采油气资源最多的国家。凭借着丰富的油气资源，马来西亚提出了“2020宏愿”，其目标之一就是打造亚洲能源储备及贸易基地，发展成为亚洲能源强国。③

马来西亚政府所提出的“2020宏愿”，其整体目标是使该国在2020年如期迈入发达国家行列。为了实现这一目标，必须大大提高国家工业化的程度，实现国家经济的转型。作为一个典型的海洋国家，海洋经济是马来西亚实现国家工业化的重要组成部分，而南海的油气资源开发则是其国家经济快速持续发展的重要支柱。美国能源信息署（EIA）统计数据及分析报告显示，马来西亚的石油储量在亚太地区位于第四的位置，仅次于中国、印度和越南。马来西亚几乎所有的石油均来自海上油田。该国的能源产业是其国家经济增长的关键领域，几乎占其国内生产总值（GDP）的20%。马来西亚能源战略的另一个关键支柱是成为该地区石油和天然气储备、贸易和发展中心，这将吸引在亚洲地区具有竞争力的专业技术和下游服务。④

二、南海是马来西亚开展国际贸易的重要航道

南海是东盟内部、亚洲内部和亚洲—大洋洲地区的贸易枢纽，而亚太贸易显然已成为区域经济与商贸发展的有力引擎。东南亚国家借助南海得以开展与东亚、南亚、中东及西方的贸易。南海东接太平洋，西连印度洋，而南北航道又连接了东亚与包括澳大利亚和新西兰的大洋洲地区。因为南海，这一商业网络才得以存在。

南海已成为世界上经济发展最为快速的这些区域的“主人”，在整条

---

① Hunns J. Buchholz, Law of the Sea Zones in the Pacific Ocean [M], Institute of Southeast Asian Studies, Singapore, 1987, p. 51. 见李金明：《南沙海域石油开发与主权纷争》，《南洋问题研究》2002年第4期，第44页。

② 安应民：《论南海争议区域油气资源共同开发的模式选择》，《当代亚太》2011年第6期，第130页。

③ 陈相秒：《2014年马来西亚南海政策评析》，《世界经济与政治论坛》2015年5月第3期，第79页。

④ 《马来西亚能源产业亮点分析》，美国能源信息署官网，2014年9月29日，http://www.eia.gov/beta/international/country.cfm?iso=MYS，访问日期：2016年7月24日12:05。

海岸线上分布着世界上最大、最繁忙的集装箱码头，例如新加坡港，以及中国的香港、高雄港等等。沿岸国家通过发展海洋贸易为区域及全球的繁荣做出了自己的贡献。

前往远东国家的原油运输在南海贸易中占主导性地位，而近十年来，南海地区各港口集装箱贸易额的统计数据显示了其日益攀升的趋势。意图寻求外部资源的许多跨国公司都纷纷选择在亚洲，特别是东南亚地区建厂，并不断提升它们在南海地区的集装箱贸易总额。今日马来西亚的经济发展在很大程度上依赖于国际贸易，因此高度重视南海贸易航道。①

第三节　马来西亚对南海岛礁的占据

马来西亚由东马、西马组成。西马的东海岸全线，东马除沙巴州东海岸之外，所临海域皆属南海。与东南亚其他国家一样，在 20 世纪 70 年代之前，马来西亚对中国在南沙群岛及其附近海域行使主权并没有提出异议。也就是说，在第二次世界大战后相当长的一个时期内，所谓的中马南海争端并不存在，而争端缘起于该国 1979 年出版的一张“新地图”。

一、马来西亚对南海岛礁的主权声索及武装占据

1979 年 12 月 21 日，马来西亚出版了一张新的领海和大陆架疆域图。这份 1∶150 万比例尺的所谓的“新地图”标明了沙巴和沙捞越州的大陆架主权声索界限，把南海东南部的 12 个岛礁划入其“声索范围”。至目前为止，其中的五个岛礁已被其武装占领。

列入马来西亚“声索范围”的南海东南部 12 个岛礁及其所属海域皆与其他声索国存在着领土争议。② 这 12 个岛礁如下表：

---

① Nazery Khalid. 2011. “Dagangan Strategik Laut China Selatan”. *Dewan Ekonomi*, Oktober: 43－44. 纳兹瑞 · 卡利德：《南中国海战略性贸易》，［马来西亚］《社会》2011 年 10 月，第 43—44 页。

② 李金明：《论马来西亚在南海声称的领土争议》，《史学集刊》2004 年 7 月第 3 期，第 67 页。

马来西亚在南沙群岛提出“主权声索”的12个岛礁的名字

序号	中文标准名称	英文	马来文
1	柏礁	Barque Canada Reef	Terumbu Perahu
2	安波沙洲	Amboyna Cay	Pulau Kecil Amboyna
3	南海礁	Mariveles Reef	Terumbu Mantanani
4	光星礁	Dallas Reef	Terumbu Laya
5	光星仔礁／安渡滩	Ardasier Reef	Terumbu Ubi
6	弹丸礁	Swallow Reef	Terumbu（Pulau）Layang-Layang
7	皇路礁	Royal Charlotte Reef	Terumbu Samarang Barat Besar
8	南通礁	Louisa Reef	Terumbu Samarang Barat Kecil
9	司令礁	Commodore Reef	Terumbu Laksamana
10	簸箕礁	Erica Reef	Terumbu Siput
11	榆亚暗沙	Investigator Reef	Terumbu Peninjau
12	卢康暗沙	Luconia Shoals	Gugusan Beting

笔者自制。

为了强化其声索，马来西亚从1983年至1999年，武装占据了南沙的五个岛礁。按占领的先后顺序，依次是：1983年占据的弹丸礁、1986年占据的光星仔礁和南海礁以及1999年占据的榆亚暗沙和簸箕礁。

弹丸礁位于沙巴州纳闽岛西北240公里处，其陆地总面积约为0.1平方公里。1983年初，马来西亚就拟定了一个占据弹丸礁的详细计划。据其武装部队参谋长格扎利将军（Gen. Tan Sri Ghazali Seth）说，该国政府为此次占领做了充分的准备。当年6月初，恰逢“五国联防组织”为期一周的代号为“海星”的海军演习在南海举行，来自英国、新西兰、澳大利亚、新加坡和马来西亚的大约18艘船、16架飞机和3000名官兵参加了此次演习。马来西亚20名海军突击队员在演习期间的6月12日登上了弹丸礁，①就此占据了弹丸礁。对此，时任中国外交部新闻司司长齐怀远在当年9月14日的新闻发布会上说：“最近，位于我国南沙群岛的弹丸礁被外国军队非法侵占，有的国家相继对我国南沙群岛的某些岛、礁提出领土要求。”

① K. Das. Perched on a Claim［J］. Far Eastern Economic Review, Vol. 121, No. 39, September 29, 1983. p. 40. 见郭渊：《20世纪80年代南海地缘形势与中国对南海权益的捍卫》，《历史教学》2011年第4期，第29—30页。

他指出，中华人民共和国外交部重申中国对南沙群岛及其附近海域拥有无可争辩的主权，这些地区的资源属于中国所有。齐司长再次强调中国对于南沙群岛的合法主权，绝不允许任何国家以任何借口和采取任何方式加以侵犯，任何外国占据南沙群岛的岛屿以及在这些地区进行开发或其他活动都是非法的，不能允许的。①

然而，1986 年 11 月，中国的郑重声明犹在耳边，马来西亚再次出兵占领了靠近沙捞越海岸的光星仔礁和南海礁以及两礁附属的六个小岛。② 1999 年，马来西亚在槟榔屿建成一座 50 米 ×20 米的两层混凝土建筑，然后于 6 月间拖到榆亚暗沙，据此占领该岛礁。同年，马来西亚还占据了簸箕礁。

另据统计，1983—1991 年，马来西亚至少花费了 7000 万马币经营所占南沙岛礁，其后特别加强了对弹丸礁的经营。③ 该岛的一部分被其海军使用，有一条长 1000 米的跑道和一个海军基地。此外，自 1992 年开始，马来西亚将该岛开发为一个配备水下呼吸器的潜水胜地。有足够接待 200 位客人的配备有电话、空调、卫星电视等设施的 86 套客房，还可承办各种研讨会及国际会议。④

二、以声索及占据为基础，对南海油气资源进行大肆开采

就南海周边国家占领南沙岛礁的情况而言，向来有“菲占最早、越占最多、马占最肥”的说法。美国能源信息署（EIA）于 2013 年 4 月发布的《南海声索国的原油及天然气储量》的详细数据显示，马来西亚所占据海域的油气储量为南海海域之最高，其次是越南、文莱和中国，而菲律宾的油气储量为最低。如下表所示：

南海声索国的原油及天然气储量

	原油储量（10 亿桶）	天然气储量（万亿立方英尺）
文莱	1.5	15
中国	1.3	15

---

① 《外交部就弹丸礁被外国军队非法侵占一事重申南沙群岛历来就是中国领土》，《人民日报》1983 年 9 月 15 日第 1 版。

② 李金明：《南海波涛——东南亚国家与南海问题》，南昌：江西高校出版社，2005 年第 1 版，第 73 页。

③ 刘中民：《冷战后东南亚国家南海政策的发展动向与中国的对策思考》，《南洋问题研究》2008 年第 2 期，第 27 页。

④ 李金明：《南海领土争议的由来与现状》，《世界知识》2011 年 12 月刊，第 28 页。

续表

	原油储量（10 亿桶）	天然气储量（万亿立方英尺）
印尼	0.3	55
马来西亚	5.0	80
菲律宾	0.2	4
越南	3.0	20

资料来源：美国能源信息署 2013 年 4 月报告①。

正是由于马来西亚所占区域具有最丰富的油气资源，自 20 世纪 70 年代以来，在明目张胆地对中国的油气资源进行掠夺的南海周边国家当中，马来西亚行动早、动作快，成为在南海开采油气资源最多的国家。2009 年该国在南海的石油年产量就已超过 3000 万吨，天然气近 1.5 亿立方米。②至 2014 年的数据显示，该国在南沙海域已经打出了 90 多口油气井，占中国、越南、菲律宾、马来西亚四国打井总数的一半以上，其出口石油总量的 70% 来自南沙海域。③

回顾历史，必须看到，从 20 世纪 60 年代中后期开始，部分国际组织对南海地区的石油资源进行了勘探和储量预测。其结果成为引爆南海争端的重要导火索。这其中，联合国经社理事会亚洲近海地区矿产资源勘探协调委员会于 1966 年开始进行的一次包括南海地区在内的，针对中国近海大陆架的勘探活动，以及美国诺尔伍德阿尔卑斯地球物理公司于 1967 年 9 月至 1968 年 2 月进行的包括台湾海峡及南海部分地区的综合地球物理测量，这两次调查时限较短，影响有限。但是，以美国生物学家埃默里博士为首，九个国家和地区的地质专家参与的于 1968 年进行的那次针对南海、东海以及黄海海域的大规模地球物理调查，其勘探结果的影响却相当深远。此次勘探发表的《亚洲近海地区矿产资源勘探协调委员会技术报告》（简

① Sumathy Permal, 2013, The rising turbulence in the South China Sea, Centre for Maritime Security and Diplomacy, Maritime Institute of Malaysia, April 15. http://www.mima.gov.my/mima/wp-content/themes/twentyeleven/cms/uploads/seaview/73. Turbulence% 20in% 20SCS (5 - 2013) .pdf (Mei 20, 2015) .

② 《马来西亚则是中国南海开采油气资源最多的国家》，香港经济网，2009 年 8 月 22 日，http://news.cnfol.com/090822/101, 1278, 6398063, 00.shtml，访问日期：2015 年 9 月 27 日 23:15。

③ 姜丽等：《马来西亚在南海的战略利益分析》，《广东海洋大学学报》2014 年 4 月第 34 卷第 2 期，第 30 页。

称《埃默里报告》），成为南海周边各国掠夺油气资源的理论依据。[①] 该报告对南海海域三大储油区的分布进行了推测：一个是紧靠越南南部海岸并深入陆地地区，另一个从泰国南部到马来西亚南巴斯群岛，最后一个从南沙群岛的西南一直延伸到沙捞越，估计储油地区总面积为 24.6 万平方千米。[②]

各国石油地质专家在《埃默里报告》出台后，纷纷对亚太地区近海油气资源的分布表现出浓厚的兴趣，并针对其储量做出了各自的估计。虽然具体估算结果有所不同，但都对南海海域油气资源的潜力给予了非常乐观的估计，也因此激起了南海周边国家勘探海域、侵占岛礁的狂潮，因为在当时这些国家皆处于贫油状态。

卷入这一狂潮的东南亚国家中当然也包括马来西亚。该国早在 1966 年 7 月就在沙捞越附近海域划出招标区块，出租给荷兰壳牌公司。1968 年又将中国“断续线”以内八万多平方千米的南沙海域划为“矿区”，“出租”给美国壳牌公司子公司——沙捞越壳牌公司，南康暗沙、海宁礁、北康暗沙和曾母暗沙等被包括在内。[③] 1969 年 10 月，马来西亚与印尼签订了大陆架划界协定，将其海上开采区扩展至曾母暗沙附近海域。就此，马来西亚侵占中国南沙海域的总面积达 27 万平方公里。1970 年就有七家外国石油公司与其政府签署了协定，耗费 2 亿美元，在东马和西马面积约 10 万平方公里的近海海域勘探油源。它们是英荷合资壳牌石油公司、美国埃克森石油公司、美国飞马石油公司、美国大陆石油公司、美国海祥石油勘探和开发公司、日本沙巴帝国石油公司和法国阿基坦石油公司等。[④]

成立于 1974 年的马来西亚国家石油公司（PETRONAS）是目前世界上最大的液化天然气（LNG）生产商之一，同时也是亚太地区国际化经营程度较高，具有较强影响力的国家石油公司之一。多年来，为了确保油气资源开采量的稳定增加，提高其自身在国际石油市场的商业地位，PETRONAS 不断加大海外油气勘探的开发力度，并与国际上多家知名的跨国石油公司建立了长期的合作伙伴关系。[⑤] 特别是 1985 年后，多家外国石油公司

---

① 郭渊：《南海地缘形势与中国政府对南海权益的维护——以 20 世纪六七十年代南海争端为考察中心》，《太平洋学报》2011 年 5 月刊，第 85 页。

② 林金枝：《近年来外国人在南海海域进行石油勘探活动》，《南洋问题》1979 年第 4 期，第 26 页。

③ 韩振华主编：《我国南海诸岛史料汇编》，北京：东方出版社，1988 年第 1 版，第 686 页。

④ 林金枝：《近年来外国人在南海海域进行石油勘探活动》，《南洋问题》1979 年第 4 期，第 37 页。

⑤ 江怀友等：《马来西亚国家石油公司发展战略与管理》，《中外能源》2009 年第 14 卷，第 25 页。

进驻曾母盆地参与勘探与开发，这充分显示了 PETRONAS 在对外招标、吸收外资方面取得了很大成功。90 年代后，在近海石油资源开采量有所下降，计划向深海挺进的大背景下，PETRONAS 不断以更加优惠的条件吸引了大量外国公司与之进行合作，这些合作项目逐渐向曾母盆地北部深水区发展。①

经过多年来与英国石油公司 BP 的合作，马来西亚已掌握了自行勘探、开发 3000 米深海油气资源的能力。核心技术的掌握大大强化了其对南海石油利益的攫取能力。PETRONAS 在自己挖井采油之外，还堂而皇之地参与其他声索国的油气开发，以承包商的身份进入合作开发，通过开采分成的方式攫取经济利益。②

此外，马来西亚还致力于减少与其他主权声索国的分歧，以便通过联合开发攫取经济利益。比如，马泰两国在泰国湾南部联合进行的天然气勘探和生产，以及马文两国于 2009 年 3 月通过换文谋求解决其海洋和陆地边境争议。双方最终同意在 CA1 和 CA2 两个地块联合开发石油和天然气。这些案例都显示了马来西亚“搁置争议”的经济实用主义态度。但目前马中之间尚无真正意义上具有可操作性的合作开采油气的项目。这显然是因为马来西亚政府担心与中国进行联合开采，等于承认了中国在相关海域的主权，这违背了其政府的现行政策。

三、以“有效控制”强化主权声索

自瑞士法学家马克斯·胡伯法官在 1928 年“帕尔马斯岛仲裁案”中提出了“对行使领土主权的持续的、和平的显示，与权利一样重要”的观点，“有效控制原则”就被频繁引用于国际法院和常设仲裁法院有关领土争端的裁决中。③ 2002 年，马来西亚与印尼之间发生了“两岛之争”，即利吉丹岛（Pulau Ligitan）和西巴丹岛（Pulau Sipadan）争端案。2008 年，马来西亚又与新加坡之间发生了白礁岛（Pulau Batu Putih）主权争端案，分别提交至国际法庭要求仲裁。这两起判决都涉及到“有效控制原则”判决。

引起马印主权争端的利吉丹岛和西巴丹岛位于苏拉威西海域。2002 年

① 丁刚、暨佩娟、孙广勇等：《200 家西方公司狂敛南海油气》，《环球时报》2012 年3 月22 日第三版。

② 姜丽：《马来西亚在南海的战略利益分析》，《广东海洋大学学报》2014 年 4 月第 34 卷第 2 期，第 30 页。

③ 姜丽：《马来西亚在南海的战略利益分析》，《广东海洋大学学报》2014 年 4 月第 34 卷第 2 期，第 31 页。

12 月 17 日，国际法院把这两个小岛判给了马来西亚。有的学者指出，该裁决体现了海洋法的新发展，支持连续、有效的占有、管辖或控制达到一段时期且无遭到其他反对等证据，忽视了“发现”“历史性”声索等。①

白礁岛位于新加坡海峡东面的出口处，距离马来西亚最近距离为 7.7 海里（约合 14.26 公里），距离新加坡最近距离为 25.5 海里（约合 47.2 公里）。2008 年，国际法庭最终将该岛判给了新加坡。这一结果在马来西亚从政界到民间都引起了很大的反响。马来西亚指出，在 1953 年之前，白礁岛为柔佛的领土，并提呈相关证据，得到了国际法庭的认可。然而，新加坡最终获胜的有力武器有二：其一，1953 年柔佛政府秘书在回复新加坡英殖民政府询问的公函中表明不拥有白礁岛主权；其二，新加坡长期以来在白礁岛行使各种显示其主权的活动，包括插上军旗、大兴土木、在附近海域巡逻等等，特别是自 1940 年以来新加坡就接替英国殖民者对岛上的霍斯伯格灯塔行使连续的实际管辖权，这些都宣示着新加坡对该岛的主权。相比于此，在过去 100 多年间，马来西亚并没有在该岛行使过主权。因此，国际法庭最终以厚达 300 页的判词将白礁岛的主权判归新加坡所有。②

白礁岛判决结果出来后，马来西亚当地重要媒体的分析指出：“丧失白礁主权对大马的尊严是一大挫折，政府能从此事中汲取教训，从而严正看待周遭我属岛礁之问题，坚守其主权和宣示护岛决心，虽是亡羊补牢，然为时未晚，可有效避免重蹈覆辙。政府应指示各部门对我属岛屿和岩礁，展开全面性的搜集资料工作，以使大马拥有确凿和充分证据，以明文确定对这些岛礁之无可争议合法主权，以在一旦出现争端时，我国可引经据典来力捍主权。此外，大马须于我属岛礁上全面捷足先登，因地制宜建设简单码头、机场跑道、海洋研究或导航设施，以及展开驻员驻军等措施，以行动和决心来宣展我方之主权。”③

马来西亚在马印岛争中获胜是因为对苏拉威西两岛行使了“有效控制”；而在马新岛争中落败则是因为未对白礁岛行使“有效控制”。此二例主权争夺的胜负使其吸取了相关的教训，令其对国际法庭在争议领土判决中“有效控制原则”的使用认识深刻。近年来，马来西亚对南沙群岛所占岛礁采取了一系列固化、强化其“有效控制”的行为，很显然，马来西亚正是希望通过对这些岛礁实施“有效控制”以增加筹码，来加大自己在将

① Mark J. Valencia, 2003, The Spratly Islands Dispute, Far Eastern Economic Review, January 9, p. 21.

② 《岛礁主权判决马新双赢》，[马来西亚]《南洋商报》2008 年 6 月 1 日，A18 版。

③ 《加紧维护岛礁主权》，[马来西亚]《南洋商报》2008 年 5 月 28 日社论，A17 版。

来可能出现的南沙岛礁主权争夺中的胜算。

从20世纪70年代末起，马来西亚就开始派军舰侵入中国南沙群岛南部海域，并陆续在一些岛礁上插旗立碑。至目前，已经武装占领了南海东南部的五个岛礁，并在这些岛礁上建立了军事基地。马来西亚领导人多次造访这些占据岛礁，不断强调对这些岛礁的“所有权”，并在其上陆续建造了各种军事设施和旅游设施，以确保其南海权利主张和对当地资源的支配权。这些举动无一不是表现以“有效控制”来强化主权声索的立场和态度。

第四节　马来西亚的南海声索及其评析

马来西亚对南沙群岛东南侧的12个岛礁提出“主权声索”，其核心理由是这些岛礁位于其所声索的大陆架之上，属于其大陆架的“自然延伸”。而它所谓的依据就是《联合国海洋法公约》以及其通过的《大陆架法案》。与此同时，马来西亚对南海油气资源数十年来大肆采掘，理由是相关海域位于其专属经济区之内，其具有优先开采权。马来西亚的政府官员几十年来在不同场合反复强调这些立场及观点。

一、马来西亚在海权方面的相关立法及举措

在20世纪80年代之前，马来西亚并未出兵侵占南沙岛礁，而是进行海洋立法，在相关海域划分区块，并对外进行石油招标，图谋获取在南沙海域非法勘探石油的收益。20世纪60—80年代，马来西亚连续公布了一系列海洋法令，其主要目的之一也是图谋染指中国南沙海域的油气资源。1966年7月28日，马来西亚立足于1958年《日内瓦海洋法公约》发布了《大陆架法案》，宣布其大陆架外缘为200米等深线或容许开发的深度，于1972年进行了修订，并在2009年向其国会提交了《大陆架法案》（修正案）。马来西亚据此提出，其大陆架边界包含了南沙群岛的南部，在沙巴州的西北部可见。[①] 之后，马来西亚于1969年发布了《第七号紧急法令》，

---

① Rizal Zamani Idris, Ramli Dollah, Marja Azlima Omar. 2010. *Isu Keselamatan Persempadanan Negeri Sabah dan Tuntutan terhadap Kepulauan Spratly*. Sabah：Penerbit Universiti Malaysia Sabah, hlm. 42. 瑞扎尔·扎曼尼·伊德瑞斯等：《沙巴州边界安全问题及对南沙群岛的声索》，哥打基纳巴卢：沙巴大学出版社，2010年版，第42页。

该法令由其最高元首签署，规定其领海宽度为12海里，测算领海宽度采用直线基线。

在相关海权法令的基础上，马印两国之间的大陆架划界协定于1969年10月27日在吉隆坡签订，并于当年11月7日生效。该划界的东段包括了南沙群岛海域从安波沙洲、柏礁、南海礁、簸箕礁、榆亚暗沙、司令礁、校尉暗沙、南乐暗沙到都护暗沙一线以南的广大区域，油气资源蕴藏丰富的曾母暗沙盆地和文莱沙巴盆地都被划入马来西亚的大陆架界限之内。而马来西亚与文莱在海上的分界线是按照等距离原则划定的。①

进入20世纪70年代，马来西亚继续以出版地图、协议或立法方式对中国南沙岛礁和海域提出主权要求。马来西亚于1979年9月，对外宣布了其专属经济区的相关区域，紧接着于当年12月公布了一张“新地图”，把司令礁、破浪礁、南海礁、安波沙洲、南乐暗沙、校尉暗沙一线以南的南沙群岛“划入本国版图”。② 1980年4月25日，马来西亚又发布了《马来西亚最高元首艾哈迈德苏丹的声明》③，提出了建立200海里专属经济区的声索，它所主张的专属经济区与大陆架外部界限基本上是一致的。1984年，公布了《马来西亚专属经济区法》，并依据该法令，将位于其200海里专属经济区内的所有南沙岛礁及其海域全都“划入”其范围。据估计，该国专属经济区的总面积达13.87万平方海里。其专属经济区的扩展基本是在东马沙巴及沙捞越两州的近海地区，④ 因必然与相邻或相向国家所声索的专属经济区发生重叠，争议在所难免。而马来西亚所提出的专属经济区概念既没有指出外边界坐标点或参照点，也没有提出解决与周边国家海域划界争端的方法。

1982年《联合国海洋法公约》缔约并于1994年11月16日生效，而马来西亚在1994年10月2日批准了该公约。1982年《联合国海洋法公约》第76条第1款，对“大陆架”的定义是“沿海国的大陆架包括其领海以外依其陆地领土的全部自然延伸，扩展到大陆边外缘的海底区域的海床和底土，如果从测算领海宽度的基线量起到大陆边的外缘的距离不到二

---

① 吴琪：《南海争端中的国际法困境》，《三联生活周刊》2010年第46期，第60页。

② R. Halle Trost，1998，The Contested Mnritime and Territorial Boundaries of Malaysia，London：Kluwer Law International，pp. 326 – 328.

③ 艾哈迈德·沙苏丹（Sultan Ahmad Shah），马来西亚第七任最高元首，任期1979年4月26日—1984年4月25日，系马来亚西彭亨州苏丹。吴士存将其名译为“阿马德沙”，见吴士存主编：《南海问题文献汇编》，海口：南海出版社，2000年第1版，第292页。

④ 李金明：《论马来西亚在南海声称的领土争议》，《史学集刊》2004年7月第3期，第66页。

百海里，则扩展到二百海里的距离”①。

通过上述定义，很显然部分标准必须首先得到满足，才能将某一片海域称为某一国的大陆架。但马来西亚1966年通过的《大陆架法案》是基于1958年《日内瓦海洋法公约》中的《大陆架公约》② 制定的。该《大陆架法案》中对“大陆架”的定义是“大陆架意指邻接马来西亚海岸且位在马来西亚领海界限之外海底区域的海底和底土，其海水深度在水深二百公尺以内，或者，上覆水域之深度允许在前述的区域的更大深度进行天然资源之勘探”。③

二、对马来西亚南海声索的评析

（一）针对“大陆架说”

依据所谓的“大陆架说”，马来西亚对南沙部分岛礁提出声索，即由于这些岛礁位于其所声称的“大陆架”上，属于其“大陆架”的“自然延伸”，因而对这些岛礁拥有主权。这种说法不符合国际法与海洋法的规定。按照《联合国海洋法公约》的规定，沿海国对大陆架的权利并非拥有大陆架内岛礁的主权，而只是勘探和开发其海床和底土的自然资源的权利。④ 马来西亚部分熟知海洋法的专家对此其实非常明白。马来西亚沙巴大学国际关系专家瑞扎尔·扎曼尼·伊德瑞斯（Rizal Zamani Idris）在其著作《沙巴州边界安全问题及对南沙群岛的声索》中指出：“与大陆架边界相关的论据是难于得到捍卫的，这是因为无论是《联合国海洋法公约》还是马来西亚《大陆架法案》中有关于大陆架的条款并没有指明大陆架与其上覆水域中的岛屿的必然关联。”⑤

---

① 《联合国海洋法公约》，北京：海洋出版社，2013年第2版，第67页。

② 该《大陆架公约》（1964年生效）对“大陆架”的定义为“大陆架是指邻接海岸但在领海之外的海底和底土，其外部界限为200米等深线，或在200米等深线之外但其上覆水域允许开采自然资源的深度”。见《国际条约集（1958—1959）》，北京：商务印书馆，1974年第1版，第188页。

③ 《马来西亚大陆架法》，见吴士存主编：《南海问题文献汇编》，海口：海南出版社，2000年第1版，第281页。

④ 《联合国海洋法公约》第七十七条“沿海国对大陆架的权利”，第一款明确规定“沿海国为勘探大陆架和开发其自然资源的目的，对大陆架行使主权权利”。见《联合国海洋法公约》，北京：海洋出版社，2013年第2版，第68页。

⑤ Rizal Zamani Idris, Ramli Dollah, Marja Azlima Omar. 2010. *Isu Keselamatan Persempadanan Negeri Sabah dan Tuntutan terhadap Kepulauan Spratly*. Sabah: Penerbit Universiti Malaysia Sabah, hlm. 46. 瑞扎尔·扎曼尼·伊德瑞斯等：《沙巴州边界安全问题及对南沙群岛的声索》，哥打基纳巴卢：沙巴大学出版社，2010年版，第46页。

此外，在东南亚，所谓的“自然延伸”原则是难以起作用的。因为任何两个邻国之间的海岸距离都在400海里之内，所以彼此间的200海里大陆架声索必然有所冲突。然而，南海周边某些国家却仍然以“自然延伸”为由企图扩展其管辖范围。此外，国际法的基本原则是陆地支配海洋，而不是海洋管辖陆地。也就是说，只有某个国家对某一岛礁拥有主权，才能对该岛礁周围的海域提出声索，而如果不对该岛礁拥有主权，则不能以该岛礁在其臆测的大陆架之内而提出主权声索。[①] 因此，马来西亚以“大陆架延伸”作为岛礁声索的依据，明显违反了“陆地赋予海洋权利”的国际法原则。

除此之外，马来西亚提出“其声索范围内的岛礁是其大陆架的自然延伸”，这一说法亦不确切。因为部分地质学家认为，在南海争议的岛屿中，没有一个是属于周边任何国家大陆架的自然延伸。这些岛屿的大陆架经常被认为是与亚洲大陆和菲律宾、文莱以及东马完全分开的。倘若如此，马来西亚政府声索的有效性当然值得怀疑。[②]

部分西方学者对马来西亚立足于大陆架边界所提出的南海声索纷纷质疑。美国学者 Lian A. Mito 曾经在《帝汶海沟条约[③]对南沙群岛联合开发的借鉴》一文中明确指出：“马来西亚对《联合国海洋法公约》的解读是不确切的。尽管《联合国海洋法公约》允许沿岸国开发并管理大陆架区域内的资源，但是并无条款规定沿岸国对大陆架区域内的岛屿拥有主权。”[④] 已故的美国乔治敦大学国际法专家 Christopher C. Joyner 指出，南沙争端的实质是主权争端，而这并不是海洋法能解决的问题。他认为马来西亚立足于大陆架所提出的声索是脆弱的。[⑤] 他说：“马来西亚认为一个国家拥有大陆架，就进而拥有大陆架区域内的岛屿或领土的主权。这种看法有悖于国际法。”他明确指出，马来西亚对《联合国海洋法公约》的解读有误，实现

---

① 李金明：《南海领土争议的由来与现状》，《世界知识》2011年12月刊，第29页。

② Cheng Huan，1974，A Matter of Legality，Far Eastern Economic Review，25 February. 见李金明：《中国南海疆域研究》，哈尔滨：黑龙江教育出版社，2014年第1版，第176—177页。

③ 1989年10月27日印度尼西亚与澳大利亚政府签署了有关划定印度尼西亚帝汶岛南岸与澳大利亚北岸之间大陆架边界的《帝汶海沟合作条约》（TIMOR GAP COOPERATIONTREATY）。该条约在1991年2月生效。此次划界形成了三个区，其中有两个区分别由印度尼西亚和澳大利亚控制，第三个区则由双方联合控制和开发。见《1989年〈帝汶海沟合作条约〉（印度尼西亚）》，《南洋资料译丛》2003年第3期，第77—79页。

④ Lian A. Mito，1997（3），The Timor Gap Treaty As A Model for Joint Development in the Spratly Islands，American University International Law Review，p. 23.

⑤ Christopher C. Joyner，1998，The Spratly Islands Dispute：Rethinking the Interplay of Law，Diplomacy and Geo-politics in the South China Sea，The International Journal of Marine and Coastal Law，13（2），p. 234.

主权的拥有，必须占领或实行持续管理。①

（二）针对“专属经济区说”

在东南亚，各国声称的专属经济区造成了不可避免的重叠声索。新加坡宣布的专属经济区将与马来西亚和印尼声称的专属经济区重叠；当印尼从其群岛直线基线扩展其声称的专属经济区时，将与菲律宾、越南、新加坡、马来西亚、巴布亚新几内亚和澳大利亚声称的专属经济区重叠；而马来西亚扩展其管辖范围亦将包括由越南、泰国、新加坡、文莱、印尼、菲律宾以及中国声称的地区。②

根据《联合国海洋法公约》有关专属经济区的规定，整个南海可能被分成许多国家的管辖区，但是，到目前为止这些专属经济区都尚未做出任何划分，其根本原因是作为划分专属经济区基础的领土，本身还存在着争议，故在海上划界未完成之前，要完成专属经济区的划分是不可能的。③

有观点指出，《联合国海洋法公约》的出台，从某种角度而言，其实质是加剧了岛屿的主权争议。因为公约仅承认专属经济区的权利，却没有提出解决专属经济区争议的办法。④ 事实证明，因海洋法公约的实行，南海原先存在的主权争议不断加剧。正如乔治·劳里亚特（George Lauriat）所言：“海洋法的规定本身已在亚洲引起了类似敌友之间的新争端，因为在亚洲没有一个国家声称的大陆架界限或划出的专属经济区不会与其他国家的声索造成冲突。在南中国海众多岛屿的领土争端亦因海洋法的实行而加剧，原因是这些岛屿都可以用来声称专属经济区。有些在公约出台前难以想象的冲突，仅由于海洋法的规定而发生，例如被数百海里水域分隔的印尼与越南，却在纳土纳群岛北部出现了大陆架的重叠声索。”⑤

（三）针对“新地图说”

马来西亚介入南沙岛争是始于其 1979 年出版的一张“新地图”。这张地图显示了马来西亚的领海和大陆架。针对“新地图说”，马来西亚本土

---

① Christopher C. Joyner, 1999, The Spratly Islands Dispute in the South China Sea: Problems, Policies and Prospects for Diplomatic Accomodation, Confidence-Building Measures in the Asia-Pacific Region, Report No. 28, Hendry L. Stimson Center, p. 63.

② 李金明：《中国南海疆域研究》，哈尔滨：黑龙江教育出版社，2014 年第 1 版，第 174 页。

③ 李金明：《中国南海疆域研究》，哈尔滨：黑龙江教育出版社，2014 年第 1 版，第 175 页。

④ 李金明：《中国南海疆域研究》，哈尔滨：黑龙江教育出版社，2014 年第 1 版，第 175 页。

⑤ George Lauriat, *Chaos or Cooperation*? Far Eastern Economic Review, January 6, 1983. 见李金明：《海洋法公约与南海领土争议》，《南洋问题研究》2005 年第 2 期，第 84 页。

学者指出，从国际法庭对西巴丹岛和利吉丹岛主权归属的判决可以看出，完全以地图作为依据，并不足以支持一个国家的领土声索。“有必要重新审视马来西亚通过1979年新版地图的出版，立足于大陆架所提出的主权声索，其有效性到底有多大?”①

部分国际法专家也对马来西亚1979年出版的地图的准确性、严密性表示质疑。澳大利亚海权专家R. Haller-Trost指出，马来西亚1966年《大陆架法案》所提出的关于大陆架的概念与该国1979年出版的地图并不契合。② 对于该地图的“不完满”，马来本土学者Sutarji Kasmin解释道：“1979年新版地图的出版是在1982年《联合国海洋法公约》发布之前。在当时，由于掌握的信息不够详尽、全面，使得部分地区边界的确定并不完全符合《联合国海洋法公约》的相关条款，特别是有关马六甲海峡、南中国海和苏拉威西海的边界基点的确定。”③ 马来西亚学者瑞扎尔·扎曼尼·伊德瑞斯则指出1979年的这张地图没有标注领海基线，这非常不利于自身在相关海域的主权声索。④

此外，关于马来西亚声称拥有主权的安波沙洲，瑞扎尔·扎曼尼·伊德瑞斯曾经非常坦白地承认：“根据1979年的新地图，有些我国提出声索的小岛，例如安波沙洲，在200海里之外。虽然大陆架有可能延伸至350海里，但需满足相关条件。”⑤ 当然，马来西亚所声称的200海里专属经济区很有可能是从弹丸礁量起的，因为其已经理所当然地认为弹丸礁是其

---

① Rizal Zamani Idris，Ramli Dollah，Marja Azlima Omar. 2010. *Isu Keselamatan Persempadanan Negeri Sabah dan Tuntutan terhadap Kepulauan Spratly*. Sabah：Penerbit Universiti Malaysia Sabah，hlm. 47. 瑞扎尔·扎曼尼·伊德瑞斯等：《沙巴州边界安全问题及对南沙群岛的声索》，哥打基纳巴卢：沙巴大学出版社，2010年版，第47页。

② R. Haller-Trost，1994，The Brunei-Malaysia Dispute Over Territorial and Maritime Claims in International Law，Maritime Briefing，Vol. 1，No. 3，International Boundaries Research Unit，University of Durham，p. 40.

③ Sutarji Kasmin. 2005. “Isu-Isu Persempadanan Maritim Malaysia”. Dlm. *Konferens Kebangsaan Pertahanan Strategik dan Keselamatan Serantau.* 24－26 Mei，hlm. 7－8. 苏塔尔基·卡思敏：《马来西亚海上边界问题》，见《战略性防御与区域安全全国大会论文集》，2005年5月24—26日，第7—8页。

④ Rizal Zamani Idris，Ramli Dollah，Marja Azlima Omar. 2010. *Isu Keselamatan Persempadanan Negeri Sabah dan Tuntutan terhadap Kepulauan Spratly*. Sabah：Penerbit Universiti Malaysia Sabah，hlm. 48. 瑞扎尔·扎曼尼·伊德瑞斯等：《沙巴州边界安全问题及对南沙群岛的声索》，哥打基纳巴卢：沙巴大学出版社，2010年版，第48页。

⑤ Rizal Zamani Idris，Ramli Dollah，Marja Azlima Omar. 2010. *Isu Keselamatan Persempadanan Negeri Sabah dan Tuntutan terhadap Kepulauan Spratly*. Sabah：Penerbit Universiti Malaysia Sabah，hlm. 46. 瑞扎尔·扎曼尼·伊德瑞斯等：《沙巴州边界安全问题及对南沙群岛的声索》，哥打基纳巴卢：沙巴大学出版社，2010年版，第46页。

“主权领土”。倘若真是如此，当然就包括了安波沙洲。然而，这是不允许的，因为这种做法是在第一声称的基础上又做出第二声称，这在法律上是前所未闻的。①

（四）声索的其他不足

关于马来西亚在南海主权声索方面的其他不足，丹麦皇家国防学院战略研究所副教授 Lisetotte Odgaard 认为，“马来西亚希望加强自己在‘发现’和‘占有’方面的声索依据，但机会看来并不多。这是因为依据国际法惯例，一个国家对某一领土的‘发现’并不足以证明其对领土的拥有，除非之前能够提供其他相关证明。而马来西亚对南沙部分岛礁的占据，时间尚短，其声索依据难于捍卫。”②

从上述评析中可以看出，马来西亚对南沙某些岛礁提出声索是不符合法律规定的。其一，根据《联合国海洋法公约》的规定，沿海国对大陆架的权利是勘探和开发其海底和底土的自然资源的权利，而不是拥有大陆架内岛礁的主权；而且其声索违背了国际法中“陆地支配海洋”的基本原则。其二，该国立足于专属经济区的声索，在作为专属经济区基础的领土本身还存在着争议的前提下，该声索毫无意义，加之东南亚各国间专属经济区的重叠划分，所谓的“优先权”只是自圆其说。其三，马来西亚以1979年该国出版的“新地图”作为声索的“有力依据”，而此地图具有明显的“不完满性”，其有效性受到质疑。其四，马来西亚希望加强自己在“发现”和“占有”方面的声索依据，但由于其对南沙部分岛礁的占据时间尚短，其声索依据难于捍卫。

---

① R. Haller-Trost，1998，*The Contested Maritime and Territorial Boundaries of Malaysia：An International Law Perspective*，London，Kluwar Law International Ltd，pp. 324－325. 见李金明：《中国南海疆域研究》，哈尔滨：黑龙江教育出版社，2014 年第 1 版，第 197 页。

② Lisetotte Odgaard，2002，Maritime Security Between China dan Southeast Asia-Conflict and Cooperation in the Making of Regional Order，England：Ashgate，p. 103.

第二章　马来西亚南海政策解读

马来西亚全境被南海分隔成东西两个部分，分别是位于马来半岛南部的西马和位于婆罗洲北部的东马。作为东南亚典型的海岛国家，马来西亚的国家安全与海洋密不可分。而南海丰富的油气资源及重要的战略地位就成为马来西亚制定南海政策的两大核心考量因素。

自南海争端于20世纪60年代末70年代初形成以来，马来西亚的南海政策经历了几个不同的阶段：自60年代中后期开始的油气勘探开发，自80年代开始的岛礁占领，之后的岛礁建设以及不断固化、强化的主权宣示等。随着一个个海上油气井的架设，南海油气资源被开采并运回其国内；随着五个岸外驻地在该国所占领的南海岛礁的建立，马来西亚逐步巩固并扩大了其在南海海域的经济和军事存在。从总体形势而言，该国虽非法占领了中国在南海东南部的五个岛礁，并且是南海地区油气资源开发的“最大获利者”，但就整体而言，与东南亚其他南海声索国相比，马来西亚与中国保持着友好、合作的双边关系。

长期以来，马来西亚在南海问题上推行“不挑头、不挑事”的相对低调的政策，尽量避免正面冲突，特别是军事冲突，而更多的是采取政治手段以确保自身在南海的既得利益的获得，并进一步持续获得。它明确反对域外国家插足南海问题，对中国的南海主张持较为积极的立场。① 但与此同时，我们也要清醒地认识到，马来西亚也在不断加强其在南海海域的军事能力建设，推进与美、越等国的军事合作；且中马在南海共同开发方面尚无实质性进展。2014年以来，随着中国对南海事务的积极推进，马对华戒备明显增强。其一方面公开表示不承认中国立足于南海“断续线”的主权声索；另一方面，继续以“沉默外交”应对南海波涛。2016年以来，随着菲律宾总统杜特尔特访华，中菲关系出现好转，随后马来西亚前总理纳吉布于2016年10月、2017年5月两次访华，中马关系亦进一步密切，南海问题的解决正朝着积极的方向发展。

---

① 《美媒：马来西亚总理拒“域外国家”插足南海》，参考消息网，2013年6月6日，http：//world. cankaoxiaoxi. com/2013/0606/220658. shtml，访问日期：2016年7月23日12：12。

第一节　马来西亚南海政策解读

一、政府之立场：坚持“主权声索”，秉持务实政策

自20世纪70年代末开始，马来西亚以“大陆架说”及“专属经济区说”为依据，对南海东南12个岛礁及其附近海域提出“主权声索”。从马哈蒂尔政府（1981—2003年）到巴达维政府（2003—2009年），再到纳吉布政府（2009—2018年5月），马来西亚历任政府对南海的主权声索始终秉持毫不退让的态度。以弹丸礁为例，为宣示并强化“主权”，无论是该国的最高元首还是内阁总理频频到访这一“弹丸之地”。马哈蒂尔总理1984年4月乘海军指挥支援舰亲临弹丸礁视察。第九任最高元首苏丹·阿兹兰·穆希慕丁·沙（Sultan Azlan Muhibbudin Shah）夫妇1992年5月21日首次到弹丸礁视察，并参加了驻岛官兵汇报会。第十任最高元首端古·贾阿法尔（Tuanku Ja'afar）1995年5月前往弹丸礁视察，并乘机飞过安渡滩和南海礁上空。马哈蒂尔1993年再次视察弹丸礁，以示对该小岛的重视，并展现经营的决心；之后于1995年5月亲自参加伊加兰航空服务公司的“拉央拉央岛”班机首航弹丸礁的仪式。[①] 时任马来西亚副总理纳吉布2008年8月第二次前往弹丸礁参观，并在讲话中表示：“我们必须成为这片土地的主人和拥有者”，强调马来西亚对该岛礁的“所有权”。巴达维总理2009年3月首次以总理兼国防部长的身份登上弹丸礁，宣示马来西亚“拥有”该岛礁。[②]

就南沙岛礁争议，马来西亚政府总是“据理力争”以捍卫“主权”。1999年6月，马来西亚在榆亚暗沙修筑了一栋装配有雷达设备及起重机的两层混凝土建筑物以及一个直升机降落跑道。6月23日，菲律宾总统埃斯特拉达就此提出了外交抗议。时任马来西亚外长的赛义德·哈密德（Datuk Seri Syed Hamid）做出了反应，他说：“榆亚暗沙位于我国大陆架及专属经济区的边界之内，并非南沙群岛的一部分。即便我们在这两个岛礁上升起我们的国旗，也没有过错，因为我们并没有侵占我国主权领土之外的地

---

① 骆永昆：《马来西亚的南海政策及其走向》，《国际资料信息》2011年第10期，第22页。

② 苏莹莹：《从马来西亚官方媒体的报道解读该国政府的南海政策——以马新社〈使者报〉1999年至2013年的相关报道为分析依据》，《南洋问题研究》2013年第4期，第52页。

区。”他进一步指出，马来西亚在榆亚暗沙修筑的这一建筑物并无军事目的，而是为了进行海洋科学研究。他说：“即将开展的以保护海洋资源和自然环境为目的的科研工作不会有损该地区的和平与稳定。不过，为防止海盗及走私事件的发生，马来西亚的空军及海军也会对该地区进行常规监控。”①

马来西亚外交部的其他官员随后告诉当地媒体，除了簸箕礁和榆亚暗沙，马来西亚还占据了南海的另外三个岛礁，分别是弹丸礁、南海礁以及安渡滩（又称光星仔礁）；并指出，这些岛礁都在其“主权领土之内”，且位于南沙群岛的范围之外。②

从以上声明可以看出，马来西亚政府在20世纪末曾明确指出其已军事占领的五个南海岛礁并不在南沙群岛的范围之内，这显然与事实不符。马来西亚自身或许也认识到了此种说法不足以取信他人，因此到了21世纪，它不再重复这样的说法，而是反复强调这些岛礁位于其大陆架边界线以内及专属经济区之内。③

多年来，对于南海争端，相比于不断挑衅、叫嚣、造舆论、造声势的菲律宾和越南，马来西亚一方面毫不放松其“主权声索”，另一方面一直采取比较理智低调的态度。该国政府主张以和平的方式，通过外交途径来解决争端。无论是历任总理还是外交部长或国防部长，在不同场合，都开诚布公地反复强调这一立场。就中国政府提出的以双边谈判而非多边谈判的方式来解决南海争端，马来西亚方面也表示一定的认同，但也提出在恰当的时机应该考虑同时采取多边会谈的方式。

2008年8月20日，在中国驻马大使程永华即将离任之际，马来西亚前外长莱士·亚丁（Datuk Seri Dr. Rais Yatim）在会见他时表示，外交方式是马来西亚解决南沙主权争端问题的首选。南沙岛礁的主权问题涉及了多方利益，必须谨慎处理。他同时表示，在解决南沙主权争端的问题上，

---

① Sukhvinder Kaur. 1999. “Malaysia Pertahan Hak di Kepulauan Spratly”. *Utusan*, 24 Jun. http://www.utusan.com.my/utusan/info.asp? y = 1999&dt = 0624&pub = utusan_ malaysia&sec = Muka_ Hadapan&pg = fp_ 02.htm#ixzz2IlvZR5xL. 苏克文达·卡吾尔：《马来西亚捍卫在南沙群岛的权力》，［马来西亚］《马来西亚使者报》1999年6月24日。

② Yulpisman Asli, Siti Haniza Rahman, Siti Zaleha Jorimai. 1999. “Pertahan Kedaulatan Kita-Isu Spratly: Kerajaan Didesak Jangan Mengalah Tuntutan Filipina”. *Utusan*, 26 Jun. http://www.utusan.com.my/utusan/info.asp? y = 1999&dt = 0626&pub = utusan_ malaysia&sec = Muka_ Hadapan&pg = fp_ 01.htm#ixzz2ImTRLxGg. 尤尔皮斯曼·阿斯利：《马来西亚就南沙争端提出四点建议》，［马来西亚］《马来西亚使者报》2011年6月19日。

③ 苏莹莹：《从马来西亚官方媒体的报道解读该国政府的南海政策——以马新社〈使者报〉1999年至2013年的相关报道为分析依据》，《南洋问题研究》2013年第4期，第53页。

马来西亚将首先采用双边会谈的方式。但是根据情势的不同，若有必要，也有可能采用多边会谈的方式。①

2009 年 5 月，马、越联合向“联合国大陆架界限委员会”提交了“200 海里外大陆架划界案”。随后，越南又单独提交了“南海外大陆架划界案”。对此，中国常驻联合国代表团就上述“划界案”向联合国秘书长提交照会，阐明了中国政府的严正立场，郑重要求委员会不审议上述“划界案”。

就中国政府的严正声明，当年 5 月 12 日，时任马来西亚国防部长艾哈迈德·扎西德·哈米迪（Ahmad Zahid Hamidi）表示，其政府尊重中国的立场，但是中国的强硬表态并不会影响其通过外交途径解决领土争端的一贯立场。② 5 月 14 日，时任马来西亚总理纳吉布表示，可以通过磋商来解决南沙岛礁主权争端问题。他说：“吉隆坡有自己的方式来解决领土争端问题，除了借助国际法的规则，那就是通过谈判。我相信坚持以外交途径解决争端，可以避免问题的复杂化和进一步严重化。”③

正是这种务实的应对态度，反而使马来西亚依然实际控制着所占据的南沙岛礁。马来西亚学者阿兹米·哈桑（Azmi Hassan）甚至将此种外交手段称为“外交典范”。他说，相比于中菲因黄岩岛所起的冲突，马来西亚妥善处理了与中国的领土争端。马尼拉方面所采取的“对抗与冲突”的应对方式使其无法维持黄岩岛的现状，而马方所采取的实用主义的应对方式，成功避免了与北京方面的冲突，使中马存在争议的曾母暗沙仍处于马方的控制之下。这值得所有南沙争端国“借鉴”。④

---

① “Spratly：Malaysia Guna Diplomasi”. 2008. *Utusan*，21 Ogos. http：//www. utusan. com. my/utusan/info. asp？y = 2008&dt = 0821&pub = utusan_ malaysia&sec = Dalam_ Negeri&pg = dn_ 11. htm#ixzz2InVBZjfv.《南沙：马来西亚将运用外交手段解决》，［马来西亚］《马来西亚使者报》2008 年 8 月 21 日。

② “Kepulauan Spratly：Malaysia Tetap Guna Pendekatan Diplomatik”. 2009. *Utusan*，13 Mei. http：//www. utusan. com. my/utusan/info. asp？y = 2009&dt = 0513&pub = utusan_ malaysia&sec = Dalam_ Negeri&pg = dn_ 08. htm#ixzz2InQy0elu.《马来西亚坚持通过外交途径解决南沙问题》，［马来西亚］《马来西亚使者报》2009 年 5 月 13 日。

③ “Spratly：Boleh Selesai Secara Rundingan”. 2009. *Utusan*，14 Mei. http：//www. utusan. com. my/utusan/info. asp？y = 2009&dt = 0515&pub = utusan_ malaysia&sec = Dalam_ Negeri&pg = dn_ 01. htm#ixzz2InAeLnA.《南沙问题可以通过谈判来解决》，［马来西亚］《马来西亚使者报》2009 年 5 月 14 日。

④ Azmi Hassan. 2014. “Iktibar Dasar Luar Kuala Lumpur”. *Utusan*，24 April. http：//www. utusan. com. my/utusan/Rencana/20140424/re _ 01/Iktibar - dasar - luar - Kuala - Lumpur # ixzz30QOER29C. 阿兹米·哈桑：《捍卫曾母暗沙的主权》，［马来西亚］《马来西亚使者报》2014 年 2 月 6 日。

坚持通过外交手段解决争端，避免军事冲突，这是马来西亚政府应对南海问题的核心原则。与此同时，该国政府从未放弃或停止开采其在南海所占领地区的油气资源，并提出各争端国通过合作开发的方式来共享经济利益的解决方案。①

在第十届“亚洲安全峰会：香格里拉对话”最后一日，即 2011 年 6 月 6 日的记者招待会上，时任马来西亚国防部长扎西德指出，在此次峰会上，时任马来西亚总理纳吉布已向有关国家提议筹建一个专门的机构，以促成南海各声索国合作开发该地区以碳氢资源为主的自然资源。扎西德部长说：“对我们而言，最重要的工作业绩，不是打了多少次胜仗，而是避免了多少次战争。所以尽可能地去避免危机、冲突或者战争，这是我们的首要任务。目前在南海地区，各国所面临的领土争端问题，很大程度上是由于经济利益所导致的。而解决的办法就是进行合作开发以获得共赢。”他还举例说，马来西亚和印尼，在相邻水域存在着渔业资源捕捞的争议。经过双边会谈，达成两国渔业部门共同捕捞的协议，很好地共享了渔业资源，解决了上述争端。②

针对 2009 年以来南海冲突的发生及本区域频繁举行的联合军演，马来西亚方面于 2011 年 6 月提出了解决南沙争端的“四项建议”：一是相关国家强化双边会谈，寻求解决问题的途径，避免发生对双方无益的军事冲突或危机；二是举行多方对话，对所面临的共同问题进行磋商；三是相关国家联合开发南海的油气资源；四是可以考虑组建一个“特殊目的公司”（Special Purpose Vehicle，SPV），让相关国家以股份形式参与其中。扎西德部长指出，只有以 SPV 的合作形式才能使各声索国所提出的专属经济区的声索得到尊重。③

就组建 SPV 公司以进行资源的联合开发，马来西亚是有成功经验可循的。其曾与泰国在泰国湾南部两国的争议水域成功开展了联合开发油气资源的相关项目。该项目成为东南亚首例“搁置争议、共同开发”海上资源

---

① 苏莹莹：《从马来西亚官方媒体的报道解读该国政府的南海政策——以马新社〈使者报〉1999 年至 2013 年的相关报道为分析依据》，《南洋问题研究》2013 年第 4 期，第 53 页。

② “Malaysia Cadang Kongsi Ekonomi Laut China Selatan”. 2011. *Utusan*, 6 Jun. http://www.utusan.com.my/utusan/info.asp? y = 2011&dt = 0606&pub = Utusan_Malaysia&sec = Terkini&pg = bt_07.htm#ixzz2IlLGATip.《马来西亚建议共享南海经济利益》，［马来西亚］《马来西亚使者报》2011 年 6 月 6 日。

③ Yulpisman Asli. 2011. “Spratly: Malaysia Kemuka 4 Cadangan”. *Utusan*, 19 Jun. http://www.utusan.com.my/utusan/info.asp? y = 2011&dt = 0619&pub = utusan_malaysia&sec = Muka_Hadapan&pg = mh_06.htm#ixzz2IlZ9wdPN. 尤尔皮斯曼·阿斯利：《马来西亚就南沙争端提出四点建议》，［马来西亚］《马来西亚使者报》2011 年 6 月 19 日。

的成功案例。[①]

有鉴于此，马来西亚强烈建议南海各声索国能够避免武力冲突，搁置领土争议，并把“共同开发，合作共赢”的发展模式运用到油气资源储量极其丰富的南海地区，以求在经济方面获得共赢。这可以说是马来西亚政府应对南海争端所采取的务实政策的深刻体现。

前几年，南海地区一度局势趋紧。2012 年 4 月，发生了中菲黄岩岛冲突；7 月，中国正式成立了三沙警备区。2013 年开始，中美在南海多次发生海空军事对峙事件。2014 年 3 月，菲律宾单方面将中菲南海争议提交“国际仲裁”，这是中国首次在南海主权争议中遭遇的国际司法挑战；5 月中旬，中国南海 981 钻井平台在西沙群岛的中建岛附近正常作业，引发了越南冲撞中国船只事件，后演变为越南国内暴徒打砸中资企业，殴打中方企业员工的暴力排华事件。近几年，南海的局势也并非风平浪静。2015 年至今，随着中国在南海进行岛礁扩建的力度加大，美国军舰军机频频出现在南海海域。2016 年 7 月，菲律宾“南海仲裁案”闹剧尘埃落定，中国政府严正表示不接受单方面诉诸第三方的争议解决方案，再次重申“不接受、不参与、不承认”的立场。

随着南海紧张局势的加剧，马来西亚对中国的戒备明显增强。时任马来西亚外交部副部长哈扎姆·再努丁（Hamzah Zainuddin）2015 年 6 月 15 日在回答国会质询时表示，包括马来西亚在内的东盟各国不承认中国立足于南海“断续线”的南海主权声索，因为这一声索也“不符合”《联合国海洋法公约》及相关国际法。[②] 与此同时，马来西亚继续以“沉默外交”应对南海波涛。所谓“沉默外交”，或被西方学者称为“安静外交路线”，其实质是以“不对抗，避免冲突”为核心原则的外交策略。这一策略也是马来西亚应对复杂多变的南海局势所采取的一种“平衡举措”。

2009 年纳吉布政府掌权以来，马来西亚积极管控马中双边关系，严格控制南海上涉及中国的事件，同时期待与中国沟通。2014 年 1 月，三艘中国战舰进驻曾母暗沙，马来西亚首先否认存在有关情况，四天后，新任中国驻马来西亚大使黄惠康随同一名军事参谋人员拜访马来西亚国防部长希沙穆丁时，双方才就此事进行讨论。2014 年 11 月，中方公开称赞马来西

---

① 孙光勇：《探访“泰马海上共同开发区”》，人民网—国际频道，2011 年 10 月 14 日，http：//world. people. com. cn/GB/15898494. html，访问日期：2015 年 12 月 9 日 13：20。

② “ASEAN Sepakat Tidak Iktiraf Tuntutan”. 2015. *Utusan*, 16 Jun. http：//www. utusan. com. my/berita/parlimen/asean - sepakat - tidak - iktiraf - tuntutan - 1. 103462. 《东盟一致立场，拒绝承认中国的主权声称》，［马来西亚］《马来西亚使者报》2015 年 6 月 16 日。

亚坚持“安静外交路线”，而不是采取对抗或寻求国际仲裁来处理南海问题。[①]

2015 年 11 月中旬，在马尼拉出席第 23 届亚太经合高峰会的时任马来西亚总理纳吉布与习近平主席进行了会谈。纳吉布之后向媒体表示，习近平主席在会谈中表达了对其政府在南海问题上所采取的“沉默外交”政策的赞许。纳吉布也向习主席表达了马来西亚接受美国作为亚太地区重要势力存在的立场。他说：“美、中是区域和平与稳定的决定因素。”

2016 年 3 月，约有 100 艘中国渔船和快艇进入马来西亚“声索主权”的海域。马来西亚海事局局长达图·艾哈迈德·普兹（Datuk Ahmad Puzi）表示，该局出动了六艘海监船，将这些中国船只“请出”了相关海域。之后，马来西亚外交部召见了中国驻马大使黄惠康，表达了马方对此的担忧。马来西亚外长阿尼法也于 5 月 10 日在其新的行政中心普特拉贾亚会见来访的中国国务委员杨洁篪时提到了此事，双方再次重申立足于《南海各方行为宣言》（DOC）解决争端及相关问题，并将努力促进“南海行为准则”（COC）的尽快达成。[②]

马方相信，激进民族主义将限制政府的策略选项，并且损害双边关系。北京方面也在公开和私下称赞马方处理问题所采取的“安静外交”策略，在南海问题上对马来西亚的态度也远比对越南和菲律宾温和。[③]

二、军方之应对：加强已有占领，做好应对准备

马来西亚武装部队（Angkatan Tentera Malaysia，ATM）由马来西亚陆军（Tentera Darat Malaysia，TDM，其历史开始于 1933 年 3 月）、马来西亚皇家海军（Tentera Laut Diraja Malaysia，TLDM，其历史开始于 1934 年 4 月）、马来西亚皇家空军（Tentera Udara Diraja Malaysia，TUDM，其历史开始于 1936 年）三个部分组成。武装部队的总司令是由马来西亚最高元首直接任命的。在南海问题上，马来西亚军方的立场和态度与政府保持了高度的一致，既捍卫已占有的“领土”，保卫本国固有的和既得的海上利益，

---

① 普拉善斯·帕拉米斯瓦兰著，随缘译：《安全地玩：马来西亚的南海路线和对美国的预示》，《南洋资料译丛》2016 年第 1 期，第 14 页。

② Sofian Baharom. 2016. “Isu Nelayan China Dibincang”. *Utusan*, 11 Mei. http://www.utusan.com.my/berita/nasional/isu-nelayan-china-dibincang-1.322083. 沙飞安·巴哈龙：《中国渔船的问题被讨论 通过 DOC 解决南中国海问题》，［马来西亚］《马来西亚使者报》2016 年 5 月 11 日。

③ 普拉善斯·帕拉米斯瓦兰著，随缘译：《安全地玩：马来西亚的南海路线和对美国的预示》，《南洋资料译丛》2016 年第 1 期，第 14 页。

又要尽量避免直接的武装冲突，同时密切关注南海局势的发展，做好应对的充分准备。① 为了实现上述目标，马来西亚逐步发展壮大自己的海空力量，并应形势变化之需，适时转移其防务重心。

（一）持续发展海空力量，完成防务重心向海洋转移

马来西亚皇家海军是马来西亚武装部队的海事作战部队，它的前身是1934年4月27日成立的新加坡海峡殖民地后备志愿军。1958年，独立不久的马来西亚从英国人手中接管了原英国殖民地海军辅助部队。1963年9月16日，正式改为马来西亚皇家海军。当代皇家海军的主要任务是保卫马来西亚的海上领土、海岸线以及专属经济区的安全，现有兵力约2万人，下设4个海军军区及8个海军基地。② 但是在其组建初期，主要任务是配合陆军作战。在马来西亚独立后相当长一段时间里，防务政策主要建立在依赖英国及澳大利亚等英联邦国家提供安全保障的基础上，当时发展该国军事力量的主要目的并非“对外”，而是“对内”，即为了对付国内反政府武装和维持国内秩序。因海军的主要任务是配合陆军作战，所以其武器购置亦主要取决于陆军作战的需要。当时的海军和空军的设备陈旧，规模很小，战斗力也很弱。至20世纪70年代，英、美等国先后从东南亚撤军后，给马来西亚防务带来严重问题，特别是随着南海南部海上资源陆续探明，以及越南统一后海上扩张势头凶猛等情势的发展，马来西亚因此产生了危机感，促使其防务政策发生了重大转变，重心开始从国内安全转向区域安全，开始迅速发展本国海空力量。到70年代末，该国海军的实力有了明显的提高，虽然仍是一支轻型的海空力量，但已能够对沿海敌对性目标实施监视并构成一定威胁。马来西亚在东盟中的地位因此而有所提高，而该国的海上扩张意识随之增强。与此同时，为了提升自己的国际地位，马来西亚开始进行新一轮发展海空力量的努力，声称要建设一支令人畏惧的现代化海军。但是这一计划在80年代中期由于其经济衰退而受阻。直到80年代后期，国家经济复苏，马来西亚又恢复扩充军备。1988年爆发了中越海上冲突，出于南海维权的考虑，马来西亚在国防计划中将南沙群岛的位置从第二位升至优先地位，而发展海军力量也成为其后历届政府维护其南海

---

① 苏莹莹：《从马来西亚官方媒体的报道解读该国政府的南海政策——以马新社〈使者报〉1999年至2013年的相关报道为分析依据》，《南洋问题研究》2013年第4期，第54页。

② 朱静斯、李嘉鑫、谢庆珍：《一图看懂马来西亚武装部队》，中国军网，2017年3月29日，http://www.81.cn/syjdt/2017-03/29/content_7543373.htm，访问日期：2017年4月29日18：40。

权益的重要手段。[①]

为了使自身具有“巨大的海上打击力量”，马来西亚用沿海石油、天然气开采及相关产品出售所得来支付向英国购买军火所需的巨额款项，购买了从战斗机到潜艇再到建设海空军基地所需的一切设备。该国海军到20世纪90年代初已发展到1.1万多人，各种舰艇近百艘，包括12艘战斗舰艇，其中约三分之一的作战舰艇携有法国飞鱼反舰导弹。空军部队1.2万人，拥有各种作战飞机70多架。从70年代开始至90年代马来西亚的防务政策的重心已完全转向海洋。[②]

自20世纪90年代以来，马来西亚加速推进海上力量建设，力争组建一支现代化的海军队伍，以期在东南亚地区处于领先地位。进入21世纪后，特别是近十年，马来西亚持续增强军备力量。2011年的统计数据显示，该国海军总兵力达1万多人；武器装备方面远超越南、菲律宾，拥有轻重型护卫舰十余艘，包括两艘德国20世纪80年代建造的“卡斯图里”级护卫舰，两艘自20世纪90年代开始服役的英国建造的“莱丘”级护卫舰，六艘在2000年后服役的德国MEKO100轻护舰的变型“吉打”级轻护舰，以及数艘建造于20世纪80年代的“阿萨德”级轻护舰。[③]

此外，马来西亚还有两艘“鲉鱼”级柴电潜艇。这两艘“鲉鱼”级潜艇，“阿卜杜勒·拉赫曼”号（Abdul Rahman）及“阿卜杜勒·拉扎克”号（Abdul Razak）于2012年4月成功通过了几项针对其最高能力的专门测试。据悉，这两艘潜艇是马来西亚和法国及西班牙联合开发的，采用的是与法国潜艇一样的声波探测最尖端科技。[④] 以马来西亚第一任及第二任总理的名字来为这两艘潜艇命名，可见其政府对其所寄予的厚望。海军方面表示，这两艘潜艇将在维护海域安全，捍卫国家主权方面发挥重要作用。近年来，东南亚国家争相以拥有潜艇作为提高各自海军力量的手段之一。[⑤] 马来西亚、新加坡、印尼、越南、泰国目前已经拥有，而菲律宾在

---

① 姜丽：《马来西亚在南海的战略利益分析》，《广东海洋大学学报》2014年4月第34卷第2期，第30页。

② 榕星：《马来西亚防务政策重心转向海洋》，《东南亚研究》1990年第3期，第11—12页。

③ 叶雨：《南海周边的海军力量》，《视野》2011年第16期，第34页。

④ 《为争夺海域主权，中国南海周边四国正在加强潜艇部署》，［菲律宾］《世界日报》2009年8月2日。

⑤ Azmi Hassan. 2012. “Kepentingan Strategik Kapal Selam Scorpene Malaysia”. *Utusan*, 27 April. http://www.utusan.com.my/utusan/Rencana/20120427/re_05/Kepentingan-strategik-kapal-selam-Scorpene-Malaysia#ixzz2ImbiZDEi. 阿兹米·哈桑：《潜艇对马来西亚的战略意义》，［马来西亚］《马来西亚使者报》2012年4月27日。

不久的将来也将拥有。

马来西亚多年来大力发展其海空力量主要是出于以下方面的考量：

首先，在东南亚海岛地区，马来西亚具有极为重要的地理位置，控制着马六甲海峡、巽他海峡和龙目海峡，这三个海峡位于太平洋和印度洋之间的咽喉地带。为了维护其本国固有的海上利益，并确保这些两洋通道及国际航路的安全畅通，拥有一支具备相当实力的海空力量显然是必不可少的。

其次，马来西亚已侵占南沙数个岛礁，从长远战略利益出发，其目的：一是为了扩大本国的战略防御纵深，二是为了固守其海上既得利益，三是为了阻止南海周边其他国家向南扩展势力。但这些位于南海海域东南侧的岛礁远离其本土，防御力量很弱，没有一支具有较强威慑力的海空力量作为其防御后盾，显然是无法维持的。

再次，马来西亚的石油来源几乎全部取自海上油井。多年来，该国已从近海石油开采中获得了巨大的经济利益。随着近海油气资源储量的下降，该国的海上钻井平台近年来逐渐向北扩展，已接近曾母暗沙。就马来西亚目前所占领的岛礁的位置来看，最有可能与其他声索国在司令礁、弹丸礁、安波沙洲一带发生冲突，该海域是马来西亚涉入海洋权益争端的最前沿，一旦发生军事冲突，毋庸置疑，必须依靠海空力量来解决，这就要求马来西亚必须拥有一支强有力的海空力量。①

（二）加强已有占领，为应对海上冲突做好充分准备

马来西亚于 1979 年底公布的那张领海与大陆架疆域“新地图”，是引发其与其他声索国主权争端的起点。同年 9 月 20 日，也就是在这张新地图出版之前，马来西亚对外宣布了其专属经济区的相关区域。为了强调对这些岛礁及水域的拥有权，内阁随之指示马来西亚皇家工程兵团（Rejimen Askar Jurutera Diraja，RAJD）立刻进行研究，以便于对这些岛礁部署立碑及占据事务。调查结果是，位于马来西亚专属经济区范围内的岛礁中，有的岛礁面积过小或者条件不允许，只有一部分适合立碑宣示占有。

至今，马来西亚已经在武装占领的南海五个岛礁上建立了岸外驻地，分别是：利马驻地（Stesen Lima，位于弹丸礁）；制服驻地（Stesen Uniform，位于安渡滩）；迈克驻地（Stesen Mike，位于南海礁）；塞拉驻地（Stesen Sierra，位于簸箕礁）以及帕帕驻地（Stesen Papa，位于榆亚暗

① 榕星：《马来西亚防务政策重心转向海洋》，《东南亚研究》1990 年第 3 期，第 12—13 页。

沙)。这五个“岸外驻地”都为其“第二海上领土司令部”(Markas Wilayah Laut 2，Marwila 2）所管辖。岸外驻地的建立，其重要意义有二：其一，是宣示所有，强化所有；其二，是以强大的军事武装来捍卫巨大的经济利益。[①] 因为马来西亚“所占最肥”，该国所占海域皆蕴藏着非常丰富的油气和矿藏。李金明教授把这种做法称为“油管子连着炮管子”，先是武力占领，然后在军舰的保护下进行油气开采。[②]

马来西亚《国会期刊》1992年的一篇文章开诚布公地指出：“每一个在南海提出主权声索的国家都必须接受这样的事实，大家宣布各自的专属经济区，必然导致许多岛礁的宣称重叠。问题只在于谁得到的多？谁得到的少？彼此间的领土争端该如何解决？”[③]

《马来西亚使者报》的一篇社论赤裸裸地指出：“占领这些岛礁意义重大，无论是从国防战略的角度，还是经济利益的角度。因为这些岛礁所处海域均蕴藏着丰富的矿产资源和碳氢能源，同时具备被开发为旅游目的地的较好条件。”[④]

让我们来简单回顾一下马来西亚皇家海军占领并驻守这五个岛礁的历史。皇家海军在南沙的第一个岸外驻地——利马驻地建立于弹丸礁。该国早于1980年6月21日便在弹丸礁上立起了一块宣示“主权”的石头标志。随后皇家海军利用1983年6月“五国联防组织”在附近海域进行联合军演的机会，派出20名突击队员登上弹丸礁，之后有18名士兵派驻在该岛上，并在岛上修筑堤坝。此后，时任马来西亚总理的马哈蒂尔为利马驻地主持了落成仪式。随着弹丸礁的不断扩建，马来西亚政府决定将其发展成旅游中心。1995年，两栋新的建筑物在此地落成，混凝土堤坝也全部竣工。之后该国政府及私营企业界还在岛上建成了机场和其他基础设施，随着面积的逐步扩大，弹丸礁早已不是当时那个荒芜的弹丸之地，变成了一个有吸引力的旅游目的地。

马来西亚学者称，该国政府对弹丸礁的“主权声索”是马哈蒂尔时代

---

① 苏莹莹：《从马来西亚官方媒体的报道解读该国政府的南海政策——以马新社〈使者报〉1999年至2013年的相关报道为分析依据》，《南洋问题研究》2013年第4期，第54页。

② 侯瑞宁：《谁在开采中国南海》，《中国石油石化》2012年5月15日第10期，第25页。

③ Ismail bin Haji Hasan. 1992. “Spratly：Implikasi Pengisytiharan China Terhadap Kestabilan Serantau”. *Jurnal Parlimen Malaysa*, Vol. 11, hlm. 26. 伊斯迈尔·哈齐·哈桑：《中国的宣称对区域安全的意义》，［马来西亚］《国会期刊》1992年第11期，第26页。

④ Kna Kamal Abdul Muld. 2004. “Wisma Kaki Langit Stesen Luar Pantai TLDM”. *Utusan*, 24 April. http://www.utusan.com.my/utusan/info.asp?y=2004&dt=0424&pub=utusan_malaysia&sec=Tentera&pg=te_02.htm#ixzz2InY5v3JU. 科纳·卡马尔·阿卜杜勒·穆易德：《天边的建筑——马来西亚皇家海军岸外驻地》，［马来西亚］《马来西亚使者报》2004年4月24日。

“最重要的一步棋”。在距离纳闽岛 170 海里的弹丸礁上部署军队及有关建筑是为了进一步强化该国的“主权声索”。努尔·易卜拉辛欣·苏莱曼（Nur Ibrahim Sulaiman）在其著作《国境线》（*Perbatasan Terhadapan Negara*）指出，马来西亚皇家海军授命在相关占据点树立界碑。从 1980 年 4 月开始，在立界碑的整个操作过程中，马来西亚皇家空军派出一架 Nuri 直升飞机在 Sri Banggi 皇家护卫舰的上空执行相关任务。此项任务据悉是由纳闽岛马来西亚皇家空军第五飞行中队执行的。Nuri 直升飞机的主要任务是将工程人员和建筑材料从舰船运往相关岛礁。①

位于安渡滩（含光星仔礁）的制服驻地是马来西亚皇家海军派兵驻守的第二个南沙岛礁岸外驻地。马来西亚海运工程公司首先于 1986 年初在一艘趸船上建成了一个长 60 米、宽 30 米的平台建筑，而后将此船安置于安渡滩。同年 4 月 16 日，制服驻地的落成仪式由时任国防部长的阿卜杜拉·巴达维主持。至 2000 年年初，为了方便战舰进入水域并靠近码头，四周增加了 10 米宽的堤坝，水域面积扩至 60 米 ×40 米，还修筑了一条 100 米长的水道。

位于南海礁的迈克驻地邻近越南在安波沙洲的驻地，位于利马驻地以北 35 海里处。其建造过程与制服驻地相似。马来西亚海运工程公司于 1986 年 9 月完成建造了一个 60 米长、24 米宽、4.5 米高的平台，之后拖至南海礁，安置于此并正式命名为迈克驻地。时任海军司令的阿卜杜勒·瓦哈穆·纳威中将于 1986 年 11 月 3 日主持了该驻地的落成典礼。至 2003 年年中，也是出于方便战舰进入相关水域的目的，该驻地的水道被扩建至 124.5 米长、15 米宽。

位于簸箕礁的塞拉驻地，其主体也是一个建造于大型趸船之上的平台建筑。它的建造任务是由槟榔屿海运及造船私人有限公司完成的。该平台建筑是在槟榔屿的杰乐嘉岛上建成的，然后耗时约一个月从槟榔屿拖到簸箕礁，于 1999 年 4 月安置。据说，拖拉的过程中，一路上都有皇家海军的数艘舰艇护航，而且为了避免在途中被邻国发现，还对该平台建筑进行了一些伪装。1999 年 5 月初，塞拉驻地的整个安置工作全部完成了，并于当年 5 月 10 日正式命名。

位于榆亚暗沙的帕帕驻地距离利马驻地约 70 海里。它的主体工事也是建造于一艘大型趸船之上。该建造工程也是由槟榔屿海运及造船私人有限

---

① Sofian Baharom. 2013. “Kepentingan Pulau Layang-Layang”. *Utusan*, 17 April. http://ww1.utusan.com.my/utusan/Polis_%26_Tentera/20130417/te_01/Kepentingan-Pulau-Layang-Layang. 沙飞安·巴哈龙：《弹丸礁的重要性》，［马来西亚］《马来西亚使者报》2013 年 4 月 17 日。

公司完成的。而后于1999年4、5月间，从西马拖至榆亚暗沙。同年5月10日，帕帕驻地与塞拉驻地同时命名。据悉，马来西亚政府在帕帕驻地的主体平台建筑完成建造之初，就已宣布其建造是出于海洋科研的目的，以期能减少不必要的误解。①

可以看到，除了弹丸礁的利马驻地，马来西亚在南沙岛礁上建立的其他四个岸外驻地，全部都是在大型趸船上完成其主体建筑的建造任务之后，再拖拉到相关岛礁上进行安置。安置地点的选择以及安置工作的进行都是在海水满潮的时候进行的，便于该平台建筑在退潮时的着陆。安置之后再灌注泥沙和水泥进行巩固。而后再于安置点逐步扩建，以便军队派驻。

2011年6月，针对南海新冲突的出现，时任马来西亚皇家海军舰队司令贾米尔·奥斯曼中将（Laksamana Madya Datuk Jamil Osman，Panglima Armada TLDM）向媒体表示，皇家海军一直密切关注南海局势的最新进展。因为他们的首要任务就是确保来自任何方面的挑衅或过激行为都不会危害到马来西亚的海域安全，且不会损害其国家利益。而马来西亚皇家海军总司令阿卜杜勒·阿齐兹·贾法尔上将（Laksamana Tan Sri Abdul Aziz Jaafar，Panglima Tentera Laut）则表示，任何军事行动都会破坏这条商业通道，南海冲突应该用和平的方式来解决。他同时强调，尽管皇家海军目前所拥有的装备足以确保本国海域的安全，但是鉴于马来西亚广阔的海域随时面临着各种各样的挑战，他仍然希望能不断升级海军的武器装备。②

马来西亚军方于2011年8月在沙巴州东海岸部署了旨在应对阿布沙耶夫组织恐怖活动及威胁的“巴希行动”（Op Pasir）。在之后的媒体说明会上，时任马来西亚国防部长扎西德表示，“巴希行动”的开展无疑是为将来可能出现的南海战争提供了最好的演习场。对马来西亚来说，这一行动为未来可能爆发的南海地区的武装冲突提供了应对模式。扎西德部长明确指出：“未来的5—10年，如果南沙群岛的主权争端不能得到很好的解决，武装冲突很可能爆发。马来西亚军方已经做好了各方面的准备。”为此，

---

① Kna Kamal Abdul Muld. 2004. “Wisma Kaki Langit Stesen Luar Pantai TLDM”. *Utusan*, 24 April. http://www.utusan.com.my/utusan/info.asp? y = 2004&dt = 0424&pub = utusan_ malaysia&sec = Tentera&pg = te_ 02.htm#ixzz2InY5v3JU. 科纳·卡马尔·阿卜杜勒·穆易德：《天边的建筑——马来西亚皇家海军岸外驻地》，［马来西亚］《马来西亚使者报》2004年4月24日。

② Abdul Rashid Abdul Rahman. 2011. “TLDM Ikuti Perkembangan Spratly”. *Utusan*, 28 Jun. http://www.utusan.com.my/utusan/info.asp? y = 2011&dt = 0628&pub = utusan_ malaysia&sec = Dalam_ Negeri&pg = dn_ 14.htm#ixzz2IlCZa6rg. 阿卜杜勒·拉希德：《马来西亚皇家海军密切关注南海形势的发展》，［马来西亚］《马来西亚使者报》2011年6月28日。

马来西亚国防部计划扩大联合部队司令部的监管区域，从目前包括22个岛屿以及全长1577公里海岸线上的11个沿海地区，延伸至南海海域。①

马来西亚皇家海军的常用口号是——“TLDM SIAP SIAGA，PERAIRAN TERPELIHARA”，意思是“皇家海军已做好全面准备以捍卫国家海域”，并在近年来明确提出了“至2030年，将马来西亚皇家海军发展成为一支忠诚可信、具备全方位适应能力的海军部队”的明确目标。②

（三）坚持在军事安全领域采取两手措施

出于在政治上保持与中国较好的外交关系，在经济上维护并加强由近海油气资源开采所带来的既得利益的双重考虑，马来西亚军方在军事安全领域一直采取两手措施。如果外交努力有效，则采取“退而守”的策略；若必须采用军事力量来解决冲突，则随时准备采取“进而攻”的应对。这种两手准备的态度从其军方高层领导的多次表态中已表露无遗。

1992年2月25日，中国第七届全国人民代表大会常务委员会第二十四次会议通过了《中华人民共和国领海及毗连区法》。其中第二条郑重声明：“中华人民共和国的陆地领土包括中华人民共和国大陆及其沿海岛屿、台湾及其包括钓鱼岛在内的附属各岛、澎湖列岛、东沙群岛、西沙群岛、中沙群岛、南沙群岛以及其他一切属于中华人民共和国的岛屿。”③ 之后中国出版的地图均明确地将这些岛屿列入疆域范围。该法案的出台在东南亚部分国家中引起了高度的关注。当年3月5日，时任马来西亚皇家部队总司令丹斯里·哈希姆将军（Laksamana Tan Sri Hashim）在为其某所军校的国防训练营揭幕之后的媒体见面会上，谈及南海争端时表示：“如果外交努力失败了，国家当然要采取其他方式来解决问题。”此后数日，也就是在4月1日，在彭亨州关丹的一次军事仪式的发言中，丹斯里·哈希姆将军说：“如果有的国家仍然想运用军事力量来解决问题，马来西亚也必然捍卫国家主权，我们别无选择。如果有人想秀肌肉，所有皇家部队的军人

① Mohd. Asron Mustapha. 2011. “Op Pasir Bukti Kecekapan ATM Jaga Perairan Negara”. *Utusan*, 3 Ogos. http://www.utusan.com.my/utusan/info.asp?y=2011&dt=0803&pub=utusan_malaysia&sec=Polis_%26_Tentera&pg=te_01.htm#ixzz2ImQzOqIL. 穆罕默德·阿斯龙·穆斯塔法：《“巴希行动”证明了马来西亚武装部队保护国家海域的能力》，［马来西亚］《马来西亚使者报》2011年8月3日。

② “Sambutan Hari TLDM Ke－83 Peringkat Lembah Klang”, Web Rasmi Kementerian Pertahanan Malaysia, http://www.navy.mil.my/index.php/informasi/berita/berita－utama/item/4305－sambutan－hari－tldm－ke－83－peringkat－lembah－klang (29 April 2017).《在巴生河谷迎接第83个海军建军节》，马来西亚国防部官网，2017年4月27日，访问日期：2017年4月29日19：15。

③《中华人民共和国领海及毗连区法》，中国人大网，http://www.npc.gov.cn/wxzl/wxzl/2000－12/05/content_4562.htm，访问日期：2015年12月12日15：10。

们也乐于奉陪。”①

2009年5月，由于马越两国联合提交“外大陆架划界案”一事，中国外交部提出了严重警告。对此，马来西亚海军总司令阿卜杜勒·阿齐兹·贾法尔上将于当年5月14日在吉隆坡表示，马来西亚方面了解中国的利益诉求，但是马来西亚皇家海军或武装部队的士兵们将一如既往地在相关海域执行各自的巡逻任务，不会因此而有任何的变化。他再次以“相关岛礁是在其200海里专属经济区内”的理由，强调每一个部署了马来西亚武装部队的小岛都属于其“固有领土”，马来西亚军方在南沙的一切行动都是“合法”的。贾法尔上将还表示，该国武装部队将继续向南沙相关岛礁派驻军队并部署有关设施，以强化对这些岛礁的诉求。②

马来西亚军方应对南海问题的两手措施，具体来说，一方面，积极增强其海上能力，这是一种伴随中国介入强度的加大而在2013—2014年加剧的趋势。马来西亚持续强化其皇家海军、皇家陆军和海洋执法局（或称海岸警卫队）的执法能力。多年来，为了维护其主权主张，马来西亚曾在南沙地区维持多个军事哨站；派遣战舰和潜艇巡逻其专属经济区和争议水域，监控和跟踪外国船舶，并在必要时动用标准程序；还定期在南海附近水域开展军事演习，确保马来西亚在当地的力量存在，近三年来还加大了军事演习及联合军演的频度和力度，以检验其行动预备程度。针对中国船舶，马方也已经强化了其在已占领岛礁及存在权利主张的岛礁周边巡逻，并悄然推动与美国等国家在海洋领域的情报合作。2013年10月，时任马来西亚国防部长希沙穆丁还曾宣布，马来西亚将在沙捞越民都鲁（Bintulu）建立新海军基地，并将建立新的海军陆战队，提供在南海地区的两栖能力。③ 马来西亚皇家空军2014年9月20日在南海海域进行导弹发射演习，主要是进行KH31A反舰导弹和KH31P反辐射导弹的演习。皇家空军在声明中表示，此次发射演习使用了空军11中队的SU-30MKM战斗机。马来西亚空军自2007年引进18架SU-30MKM战斗机以来，经过多年装备训练，如今已经初步形成战斗力。此次导弹演习精准射击既定目标，直

---

① Ismail bin Haji Hasan. 1992. “Spratly：Implikasi Pengisytiharan China Terhadap Kestabilan Serantau”. *Jurnal Parlimen Malaysa*, Vol. 11, hlm. 27. 伊斯迈尔·哈齐·哈桑：《中国的宣称对区域安全的意义》，［马来西亚］《国会期刊》1992年第11期，第27页。

② “ATM Kukuhkan Tuntutan Malaysia Melalui Penempatan Aset, Anggota”. 2009. *Utusan*, 15 Mei. http：//www. utusan. com. my/utusan/info. asp？y = 2009&dt = 0515&pub = utusan_ malaysia&sec = Dalam_ Negeri&pg = dn_ 02. htm#ixzz2IlujzjO9.《马来西亚武装部队以部署军队及军备的方式强化国家诉求》，［马来西亚］《马来西亚使者报》2009年5月15日。

③ 普拉善斯·帕拉米斯瓦兰著，随缘译：《安全地玩：马来西亚的南海路线和对美国的预示》，《南洋资料译丛》2016年第1期，第15页。

接摧毁目标，是皇家空军历史上的一次重大成功。①

另一方面，马来西亚继续采取谨慎应对中国的举措，致力于防止与中国的南海冲突升级。根据一项记录，2008—2012 年，该国共发现中国人民解放军海军和中国执法机构设备进入南沙“马来西亚专属经济区”35 次。尽管马来西亚船舶的确曾拦截进入马方主张水域的中国船舶，但其倾向于发出要求中国船舶离开的命令，避免采取攻击性举动，这也符合马来西亚历来低调抗议的指导思想。马来西亚还建立了旨在阻止升级的各种机制，包括在舰船接触时，部署数量比中国少一艘，即所谓的“少一艘路线”。马来西亚还继续通过增加防务磋商和信心建设措施，改善与中国的安全关系。②

三、学界之观点：发出强硬声音，隐含对抗情绪

面对形势日益复杂的南海争端，马来西亚学界有相当一部分学者，包括部分高端智库的资深研究员以及在大学或科研院所从事海洋权益、地缘政治等方面研究工作的学者，他们纷纷从各自的研究视角，反复强调南海岛礁及相关水域乃至于国际贸易航道对马来西亚的重要性，呼吁政府及军方应对南海问题给予高度重视。纳兹瑞·卡利德（Nazery Khalid）是马来西亚海事研究院中长期致力于海洋权益研究的一位资深研究员。他指出，多年来，来来往往的运输船只把马来西亚的天然气从沙捞越民都鲁港经南海航道运往远东各国，随着马来西亚国民经济收入对国际贸易依赖程度的日渐提高，南海作为海上商业通道，对马来西亚极其重要。

鉴于南海的重要性，该国的部分学者在领土争议上一直持比较强硬的态度。他们一味地凭借自以为是的理由，对中国的南海立场以及应对争议的处理方式隐含不满甚至于表现出明显的对抗情绪。2009 年 5 月，针对马、越两国联合提交“200 海里外大陆架划界案”，中国外交部发出严正警告。对于中国的警告，马来西亚部分学者表示了不满和担忧，认为中国的警告会导致其他国家的紧张。

马来西亚理科大学社会科学研究中心副主任西瓦·穆卢干·潘迪安（Dr. Siva Murugan Pandian）就此表示，中方的警告可能会引发较长时期的军事行动。他说：“中国政府此次显示了强硬的外交政策，就是为了使其

① “TUDM Lancar Misil dalam Latihan”. 2014. *Utusan*, 25 Sep. http://wwl.utusan.com.my/utusan/Dalam_ Negeri/20140925/dn_ 24/TUDM - lancar - misil - dalam - latihan#ixzz3QO9y0NBR.《马来西亚皇家空军在演习中发射导弹》，［马来西亚］《马来西亚使者报》2014 年 9 月 25 日。

② 普拉善斯·帕拉米斯瓦兰著，随缘译：《安全地玩：马来西亚的南海路线和对美国的预示》，《南洋资料译丛》2016 年第 1 期，第 15—16 页。

他声索国慑于其威力。”

马来西亚海事研究院研究员穆罕默德·尼赞·巴斯隆（Mohd. Nizam Basiron）则指出：“立足国际法，马来西亚和越南的举动是合法的，中国无权反对。根据《联合国海洋法公约》的规定，某一个国家有权针对其海域350海里的范围内提出权力要求。而根据现有的法令，南沙群岛尚无合法的拥有者，尚无任一法庭裁定南沙群岛的所属。”①

马来亚大学国际战略研究学院讲师旺·沙瑞那·拉姆拉（Wan Sharina Ramlah）指出，对南沙实行驻军将成为中国政府“占领”该地区的首要措施。他说：“中国试图通过占领的办法来取得对这些岛屿的所有权。中国的警告显示了该国政府对待其他声索国的对抗政策。”②

面对中美双方在南海地区的势力抗衡，以及域外大国纷纷介入南海争端的态势，马来西亚部分学者建议其政府充分利用美国因素来制衡中国以应对马中南海争端。例如《马来西亚使者报》特约作者穆罕默德·库再瑞·伊斯迈尔（Mohd. Khuzairi Ismail）指出：“在中美两国于本区域显示实力的过程中，东盟面对着与两个大国保持稳定关系的平衡。应该认识到，无论是中国，还是美国，如果它们希望称雄于这个地区，必不愿失去东盟国家的支持。而中国的发展将对东南亚国家产生多大的影响，目前下定论为时尚早。”③ 言下之意，不言自明。

马来西亚科技大学地理空间学院地缘政治研究员阿兹米·哈桑经常在《马来西亚使者报》写专栏文章。2011年5月，发生了中菲礼乐滩争端。他于当年6月初发表了一篇题为《马来西亚的目标是阻止南中国海冲突》的评论文章。文章指出：“中国经常派出渔政船到东盟各国的海域以了解相关国家的举动。这些渔政船实质上是属于中国海军的。而中国方面近期的屡次‘侵犯’行为令东盟国家感到不舒服。东盟国家已清楚认识到，中国海军的力量非常强大。即使东盟十国的海军力量联合起来，恐怕也难于对抗北京。1995年，马尼拉‘失去’了美济礁，这就是教训和警示。这一

---

① 苏莹莹：《从马来西亚官方媒体的报道解读该国政府的南海政策——以马新社〈使者报〉1999年至2013年的相关报道为分析依据》，《南洋问题研究》2013年第4期，第57页。

② “Amaran China Bakal Cetus Ketegangan Negara Lain”. 2009. *Utusan*, 14 Mei. http://www.utusan.com.my/utusan/info.asp?y=2009&dt=0514&pub=utusan_malaysia&sec=Dalam_Negeri&pg=dn_10.htm#ixzz2InCrNxly.《中国的警告可能会导致其他国家的紧张》，［马来西亚］《马来西亚使者报》2009年5月14日。

③ Mohd. Khuzairi Ismail. 2010. “China Gelisah Keakraban Vietnam-Amerika Syarikat”. *Utusan*, 14 Ogos. http://www.utusan.com.my/utusan/info.asp?y=2010&dt=0814&pub=utusan_malaysia&sec=Rencana&pg=re_07.htm#ixzz2Imq34yBz. 穆罕默德·库再瑞·伊斯迈尔：《越美关系的密切让中国感到不安》（社论），［马来西亚］《马来西亚使者报》2010年8月14日。

事件也成为促成东盟与中国签订《南海各方行为宣言》的重要原因之一。北京方面当然希望以双边方式与相关国家就南海领土争端问题进行谈判，因为任何一个东盟声索国与中国相比，实力悬殊明显。通过谈判来解决争端，这样的思路当然是对的。然而成为问题的是，北京的外交方式中却总是隐含着‘军事威胁’。为了对抗北京可能采取的‘攻击性’行为，东盟国家必须考虑采取新的策略。如果中国拥有了整个南中国海，那么其将凭借那里储量极其丰富的油气资源而成为唯一的新兴强国。因此，东盟必须好好利用华盛顿方面对南海地区的强烈兴趣，以此来遏制北京。东盟必须坚持以整体的方式而非个别的方式来应对北京。”① 可以看出上述观点蕴含了非常明显的不满及对抗情绪。

2011 年 6 月，南海局势再度紧张。中国渔船 9 日上午在南沙遭到越南武装舰船的非法驱赶。13 日，越南海军在其中部海岸附近海域举行实弹演习。从 14 日起，美国联合东盟六国，举行了持续十天的南海联合军演。中国最大的海巡船则于 15 日起在南海海域进行维权巡航，航线从北向南贯穿整个南海。

马来西亚科技大学地理空间学院地缘政治研究员马哈蒂尔·阿里（Mahathir Ali）一贯强调，鉴于南海对马来西亚毋庸置疑的重要性，与美国在战略和国防上扩大合作对马来西亚而言是非常必要的。面对 2011 年 6 月的南海局势演变，他首先表示了对中国日益提升的军事实力的担忧，同时强烈建议东盟各国既要联合起来对抗中国，更要充分利用美国制衡中国。他于当年 6 月中旬在《马来西亚使者报》发表了题为《对中国图谋的不满》的署名文章，指出：“中国军队的现代化发展水平，特别是海军的实力，提高得如此之快，这是最让人感到畏惧和担心的。中国很快将拥有自己的航母，并将拥有根据自身需要而专门设计的弹道导弹。如果这艘航母被部署在南海，中国将拥有绝对优势来应对南海争端。对东盟国家而言，对抗中国海上优势的战略之一就是要团结起来共同面对北京。此外，无论是否愿意，都必须给予美国机会，使其与东盟一起面对北京。因为只有美国可以制衡中国。美国因为其无可比拟的航母群而被认为拥有最强的海上实力，中国的确无法与美国抗衡。马来西亚应该经常与美国举行联合军演或积极参加由美国主导的联合军演，这是向中国发出信号的最有效方

---

① Azmi Hassan. 2011. “Saranan Malaysia kekang Konflik Laut China Selatan”. *Utusan*, 3 Jun. http://www.utusan.com.my/utusan/info.asp? y=2011&dt=0603&pub=utusan_ malaysia&sec=Rencana&pg=re_ 08.htm#ixzz2In6JL0Ww. 阿兹米·哈桑：《马来西亚的目标是阻止南中国海冲突》，［马来西亚］《马来西亚使者报》2011 年 6 月 3 日。

法。参加这些大型的联合军演，无论是对东盟来说，还是对马来西亚而言，都具有非比寻常的意义。马、新、印尼、泰共同参加‘环太平洋’联合军演，其意义相当于韩国和日本在东亚的结盟，希望中国能够正确解读这一信号。”① 如此言论，可以说，对中国的威胁之意昭然若揭。

近三年来，随着南海局势的逐渐复杂化和趋于紧张化，特别是面对中国在处理南海事务方面的进取姿态和推进措施，东盟国家的普遍焦虑心态日渐显现。马来西亚尽管对华戒备增强，但仍强调以“沉默外交”来应对局势变化，对此，部分该国学者表示了质疑和谴责。马来西亚北马大学法律、政府及国际研究学院讲师穆罕默德·阿飞飞·阿卜杜勒·拉扎克（Muhammad Afifi Abdul Razak）在其发表于《马来西亚使者报》的署名文章中，表达了对其政府目前应对领土争端所采取的“沉默外交”政策的担忧和不满。他说：“许多与领土相关的历史问题，如果没有全力以赴来应对，必将给马来西亚带来消极的影响。例如泰南问题、马新领土争端以及南沙问题。已经到了这样的关键时刻，马来西亚政府应该重新考量本国的外交政策、国防政策以及国家安全政策。马来西亚政府或许应该开始考虑采取更加积极主动的‘前进防御’（forward-defence）策略来捍卫国家的主权。我们不应坐等敌人出现在家门口才采取措施。马来西亚的‘防御实施范围’至少应该覆盖到整个东南亚地区。应对马来西亚与所有邻国的边界地区采取有效控制。”②

随着中国政府在南海维权活动的加强，马来西亚部分学者开始明确要求政府及军方做出正面应对。以曾母暗沙为例。1987 年和 1994 年，中国人民解放军的战舰通过曾母暗沙附近的海域。2010 年 4 月 20 日，中国在该海域附近投放了铁制界碑。2013 年，中国人民解放军在马来西亚声称的“专属经济区”内进行两栖登陆的军事演习，显示了我们的军事实力。2014 年 1 月 26 日，中国海军在曾母暗沙进行巡航。参加此次巡航的有“武汉”号、“海口”号导弹驱逐舰及“长白山”号两栖登陆舰三艘战舰。对此，马来西亚皇家海军司令丹斯里·阿卜杜勒·阿齐兹·贾阿法表示，

---

① Mahathir Ali. 2011. “Kemusykilan terhadap Niat China”. *Utusan*, 16 Jun. http://www.utusan.com.my/utusan/info.asp?y=2011&dt=0616&pub=utusan_malaysia&sec=Rencana&pg=re_02.htm#ixzz2ImkszROI. 马哈蒂尔·阿里：《对中国图谋的不满》，［马来西亚］《马来西亚使者报》2011 年 6 月 16 日。

② Muhammad Afifi Abdul Razak. 2013. “Isu Keselamatan Negara Bukan ‘Wayang’”. *Utusan*, 14 Mac. http://ww1.utusan.com.my/utusan/Rencana/20130314/re_02/Isu-keselamatan-negara-bukan-“wayang”. 穆罕默德·阿飞飞·阿卜杜勒·拉扎克：《国家安全问题绝非“烟雾弹”》，［马来西亚］《马来西亚使者报》2013 年 3 月 14 日。

皇家海军密切监视这三艘中国军舰的行动，在此次航行中，它们并没有进入马来西亚的“专属经济区”。[①] 但是军方的淡定表态引起了该国学者的不满和焦虑。马来西亚科技大学地理空间学院地缘政治研究员阿兹米·哈桑在媒体署名文章中提出，吉隆坡方面应该捍卫在曾母暗沙的“主权”，就如同《联合国海洋法公约》所规定的那样。而在应对北京方面，则需运用外交加军事的灵活手段。对马来西亚来说，若有侵犯的情况出现，必须运用皇家海军的军事力量。他建议政府建设在民都鲁的海军基地，或者参照美国海军的模式来发展马来西亚海军，以此来巩固马来西亚的海上防线。他还强调，吉隆坡也应该充分利用与中国特殊的外交关系，将其作为缓和冲突的策略；中马两国健康发展的商贸关系是解决问题的有利助力；而两国就联合军演所达成的共识是密切双边关系的很好途径。中国面对南海争端需要东南亚的盟友。在东盟成员国中，菲律宾、越南、印尼和新加坡并不偏向中国，吉隆坡方面可以充分利用这一情势来制约北京方面，使其不与马来西亚发生对抗和冲突。[②]

许多当地学者对中马南海争端的最终和平解决显然信心不足。马来西亚学者金·马赫穆德（Zin Mahmud）2016 年 6 月 5 日在《马来西亚使者报》上发表了题为《寻求南中国海域的和平》的署名社论文章。他分析了美日加强联盟，美越化敌为友，美菲关系不断深化的局势，并分析了其中的原因。他认为，“当一个国家繁荣发展起来，它应该会给所在地区的邻国带来和平与繁荣。但是如果其经济实力的增长带来政治意图的强化，特别是对于领土和主权的强化，这自然会导致其他国家重塑各自与他国的战略性外交关系。”鉴于此种局势的发展，他最终得出的结论是：寻求南海海域的和平是一条漫长而曲折的道路。[③]

已退休的马来西亚皇家海军上将达图·哈吉·苏塔尔基（Dato' Dr.

---

① 中国海军对曾母暗沙采取定期巡视的方式来维护主权。中国海军编队于 1983 年 5 月 22 日 8 时 19 分在曾母暗沙抛锚，宣示中国主权。1994 年，中国人民解放军海军再次在曾母暗沙宣誓主权，并投下一块主权碑。1995 年 1 月，中共中央、国务院决定派出代表团代表国家赴南沙海域巡视，把其中一块祖国界碑投放曾母暗沙海区海底。2010 年 4 月 20 日中国海监编队海监 83 船、海监 81 船停车漂航，在曾母暗沙投放中国主权碑。中国海军南海舰队联合机动编队于 2013 年 3 月 26 日抵达曾母暗沙，宣示海洋国土主权。这是象征性的行动，并非实际控制。

② Azmi Hassan. 2014. “Pertahan Kedaulatan Beting Serupai”. *Utusan*, 6 Feb. http://www.utusan.com.my/utusan/Rencana/20140206/re_02/Pertahan-kedaulatan-Beting-Serupai#ixzz30R6Za5pF. 阿兹米·哈桑：《捍卫曾母暗沙的主权》，［马来西亚］《马来西亚使者报》2014 年 2 月 6 日。

③ Zin Mahmud. 2016. “Mencari Damai di Laut China Selatan”. *Utusan*, 5 Jun. http://www.utusan.com.my/rencana/mencari-damaaut-china-selatan-1.338766. 金·马赫穆德：《寻求南中国海域的和平》，［马来西亚］《马来西亚使者报》2016 年 6 月 5 日。

Haji Sutarji Bin Haji Kasmin）是一位集军人与学者双重身份的专家。他是该国皇家海军特种部队的前指挥官，于 1975 年组建了海军特种部队（Pasukan Khas Laut，PASKAL）。早在 1996 年，他就曾献言政府，称应从史料研究的角度进行更加细致深入的工作，为该国的南海“主权声索”提供更加有力的证据。他说：“有部分相关的文件或文书证明，英国方面在 1877 年 10 月 25 日曾获得南沙群岛和安波沙洲。相关史料需要我们进一步寻找和证实。”① 苏塔尔基还提出，提交国际仲裁庭来解决中马南海争端是不可避免的，并且是应该考虑的办法。他的观点在该国学界具有一定代表性。

第二节　马来西亚涉南海议题的两面策略

一、马来西亚涉南海议题的两面策略

在中马关系大框架下的南海议题，由于其自身的复杂性以及对两国外交政策的重要相关性，时时处于一个敏感多变的状态当中。但是无论局势如何变化，对马来西亚而言，处理南海问题的几大原则是不会改变的：其一，以中马经贸关系为首要考量因素，重视两国在南海议题上长久以来的良性互动；其二，以主权声索固化既得利益，能源利益与航道安全是综合考量的两大核心要素；其三，立足东盟的整体平台，利用美日等域外大国的力量，平衡中国在南海的相对实力优势。这些原则的确定体现了马来西亚一贯执行的独立自主和务实的外交政策的主要精神。

进入 21 世纪以来，特别是在美国高调宣布“重返”亚洲，正式推行“亚太再平衡”战略以来，南海议题的多边化、东盟化、国际化的各种发展趋势给马来西亚政府处理南海议题带来了诸多影响。马来西亚政府在处理该议题中采取了两面策略：一方面，就南海领土主权争议，既“捍卫主权”，又与中国保持开放而积极的沟通，有效地降低了相互猜忌，力争消减分歧而努力扩大共识；另一方面，面对中国崛起的现实，在对华政策上始终秉持“经济上的实用主义和安全上的避祸取向”原则。②

---

① Sutarji Kasmin. 1996. “Tuntutan Malaysia Ke Atas Kepulauan Spratly：Apakah Implikasinya Terhadap Dasar Negara”. *PEMIKIR*, Vol. 4, hlm. 115. 苏塔尔基·卡思敏：《马来西亚南海声索：对国家政策的影响是什么?》，［马来西亚］《思想者》1996 年第 4 期，第 115 页。

② 邓后发：《南海争端中马来西亚的对华反应与行为策略分析》，广东外语外贸大学硕士学位论文，2014 年，第 32 页。

近年来，中马关系整体发展稳定，大局向好，双方深化合作的意愿持续加强，但南海问题始终是双边关系中不可回避的问题，且在很大程度上影响着马来西亚对中国崛起的认知和判断。尽管马来西亚领导人在许多国际场合多次强调，中国的崛起是机遇，不是威胁，但是马来西亚国内许多政治精英依然对此心存疑虑，甚至疑心渐重。他们认为，中国崛起对周边是否是一种威胁，依然具有很大的不确定性。而正是由于这种不确定性，使得马来西亚始终对中国保持一定的戒备心理及防御心态。

全球局势与区域环境的复杂多变，也越来越多地影响着马来西亚政府的决策。近年来，南海周边的菲律宾、越南分别与中国发生了较为激烈的摩擦或冲突，因而导致地区安全形势时有紧张。受此影响，马来西亚虽尽量避免冲突的发生，但也进一步加强了其在已占岛礁的防卫能力，以期能够应对突变。与此同时，随着中国“一带一路”合作倡议的提出与推进，在经济利益的驱动下，包括马来西亚在内的周边国家纷纷借此东风，希望能够搭中国经济迅速发展的快车，加强与中国的经济合作，充分利用中国经济发展所提供的巨大机遇和广阔市场，最大限度地获取政治经济利益。

整体来看，马来西亚长期以来在南海争端中采取较为低调温和的态度，分析其原因有两个方面：首先，马来西亚的对华经济依赖日益加深，中国作为马来西亚目前最重要的经贸合作伙伴，为马方提供了直接的经济利益。与此同时，中国也是马政府维持统治地位、强化统治权威的关键合作伙伴。与中国加强合作，有利于维护该国执政联盟的政治利益。经济与政治的两大因素促使马来西亚政府采取温和的南海政策，力求避免南海问题干扰中马两国关系深入发展。正如第十届中国—东盟博览会召开之际，马来西亚国际贸易与工业部部长穆斯塔法·莫哈迈德（Mustapa Mohamed）所指出的：“我们始终如一地欢迎中国来马来西亚投资、建设，不管在南海发生什么问题，都不会影响到马中经贸关系。”①

其次，正如之前所陈述的，马来西亚国内经济发展的重要支撑正是南海油气资源开采所获得的巨大经济利益。作为南海油气资源开采的最大获利者，马来西亚国内经济发展严重依赖南海油气开发。时任马来西亚总理纳吉布在 2013 年 6 月曾表示，能源产业为该国贡献了 40% 的国家收入，能源产业的持续增长是确保该国经济中长期发展的有力保障。马来西亚政府清楚地认识到，只有南海的政治环境及安全形势整体可控，才能确保其在南海地区的油气开发利益。因此，在南海问题上，马来西亚需要与中国

---

① 《南海局势不会影响马中经贸关系》，［马来西亚］《东方早报》2013 年 9 月 6 日，http：//news. 163. com/13/0906/10/9834DBMN00014AED. html，访问日期：2016 年 7 月 24 日 16：54。

保持良性互动；在南海争议中对华采取温和立场，为其自身在南海的油气开发营造相对和平稳定的外部环境，以确保其南海能源利益的持续攫取。[①]

二、马来西亚涉南海议题采取两面策略的原因分析

近几年来，关于中马南海争端，马来西亚政府采取了两面策略，分析其原因，既有外因，也有内因。

其一，马来西亚对中国的疑虑有所加深。随着中国综合国力，特别是海上执法力量快速发展，中国通过巡航等方式在南海的存在感持续强化，特别是南沙岛礁建设进度迅速，马来西亚自感压力加大。近几年来，中国与马来西亚围绕南康暗沙、北康暗沙发生了多次交锋互动，尤其是中方的海警船加强了在琼台礁的巡航值守，马来西亚担心其在南沙既得利益受损，更担心随着时间推移，中马两国的南海力量对比将愈加对其不利。

其二，马来西亚政府内部处理南海问题的分歧加剧。政府内部的友华力量从中马关系及自身利益出发，始终强调南海问题不应该影响双边关系大局，坚持通过“沉默外交”的方式与中国保持内部沟通；但马来西亚外交部及海事执法机构等部门的一些官员，主张将中马分歧公开化，强硬对抗中国。随着近两年南海局势升温，主张强硬捍卫“主权”，公开中马分歧的声音有所抬头。

其三，近些年马来西亚国内政治斗争升温，特别是到纳吉布政府后期，其内部管控能力急剧下降。因“一马”公司涉嫌贪腐等问题，纳吉布政府的执政地位频频受到挑战，而纳吉布政府疲于收拾“一马”公司的烂摊子，处理外交和南海问题的精力有限，疏于对内阁成员的管控。同时，也不排除马方有通过在南海问题上“放水”，甚至示强来转移国内压力的考虑。

其四，域外势力加紧对马来西亚的鼓动和挑唆。美国、日本等国加大了对马来西亚的诱拉力度，渲染中国“威胁”，并密谋提高军事合作层次。美国还不时就中国南海维权行动向马来西亚方面通风报信，积极为马来西亚对付中国“出谋划策”，挑唆马来西亚与中国对抗。[②]

---

① 陈相秒：《2014年马来西亚南海政策评析》，《世界经济与政治论坛》2015年5月第3期，第79—80页。

② 孙书贤：《海洋权益形势与强国战略》，2015年10月20日，北京外国语大学讲座。

第三节　马来西亚南海政策的走向分析：对传统务实主义政策进行新调整

近两年来，马来西亚在涉南海问题方面的消极动向有所突出：一是在南康暗沙海域持续加强油气勘采力度，2014 年 8 月以来，新增平台三座；与澳大利亚合租美国测量船位对南康暗沙进行勘探，还租用挪威勘探船位，对北康暗沙进行勘探。二是马方人员涉及南海消极表态有所增多。2015 年 4 月，在第 26 届东盟峰会上，在菲、越的怂恿下，马来西亚作为轮值主席国在会后发表主席声明中影射中国在南沙的岛礁扩建，指责该行动破坏互信，可能对南海和平安全和稳定造成损害。2015 年 6 月，马来西亚总理府部长、海军司令将中马南海分歧公之于众，向西方媒体披露中国执法船在南康暗沙活动情况，渲染中马舰船在南康暗沙海域“对峙”，宣称将就此采取外交行动，并将继续在该海域保持军事存在，引发国际舆论关注。[①] 这些消极动向说明马方对中国在南海的疑虑有所加深，也说明马来西亚国内处理南海问题的分歧加剧以及域外势力对马来西亚的消极影响在增强。

时任马来西亚外长阿尼法·阿曼（Anifah Aman）在 2016 年初接受《马来西亚使者报》记者的专访中谈及 2016—2020 年期间马来西亚外交部战略规划的相关目标时，也谈到了南海争端。当被问到，有观点认为马来西亚的南海问题立场，相比于菲律宾和越南，过于“温和”。阿尼法指出，每个国家都有自己处理争端的方式，无所谓“温和”或“强硬”，关键是要维护国家的利益。他再次强调了马来西亚在南海争端方面的两个清晰明确的既定立场：其一，以和平方式解决这一涉及多个国家的领土争端；其二，问题的解决必须以国际法为基础，包括《联合国海洋法公约》。

当被问及马来西亚在南海争端中的立场，阿尼法外长说：马来西亚与多个邻国拥有共同边界，马来西亚与越南、文莱、菲律宾之间存在领土争端问题。马来西亚不承认中国立足于南海“断续线”的领土声索，因为此

① 孙书贤：《海洋权益形势与强国战略》，2015 年 10 月 20 日，北京外国语大学讲座。

声索“不符合”《联合国海洋法公约》的相关规定。①

相对于阿尼法外长的上述外交辞令，马来西亚国防部长希沙穆丁的表态则显示了该国政府趋于强硬的态度。2014 年上半年，希沙穆丁表示其政府有可能实施“沙捞越特别安全区计划”，即在沙捞越洲民都鲁港（距离曾母暗沙不到 100 公里）建立新的海军基地，其目的是为了加强对南海水域和其油田的保护，同时还将增加军备采购以提高海空武器装备力量。②

由此可见，马来西亚政府应对南海争端的传统务实主义政策，其根本原则不会变，但会逐步进行新的调整。

一、对华忧虑明显加深，但经济考量重于主权争端

2014 年以来，随着南海局势持续升温，由于受以美国为代表的域外势力对南海问题不断加大介入力度，以及菲律宾、越南等部分声索国鼓动的影响，马来西亚对华战略忧虑明显加深，其南海政策一度发生了“偏离”中国的转变。马来西亚对南海局势发展和中国在南海的主动作为的战略戒备明显增加，中马两国在南海的良性互动朝着竞争冲突方向倾斜的趋势凸显。

应该看到，近几年来，随着中国军事实力的提升以及在南海海域主动作为的增强，马来西亚对华战略忧虑明显增加，并采取了戒备性的政治和安全措施。主要包括三个方面：其一，强化军事部署，加快提升海军实力；其二，加强与以美国为主的域外力量的军事安全合作，充分利用中美之间的战略互疑，以美国“平衡”中国不断增长的军事力量和地区影响力，达到维持南海地区均势的目的；其三，努力推动“南海行为准则”的签署，强化与菲、越的联合与协作，促进东盟内部团结，削弱中国海上力量在南海地区的相对优势。③

尽管马来西亚的对华忧虑明显加深，但无论是对于因为“一马”公司的巨大亏空而面对国内日益紧张的问责和质疑局面的前任纳吉布政府来说，还是对于上台后急需偿还巨额债务，提升国家经济发展水平的现任希望联盟政府而言，发展国家经济，稳定经济局势显然是当务之急。而在全

---

① Zulkifli Jalil, Kasthuri. 2016. “Tiada Istilah Berlembut”. *Utusan*, 3 Jan. http://www.utusan.com.my/rencana/tiada-istilah-berlembut-1.175698. 祖尔奇弗力·贾利尔、卡斯苏瑞：《没有“温和”这个词汇》，［马来西亚］《马来西亚使者报》2016 年 1 月 3 日。

② 徐菁菁：《南海棋局：小国博弈与战略选择》，《三联生活周刊》2016 年第 32 期，第 77 页。

③ 陈相秒：《2014 年马来西亚南海政策评析》，《世界经济与政治论坛》2015 年 5 月第 3 期，第 76—80 页。

球经济发展状况普遍不乐观的大背景下，中国稳步提升的经济实力成为马来西亚政府亟需借助的重要力量。应该说，在此种情形下，经济考量已是重于主权争端。

2016 年 10 月 31 日至 11 月 6 日，时任马来西亚总理纳吉布访华。这是其任总理以来第三度访华，也是他本人第七次访华。纳吉布此次来华，与中国签署了 14 个企业间的谅解备忘录，价值 1436.4 亿马币（约合 2300 亿人民币），同时还签署了 16 个政府间的谅解备忘录。① 这些合作协议涵盖了基础设施建设、空中运输、金融、建筑、农业、教育、质检、税务、海关、防务、港口建设、天然气管道建设等多个领域。

中国社会科学院亚太与全球战略研究所亚太社会文化研究室主任、东南亚研究中心副主任许利平指出，纳吉布此行主要是推动“一带一路”在马来西亚的合作。中马未来的合作需要很多互联互通：经贸、港口、产能合作、隆新高铁等大项目的启动都需要跟中国对接。而纳吉布总理的前政治秘书、新加坡南洋理工大学拉惹勒南国际研究院高级研究学者胡逸山则表示，马来西亚清楚地认识到，在世界经济不景气的情况下，中国是该地区唯一能推动地区经济的引擎。其政府很看重中国经济的带动作用。② 应该说，纳吉布此行的重中之重，是为中马经贸关系进一步升级寻找新的突破口，因为多年来马来西亚成为中国在东盟内部最大贸易伙伴的地位在 2016 年被越南超越。而中马两国预设的在 2017 年使双边贸易额达到 1600 亿美元的目标能否达成，其前景也似乎并不乐观。因此，纳吉布政府迫切希望推动中马经贸合作的实质性进展。而中马之间各领域合作协议的落实与推进将在很大程度上缓解南海主权争端。

2016 年时任总理纳吉布在访华期间与习近平主席举行了 35 分钟的闭门会谈。会谈结束后，纳吉布对马来西亚媒体表示，马中两国领导人达成了这样的共识：南海问题是两个有着高度互信的友好国家之间的争议。南海争端不会影响马中两国的亲密关系。他说：“没有理由这个问题无法得到最终的解决。主权问题当然不是一件简单的事情，需要花费更长的时间

---

① “PM Sangkal Dakwaan”. 2016. *Utusan*, 5 Nov. http://www.utusan.com.my/berita/wilayah/kl-putrajaya/pm-sangkal-dakwaan-1.403822. 《总理驳斥“出卖马来西亚”的谣言》，[马来西亚]《马来西亚使者报》2016 年 11 月 5 日。

② 《马来西亚总理访华将坐中国高铁 军事合作达新高度》，搜狐新闻网，2016 年 10 月 31 日，http://news.sohu.com/20161031/n471911105.shtml，访问日期：2016 年 11 月 5 日 21:10。

来解决，但是它不会成为两国之间的问题。”[①]

二、保持对中国的戒备性反应，但发生冲突的可能性降低

2014 年 3 月，发生了马航 MH370 客机失联事件，机上 239 名乘客中有 152 名为中国乘客。相比于马来西亚和其他国家，中国派出的搜索和拯救舰队最为庞大。当时，约有 12 艘中国搜救舰船在南海执行搜救任务，其中两艘为万吨级两栖舰。搜救工作初期由越南协调，接着由马来西亚接管。然而，缺乏硬件设备与搜救经验的马来西亚，一直拒绝把搜救指挥控制权交予派遣最多搜救舰船且搜救经验丰富的中国，或者是与之共享。结果搜救主力是中国，主导搜救是马来西亚。当搜救单位发现飞机绝迹于南印度洋之后，马来西亚在 2014 年 3 月 17 日把搜救协调权交给澳洲，而中国只能继续成为参与国。马来西亚坚决拒绝把南海搜救协调权交给中国，或者是共同承担，却愿意立即把搜救协调权交给澳洲，反映了马来西亚对中国海军力量介入本区域的戒心。[②]

当前，随着南海局势的持续升温，周边国家纷纷加大军费预算，积极购买国外的武器装备，提升军力，不可避免地造成了该地区日益加剧的军备竞赛。2012 年至 2014 年期间，菲律宾政府将提升海军力量作为国防重点，积极从日本、美国等域外大国购买反潜直升机、护卫舰和海岸巡逻快艇等武器装备；[③] 越南方面也在 2016 年之前全部接收了俄罗斯制造的六艘“基洛”级潜艇；而马来西亚自 20 世纪 90 年代以来一直在积极谋划通过从美国、英国、法国、俄罗斯、德国等世界军事大国采购护卫舰、反舰导弹、雷达、直升机，乃至潜艇等海空攻击性武器和侦察装备，并计划于沙捞越新建一个海军基地，这些都是对中国加强在南沙海域主动作为的一种戒备性反应，也进一步凸显了马来西亚对南海潜在军事冲突的担忧。[④]

然而，以经济利益和区域安全为核心考量因素的马来西亚，在保持对中国戒备性反应的同时，也在军事安全上加强了与中国的合作。在 2016 年 10 月时任总理纳吉布访华，两国达成的所有合作项目中，最受各方关注的

---

① Baharom Mahusin. 2016. “Hubungan Tidak Terjejas”. *Utusan*, 4 Nov. http：//www.utusan.com.my/berita/nasional/hubungan－tidak－terjejas－8211－najib－1.403332. 巴哈龙·马胡森：《纳吉布：两国关系不受影响》，［马来西亚］《马来西亚使者报》2016 年 11 月 4 日。

② 蓝中华：《马中外交战略布局与互动》，［马来西亚］《当代评论》2014 年第 2 期，林连玉基金出版，第 49 页。

③ 《菲律宾海军计划购买大批武器装备》，新华网，2013 年 10 月 7 日，http：//news.xinhuanet.com/2013－10/07/c_117608797.htm，访问日期：2016 年 7 月 24 日 10：25。

④ 陈相秒：《2014 年马来西亚南海政策评析》，《世界经济与政治论坛》2015 年 5 月第 3 期，第 82 页。

是中马两国实质性地强化了在防务方面的合作。两国重新签署了《防务谅解备忘录》，与此同时，马来西亚第一次从中国购买了四艘近海巡逻舰，这是首次从中国采购军备，表明了两国军事合作的升级。针对马来西亚从中国购买近海巡逻舰一事，马来亚大学中国研究所副所长饶兆斌指出，从务实角度而言，或许只是因为价格上的考虑。他认为，目前马来西亚国防预算大幅度缩减，若继续向欧美购买价格较贵的军事配备，这对该国而言或许有难度。马来西亚转向中国购买价格相对比较便宜，且质量也不差的军舰，也是合理之事。[①] 无论如何，中马此次签下的防务大单显得意义非同寻常。有鉴于此，尽管中马南海争端的最终解决还需要一个很长的过程，但两国之间发生冲突的可能性有所降低。

三、推动南海问题东盟化，反对域外势力介入南海问题的立场有所动摇

长期以来，马来西亚在推动中国与东盟签订“南海行为准则”方面一直努力发挥积极作用，尽力避免因南海问题导致东盟的分裂。马来西亚一贯不赞成以武力冲突的方式应对争端。它认为“准则”的签署可以约束各方，有效管控局势，从而有利于保护其在南海的各种资源开发利益。此外，马来西亚还加强了与越、菲的合作。马、菲、越三国官员于 2014 年 2 月 18 日在马尼拉举行会晤，一致反对中国南海“断续线”的主张，并强烈要求南海各主权声索国尽快完成“准则”的谈判。[②] 马来西亚推动南海问题东盟化的趋势清晰可见。

近两年，随着中国在南沙部分岛礁扩建工程的推进，马来西亚把中国视为越来越不容忽视的潜在“威胁”。因此，其一方面不断提升自身的海上军事能力建设，另一方面加强凝聚东盟力量。与此同时，马来西亚也逐步显示出欲借助美国力量抑制中国在本地区不断增长的相对力量优势的倾向。2014 年，奥巴马访马，这是美国总统 48 年来第一次访问马来西亚，对改善和加强美马双边关系起到了非常显著的作用，而中马关系却在同期由于马航 MH370 事件有所转冷。马来西亚皇家海军于 2014 年 6 月还与美

---

① 《马来西亚总理访华欲买巡逻舰 英媒：是对美国的打击》，腾讯新闻，2016 年 10 月 31 日，http：//news. qq. com/a/20161031/005507. htm，访问日期：2016 年 11 月 5 日 21：20。

② 《外电：马来西亚连手菲越反对中国南海主张》，参考消息网，2014 年 2 月 28 日，http：//world. cankaoxiaoxi. com/2014/0228/353450. shtml，访问日期：2016 年 7 月 24 日 10：17。

国海军“华盛顿”号航母打击大队在南海海域进行了联合演练。[①] 马来西亚反对美国等域外势力介入南海问题的立场有所动摇。

针对2016年中马在防务安全方面的合作升级的态势，西方及日本媒体非常关注。英国《每日星报》2016年10月28日称，“此举正值南海军事紧张以及美国竞争该地区影响力之际，这对美国将是一个打击。”[②]《华尔街日报》11月1日刊文指出：“吉隆坡首次从中国大规模采购国防装备的做法在南海争端的背景下具有特殊的象征意义。”英国媒体则称，这是“继菲律宾之后又一个偏离美国倒向中国的东南亚国家”。英国《金融时报》11月2日分析称，鉴于中美在亚太地区的紧张局势加剧，分析人士将密切关注这项交易，以及它是否标志着吉隆坡疏远华盛顿，转向北京。日本《亚洲时报》则评论说：“马来西亚此举的确发出了远离美国、接近中国的信号。”[③]《纽约时报》也有类似的说法，指出由美国牵头构筑的从日本到马来西亚的以应对中国日益“扩张”的海上主权要求的“统一战线”，在其东南角，也就是菲律宾所在的位置上出了一个缺口；并在其西南端，也就是马来西亚所在的位置上再次出现了缺口，马来西亚正在就改变结盟发出声音。[④] 美媒的专家表示，在东南亚，马来西亚是中国最紧密的贸易伙伴。而这份海洋防务订单又将给这段关系增添了安全元素，也会是对美国“亚太再平衡”战略的冲击。[⑤]

然而，对于马来西亚是不是正在远离美国，而更加靠近中国，还需要冷静客观地看待。正如新加坡南洋理工大学拉惹勒南国际研究院高级研究员、前马来西亚科技大学政治学教授卓汉·萨拉瓦纳木图（Johan Saravanamuttu）所指出的，“马来西亚日前对中国表现出的明显偏向，尤其是在经济领域，是该国在区域和全球范围内对冲大国影响力的外交政策的体现。虽然马来西亚正致力于与中国建立更加紧密的联系，但并不意味着马来西

① 陈相秒：《2014年马来西亚南海政策评析》，《世界经济与政治论坛》2015年5月第3期，第83页。

② 《马来西亚总理访华欲买巡逻舰 英媒：是对美国的打击》，腾讯新闻，2016年10月31日，http://news.qq.com/a/20161031/005507.htm，访问日期：2016年11月5日21：20。

③ 《马来西亚总理访华购买4艘中国军舰首次大规模采购中国武器》，观察者网，2016年11月2日，http://money.163.com/16/1102/22/C4TBPCM1002580S6.html，访问日期：2016年11月5日19：35。

④ 《最近中国的几场外交让美国很上火》，中国网，2016年11月5日，http://henan.china.com.cn/life/2016/1105/3656571_6.shtml，访问日期：2016年11月5日12：15。

⑤ 《马来总理访华7天 美媒：美转向亚洲又遇挑战》，观察者网，2016年11月2日，http://military.china.com/important/11132797/20161102/30027764_all.html，访问日期：2016年11月5日21：40。

亚正在远离美国。虽然马来西亚对中国的崛起及其在亚太地区的重要性有着深刻的认识，但它仍然高度认识到美国在该地区的政治和经济作用。”①

总体来看，尽管近年来，中马在南海问题方面出现了一些消极动向和趋势，但马来西亚并没有改变其在南海的基本政策：它既不希望影响到中马之间的关系，也不希望其他国家的过激举动扰乱南海的稳定局面。因为马来西亚深深知道，只有稳定，才能确保并扩大其来自南海的经济利益。

① Johan Saravanamuttu，David Han，2016，Malaysia-China Relations：A New Turn? No. 274 – 4 November，http：//www. rsis. edu. sg/wp – content/uploads/2016/11/CO16274. pdf（Jan. 15，2017）.

第三章　当代中马关系中的南海议题

中国与马来西亚于1974年5月31日正式建立了外交关系。马来西亚成为东盟创始成员国中第一个与中国建交的国家。冷战之后，两国之间由于意识形态和华人问题曾经导致的紧张关系得到较大缓解，两国关系迅速回暖。近半个世纪以来，中马关系整体发展良好，在经贸合作、文化交流领域更是走在了中国—东盟国家关系的前列。然而，中马两国同为南海声索国，南海问题不可回避地成为中马关系中的重要问题。就当下而言，时时处于动态变化当中的南海问题，由于其自身的复杂性以及对两国外交政策的重要相关性，成为考验着两国传统友谊以及执政者智慧的重要议题。

第一节　当代中马关系

一、马来西亚历任总理治下的马中关系

1957年8月，马来亚从英国100多年的殖民统治之下获得了独立。1963年9月，马来西亚联邦成立。1965年，随着新加坡的退出，今日马来西亚的政治格局基本形成。1974年5月，马来西亚第二任总理敦·阿卜杜勒·拉扎克阁下（Tun Abdul Razak）打破格局限制，首访中国。拉扎克此行意义非凡，一向以西方为马首是瞻的马来西亚在东南亚国家中首开先河地对中国进行了国事访问。如此大胆的外交行动，让拉扎克领导的执政联盟——“国民阵线”（Barisan Nasional）在此后的马来西亚全国大选中取得了辉煌的战果。当时已身患重疾、久未出现在公众面前的周恩来总理亲自接待了拉扎克一行。《中马建交联合公报》于5月31日在人民大会堂签署，马来西亚成为东盟创始成员国中第一个与中国建交的国家。2000多年来源远流长的中马关系在当代翻开了新的篇章。

第二任总理敦·阿卜杜勒·拉扎克阁下在打出了“中国牌”不久后就离世了，其继承者——第三任总理敦·侯赛因·翁（Tun Hussain Onn）因

忙于巩固其统治，忽略了刚刚起步的马中关系。数年后，敦·侯赛因·翁传位给第四任总理敦·马哈蒂尔·穆罕默德（Tun Dr. Mahathir Mohammad）。这位致力于推行强国政策的亚洲政治强人，在上台后不久，提出了“向东看”政策，强调学习东亚国家的先进发展道路，尤其是把目光放在了日本，并优先发展与日本的关系，因而，在当时，强化马中互动并不是其外交重点。①

冷战结束后，中国更多地关注周边环境，主动采取措施改善与周边国家的关系。马哈蒂尔总理也开始对中国改观，并日益重视发展对华关系。在其执政的20多年间，几乎每隔两年到访中国一次，先后六度访华。在马来西亚历任总理中，马哈蒂尔是访华最频繁的一位。随着中国经济实力的不断提升，关于如何看待快速崛起中的中国，当“中国威胁论”的质疑日渐声高之时，“中国崛起不是威胁，而是机遇”，这是马哈蒂尔总理在不同场合多次强调的。② 马哈蒂尔曾多次在国际场合严厉批评“中国威胁论”，并对中国在1997—1998年亚洲金融风暴时期所给予东南亚各国的支持给予了高度的评价。他曾经指出：“假如你将某国视为未来的敌人，那么它也会将你视为敌人，双方关系必然会紧张，于是这个国家就会成为你现在的敌人。因此，我们不必害怕中国，更不要敌视他，而是应该与之合作。”③这体现了这位亚洲政治强人的执政智慧。1999年，也就是中马建交25周年之际，两国签署了《中华人民共和国和马来西亚政府关于未来双边合作框架的联合声明》，确定建立全方位睦邻互信友好合作关系。

南海—马六甲海峡航线是影响中国经济命脉的重要航线，马来西亚作为该航线的主要涉及国家之一，从马哈蒂尔总理执政开始就坚决抵制美国势力介入马六甲海峡防务。这一立场对于中马关系的良好发展具有非常积极的意义。避免与中国敌对的观念一直延续到后马哈蒂尔时代，因此，马来西亚始终坚持通过谈判而不是冲突来解决南海问题。相比于军事手段，外交途径是马来西亚解决南海争端的首选。

第五任总理阿卜杜拉·巴达维（Tun Abdullah Badawi）在其任职期间（2003—2009年）继续保持了与中国的友好关系。巴达维总理是中国人民

---

① 蓝中华：《马中外交战略布局与互动》，［马来西亚］《当代评论》2014年第2期，林连玉基金出版，第47页。

② 《马哈蒂尔：中国崛起对东南亚是机遇而不是威胁》，中国经济网，2010年4月27日，http://intl.ce.cn/specials/zxxx/201004/27/t20100427_21331892.shtml，访问日期：2016年3月12日13:05。

③ 邓后发：《南海争端中马来西亚的对华反应与行为策略分析》，广东外语外贸大学硕士学位论文，2014年，第31页。

的老朋友。1991 年马来西亚是第 24 届东盟外长会议的主办国，时任该国外交部长的阿卜杜拉·巴达维邀请了钱其琛外长列席了此次会议。这是中国外长首次出席东盟外长会议。1996 年，中国成为东盟全面对话伙伴国。以此为良好契机，中国—东盟关系稳步发展，日益密切。中国于 2003 年成为第一个加入《东南亚友好合作条约》的非东盟国家，同时与东盟建立了战略伙伴关系；中国还是第一个与东盟签订自由贸易协定（2002 年 11 月）的国家，中国—东盟自贸区于 2010 年正式建立，全面启动。马来西亚作为东盟的重要成员国，为推动及促进东盟与中国的友好关系做出了重要贡献，这一直得到中国政府的高度认可。

马来西亚第六任总理纳吉布治下的政府高度重视马中关系。纳吉布·敦·拉扎克阁下（Dato'Sri Mohd. Najib Tun Razak）是马来西亚第二任总理拉扎克的长子，而 1974 年中马建交正是在拉扎克任内。正是基于这种与中国之间深厚的传统情谊，纳吉布对马中关系的光明前景充满了信心。他本人于 2009 年 6 月上任，将中国作为他在东盟之外第一个访问的国家，这充分显示了其政府对发展两国关系的重视。纳吉布总理 2009 年访华，时值马中建交 35 周年，他深情地说："35 年前，我的父亲，第二任总理敦·拉扎克与中国建立了外交关系。今天，我要继续努力，推动中马关系更快更好地发展。"就任总理之后，他在内政方面提出了"一个马来西亚"的口号，强调将一视同仁地对待国内各民族；在外交领域，继续深化对华关系，开展全面互利合作。然而，涉及几十亿美金的"一马基金案"是纳吉布执政期间的重大金融丑闻，最终导致了其政府的下台，也给中马关系的稳步提升带来一些负面影响。

2018 年 5 月 9 日，马来西亚举行了第 14 届大选。反对党阵营"希望联盟"（Pakatan Harapan，简称"希盟"，即 PH）获得了超过一半的国会总议席数，战胜了纳吉布领导的执政联盟"国民阵线"（Barisan Nasional，简称"国阵"，即 BN）。"希盟"由此获得组阁权。这是马来西亚自 1957 年独立以来所经历的首次政党轮替，意味着以巫统领衔的执政联盟——"国民阵线"连胜 13 届大选而获得的长达 61 年的执政生涯的结束。5 月 10 日，92 岁高龄的马哈蒂尔在皇宫向最高元首宣示，就任为马来西亚第七任总理。此次马来西亚大选的结果既在意料之外，也在情理之中，应该说是顺应了其"全民求变"的大趋势，也是对其广大民众消除贪腐的深切诉求的必然回应。

在 14 届大选前夕，"中资"话题被炒作，马哈蒂尔本人也有一些对华不友好的表态，应该说，这都是选举政治使然。作为有着丰富执政经验的政治家，马哈蒂尔总理对于中马关系以及中马经贸合作的重要性，有着非常清醒的认识。在其过往20多年的执政生涯里，也一贯对华友好。其执政期间为中马关系所做出的贡献，为当前广泛深入的两国务实合作奠定了坚实基础。因此有理由相信，以马哈蒂尔为领导的“希盟”政府的对华政策总体仍将以务实为主要基调。

2018年5月24日，中国驻马来西亚大使白天前往拜会新任总理马哈蒂尔。在会谈中，马哈蒂尔表示，中国一直是马来西亚的亲密朋友和重要伙伴。马来西亚新政府将继续致力于加强同中国在政治、经贸等领域的全方位合作。近年来中国经济高速增长，铁路等基础设施建设成就显著，农业等领域科技水平日新月异，中国的发展经验和科学技术值得马来西亚学习借鉴，马中合作大有可为。马方欢迎中国企业赴马投资兴业，推动两国合作继续向前发展。①

二、走在中国—东盟国家关系前列的中马关系

中国和马来西亚同处于当今世界经济发展最为活跃的东亚地区。自1974年建交以来，中马双边关系在政治、经贸、教育、文化等各个领域都取得了广泛而深入的发展。20世纪90年代以来，中马关系开始进入积极开拓的阶段，各领域交流合作全面推进。而自2009年纳吉布总理开始执掌政坛以来，中马关系进入了历史最好时期，战略合作顺利发展，双边关系朝向一个成熟和全方位发展的新阶段迈进。

近年来，中马两国在各个领域的务实合作均取得了积极进展，发展势头良好。两国在金融和大项目方面的合作以及在人文交流领域的合作成果突出，中马钦州产业园区和马中关丹产业园区都取得了顺利进展。有关中马钦州产业园区的建立，温家宝总理与纳吉布总理是在2011年4月达成的初步共识，当时恰值中国与东盟建立对话关系20周年。2012年4月1日，两国领导人共赴钦州，为中马钦州产业园区奠基。该产业园区规划面积55平方公里。截至2017年4月，已有50多个产业项目落户产业园区内，总投资额超过280亿人民币。② 2013年2月5日，时任全国政协主席贾庆林访马，与时任马来西亚总理纳吉布共同出席马中关丹产业园启动仪式。该产业园的建成，将提供5500个就业机会，至2020年对其的总投资额将达

① 《白天大使拜会马哈蒂尔总理》，中华人民共和国驻马来西亚大使馆官网，2018年5月24日，http：//www. fmprc. gov. cn/ce/cemy/chn/sgxw/t1562197. htm，访问日期：2018年5月25日15：30。

② 《打造中国与东盟合作新典范——中马钦州产业园区五年发展回眸》，广西壮族自治区商务厅门户网站，2017年4月26日，http：//www. gxswt. gov. cn/htmlContent/detail/da6213ea - eef2 - 46c5 - a4b7 - 1f3077fbeee9，访问日期：2017年5月2日21：20。

到75亿马币。“两国双园”模式在联合招商、国际产能、跨境电子商务等多方面的合作卓有成效，开创了中国园区国际合作的先例。[①]

近三年，中马在港口建设与产能合作方面加强了合作。2015年11月，李克强总理访问了马六甲州并考察皇京港项目，表示将进一步深化中马产能合作。2016年5月底6月初，应马来西亚贸工部的邀请，国家发展与改革委员会国际合作中心曹文炼主任带队对马六甲临海产业园区及皇京港等双方高度关注的重点项目进行深入调研，双方就下一步如何推进上述重点项目交换了意见，并就中马产能合作工作定期交流机制、及时更新重点合作项目清单、组织产能项目推介活动等议题进行了深入交流。[②]

正是由于这些大型合作项目的逐步推进与稳步发展的政治外交关系相得益彰，中马经贸关系在近年来显示出积极的发展态势。2012年中马双边贸易额达948亿美元，占当年中国同东盟贸易额的四分之一。2013年双边贸易额再创历史新高，并首次突破千亿美元大关，达1060.8亿美元，比2012年增长11.9%。继日本、韩国之后，马来西亚成为第三个与中国双边贸易额突破1000亿美元的亚洲国家。2014年是中马建交40周年和中马友好交流年，双方商定，以此为契机，进一步加强经贸合作，推动两国全面战略伙伴关系健康发展。当年中马贸易克服了诸多不利因素的影响，例如橡胶、原油和棕榈油价格持续下跌，国际大宗商品市场需求不振等，双边贸易额比2013年略有下降，但仍突破千亿美元，达到1020.2亿美元，同比下降3.8%。[③] 由于持续的全球经济不景气，2015年中马双边贸易额为973.6亿美元，同比下降4.6%，其中，中国对马来西亚出口440.6亿美元，进口533亿美元。中国继续保持成为马来西亚第一大贸易伙伴国、第一大进口来源地和第二大出口目的国的地位。马来西亚是中国在东盟的第一大贸易伙伴，占中国与东盟贸易总额的20.6%，中马贸易继续在东盟国家中发挥引领作用。马来西亚仍是中国在全球第六大贸易伙伴国。[④] 根据中国驻马、驻越经济商务参赞处的数据，2016年，中马双边贸易额为

---

① 《中马钦州产业园园区概况》，人民网，2015年5月21日，http：//gx. people. com. cn/n/2015/0521/c371361 -24945310. html，访问日期：2016年10月5日12：00。

② 《曹文炼主任带队赴马来西亚推进中马产能合作》，国家发展与改革委员会国际合作中心网站，2016年6月3日，http：//www. icc - ndrc. org. cn/Detail. aspx？ newsId = 5760，访问日期：2016年11月5日23：00。

③ 《2014年中马双边贸易额再次突破千亿美元》，新华网马来西亚频道，2015年1月16日，http：//my. xinhuanet. com/2015 -01/16/c_ 127392160. htm，访问日期：2016年11月5日21：20。

④ 《2015年中马双边贸易额973.6亿美元 中国仍是马第一大贸易伙伴国》，环球网，2016年1月18日，http：//china. huanqiu. com/News/mofcom/2016 -01/8402749. html，访问日期：2016年11月5日20：20。

867.2 亿美元，同比下降 10.9%；而中越双边贸易额为 982.3 亿美元，越南因此超过马来西亚成为中国在东盟的第一大贸易伙伴。

尽管近两年中马贸易额有所下降，2017 年双边贸易额达 1600 亿美元的目标未能实现，但是两国经贸往来总体上一直处于稳步健康发展的状态。此外，长期以来，两国的政治互信及良性互动也较好地得到维护。2013 年 8 月，王毅部长访问马来西亚，纳吉布总理于 8 月 1 日在会见他时高度评价了马中关系，指出双边关系取得了全方位发展，具有巨大潜力和广阔前景。马中关丹产业园区和中马钦州产业园区皆取得了顺利进展，防务合作稳步推进，两国关系已成为本地区互利共赢的典范。这不仅有利于中马携手应对错综复杂的地区局势和国际金融危机，也为两国的共同发展打下了坚实的基础。同日，两国外长举行了会谈。双方一致同意，全面落实双方已达成的共识，深挖各领域合作潜力，开拓互利合作空间，深化两国战略合作。双方还特别强调要把握好中国—东盟关系发展方向，共同维护好南海地区的和平与稳定。①

习近平主席于 2013 年 10 月对马来西亚进行了为期三天的国事访问。习主席此访显示了中国新一届政府对马来西亚以及中马关系的高度重视，因为这是习主席上任后首访东南亚，而马来西亚成为此行两个访问国之一。习主席在此次访问中对中马关系下了这样的定义——“中国和马来西亚是谈得来、信得过、靠得住的好朋友”，并评价马来西亚是中国“隔海相望的邻居，真心相待的朋友、互利合作的伙伴”。两国领导人一致决定，在新形势下全面推进两国关系，将中马关系提升为全面战略伙伴关系。中马关系在各领域的合作均走在了中国同东盟国家合作的前列。近年来，在南海纷争不断的情况下，马来西亚一直保持低调务实的态度，也体现出其不愿激怒中国，不愿给两国关系带来负面影响的冷静理智心态。

2016 年10 月31 日至11 月6 日，时任马来西亚总理纳吉布访华。他在访华前接受新华社的书面采访时表示，中国是马来西亚的真朋友和战略伙伴，他致力于推动马中关系迈上新高度。他指出，两国关系已经进入“特殊阶段”，军事关系达到了一个“新的高度”。马来西亚《南洋视界》网站当年 11 月 1 日在报道纳吉布的访华之行时，用了这样一个标题：《纳吉布：中国强，马来西亚好》。报道称，在与中国商界代表的会见中，纳吉布总理表示，马来西亚受益于中国在国际舞台上的影响力。马来西亚《新

① 《马来西亚总理纳吉布会见王毅》，中华人民共和国外交部官网，2013 年 8 月 1 日，http：//www. fmprc. gov. cn/mfa_ chn/zyxw_ 602251/t1063427. shtml，访问日期：2016 年 11 月 5 日 21：10。

海峡时报》报道称，纳吉布说马来西亚与中国的看法一致，都认为应对当前全球经济逆境的最好办法是增加合作，并通过贸易和投资创造互利和可持续的增长。他表示："中国通过'走出去'战略、'一带一路'倡议及东盟—中国自由贸易协定等多边贸易协议等方式，与友国和邻居有越来越多的接触。而马来西亚确实受益于中国在国际舞台上的重要地位。"①

应该说，近半个世纪以来，马来西亚对华政策的转变与其政治精英、统治阶层对华人和中国的认知的改变密切关联。从疑虑到理解，从不信任到互信互利，这一转变是由于受到了国内、国际两方面因素的影响。从国内层面分析，以马来族为主体的土著政治精英，即该国的统治阶层对华人的看法或观念发生了改变，因而，从主张单一的民族国家到现在积极倡导建立一个多元和谐、繁荣共生的马来西亚社会，这一转变为积极提升对华关系提供了有利的国内条件。从国际层面分析，中国的综合国力及地区影响力不断上升，中国从世界舞台的边缘走到了中央，成为国际规则的参与制定者。但与此同时，中国倡导"和平崛起"的理念，坚持"国强不霸"的原则立场，实行"睦邻、安邻、富邻"的周边外交政策，特别是近年来把握亚洲发展脉搏，提出"一带一路"合作倡议，这些都符合马来西亚的国家利益。②

随着希望联盟执掌的新政府的上台，中国在马的一些大型投资项目，比如备受关注的马来西亚东海岸铁路项目等涉及到部分合作内容及具体条款的重新修订，但是对于未来的中马关系，整体发展趋势依然稳定向好。马来西亚相信中国的繁荣和发展将对其及其本地区产生多层次的积极影响；而中国也真心实意地希望与马来西亚一起，加深在各个领域的互利合作，并一道推动中国—东盟关系的巩固与加强。

第二节　中马在南海争议问题上的立场比较

一、中国对南海诸岛拥有主权的历史依据

中国与东南亚、印度的海上交通，始于公元前 2 世纪的汉武帝时期。

---

① 《马来总理访华 7 天 美媒：美转向亚洲又遇挑战》，观察者网，2016 年 11 月 2 日，http：//military. china. com/important/11132797/20161102/30027764_ all. html，访问时间：2016 年 11 月 5 日 21：40。

② 邓后发：《南海争端中马来西亚的对华反应与行为策略分析》，广东外语外贸大学硕士学位论文，2014 年，第 25 页。

根据《汉书·地理志》“粤地条”中那段屡屡被引用的记载，即自有文字记载以来，有关东南亚的最早记录，当时有船只从中国最南的日南（西汉时最南的一个郡，今日越南中部顺化、归仁一带）边塞，或雷州半岛的徐闻（广东徐闻县）、合浦（广西合浦县）出发，经越南南圻、暹罗、缅甸，到印度东海岸的康契普拉姆；返航时从印度东海岸横渡印度洋到苏门答腊岛，再横渡南海到日南、象林（越南广南）。中国的南沙群岛、西沙群岛正处于这一交通要道的要冲，因此，在长期的航行中，中国人民最先发现并认识了这些岛礁。三国时，朱应、康泰出使扶南，二人所著的《扶南传》对西沙群岛、南沙群岛做了这样的描述：“涨海中，倒珊瑚洲，洲底的盘石，珊瑚生其上也。”[①] 而晋代裴渊的《广州记》中所书的：“石洲，在海中，名为黄山。山北，一日潮；山南，日再潮。”[②] 据李金明教授的分析，这其中名为“黄山”的海中石洲，即南沙群岛中面积最大的太平岛。[③]

在中国浩如烟海的史籍中，自宋元时期以来就有了关于中国南海疆域界限的记载。例如，南宋周去非的《岭外代答》、赵汝适的《诸藩志》，元代汪大渊的《岛夷志略》，明代黄衷撰写的《海语》，清代谢清高的《海录》、陈伦炯的《海国闻见录》、颜斯综的《南洋蠡测》、姚文枏的《江防海防策》，以及清末外交家郭嵩焘的《使西纪程》和张德夷的《随使日记》等等。

中国古代大量的舆图方志证明了南海诸岛自古以来就为中国所有。其中，东汉杨孚的《异物志》是目前中国所发现的最早记载南海诸岛的历史文献。[④] 其后，历朝历代均有大量载有南海诸岛地理特征与人文活动或政府对南海诸岛行使权利，以及把南海诸岛纳入海防范围、进行军事巡视等活动的文献传世。例如：《异物志》之后，三国万震的《南州异物志》、康泰的《扶南传》和《外国杂传》，晋朝张勃的《吴录》、裴渊的《广州记》，南北朝沈怀远的《南越志》、谢灵运的《武帝诔》，唐朝长孙无忌的《隋书》、杜佑的《通典》、贾耽的《广州通海夷道》，北宋军事著作《武经总要》、史籍《琼管志》、舆图《九域守令图》、李昉的《太平御览》、欧阳修的《新唐书》，南宋《禹迹图》《华夷图》《地理图》，及赵汝适的《诸蕃志》、吴自牧的《梦粱录》，元初古籍《琼州志》，明代的海道针经

① 李昉：《太平御览》，北京：中华书局，1963 年第 1 版，卷 69《地部·洲》。

② 李昉：《太平御览》，北京：中华书局，1963 年第 1 版，卷 69《地部·潮》。

③ 李金明：《我国人民开发经营西、南沙群岛的证据》，《南洋问题研究》1996 年第 2 期，第 82 页。

④ 鞠海龙：《论清末和民国时期我国相关史料在解决南中国海争端方面的价值》，《史学集刊》2003 年第 1 期，第 89 页。

《顺风相送》、张燮的《东西洋考》、唐胄的《正德琼台志》、茅元仪的《武备志》、罗洪先的《广舆图》，清朝陈伦迥的《四海总图》、《天下总舆图》、郝玉麟的《广东通志》，光绪年间徐稚荪的《洋防说略》以及清乾隆二十年（公元1755年）绘制的《皇清各直省分图》、嘉庆五年（公元1800年）绘制的《清绘府州县厅总图》、嘉庆十五年（公元1810年）绘制的《大清万年一统地理全图》、嘉庆二十二年（公元1817年）绘制的《大清一统天下全图》和光绪三十年（公元1904年）发行的《大清天下中华各省州县厅地理全图》等等。[①] 一系列不胜枚举的古籍文献所组成的历史证据链，环环相接，从无间断。

各个朝代的史料记载以及历代渔民的《更路簿》，不仅记载了南海海域中各个岛礁的地理位置和分布情况，也记载了中国人民千百年间来到西沙群岛、南沙群岛航行以及生产的情况。西沙、南沙在这些历史文献中被命名为“九乳螺洲”“石塘”“千里石塘”“万里石塘”“长沙”“千里长沙”“万里长沙”等。此外，自唐宋以来，已经在西沙、南沙生活和从事捕捞等生产活动的中国人民还给这两个群岛的各个岛、礁、沙、滩都起了许多形象生动的名字，例如金银岛、甘泉岛、珊瑚岛、焦石山、象山等等。[②]

近代以来，中国始终秉持传统的疆域观念，努力维护南海主权。1933年，国民政府对法国非法侵占南沙“九小岛”进行了严正交涉。1934年，国民政府组建的“水陆地图审查委员会”公布了《关于我国南海诸岛各岛屿中英地名对照表》，列出了南海诸岛132个岛、礁、滩、洲地名，其中西沙群岛28个，南沙群岛96个。[③] 1935出版的《中国南海各岛屿图》，首次将南海最南端标绘在曾母滩。1936年白眉初编的《中华建设新图》一书中的《海疆南展后之中国全图》中，南海诸岛最南的国界线标在北纬4度，将曾母滩标在国界线内。1947年4月，国民政府内政部方域司印制的《南海诸岛位置图》在南海海域内标有东沙群岛、西沙群岛、中沙群岛和

---

① 徐桑奕：《明清时期中央政权南海管制式微与海上丝绸之路的衰落》，《历史教学》2014年第12期，第9页；李金明：《我国史籍中有关南海疆域的记载》，《中国边疆史地研究》1996年第3期，第29—36页；《中国对西沙群岛和南沙群岛的主权无可争辩》，中华人民共和国外交部文件，1980年1月30日，见《西沙群岛和南沙群岛自古以来就是中国的领土》，北京：人民出版社，1981年5月第1版，第4页。

② 《中国对西沙群岛和南沙群岛的主权无可争辩》，中华人民共和国外交部文件，1980年1月30日，《西沙群岛和南沙群岛自古以来就是中国的领土》，北京：人民出版社，1981年5月第1版，第2—3页。

③ 《水陆地图审查委员会会刊》，1935年第1期，第61—69页。见李金明：《中国南海疆域研究》，哈尔滨：黑龙江教育出版社，2014年第1版，第122页。

南沙群岛，并在其四周标有“断续线”，以示线内的岛礁及其附近海域属中国的领土，线的最南端标在北纬 4 度左右，这种画法一直沿用至今。[①]当年 12 月，内政部正式公布了南海诸岛新旧地名对照表，合计 167 个岛、礁、滩、洲。此外，在地图中西起北仑河口，南至曾母暗沙，东至台湾东北共标绘 11 段线，构成了呈“U”形的“断续线”。1953 年，中越关系交好时期，中国删掉了位于北部湾的两条“断续线”，最终形成目前用九段线标绘的南海“断续线”。这条南海“断续线”是数十年来中国政府一贯坚持的一条南海诸岛归属线，它表明线内的岛礁及其附近海域都是中国领土的组成部分，而不意味着线内的全部海域属于中国的内水。[②]

正如学者默蒂（T. S. Murty）在《边界与地图》（*Boundaries and Maps*）一书中所说：“由一个国家公布的官方地图是这个国家显示其领土界限的最好证明。”[③] 中国近代以来，从战前到战后公布的那些地图，每一张都立场鲜明地表明了我们对南海海域的主权声张。在 20 世纪的 50—70 年代，世界上许多国家出版的官方地图，都将南海诸岛标注在中国领土范围内，如联邦德国于 1954 年、1961 年和 1970 年出版的《世界大地图集》，苏联于 1954—1967 年出版的《世界地图集》，罗马尼亚于 1957 年出版的《世界地理图集》，英国于 1957 年出版的《牛津澳大利亚地图集》《菲利普地图集》和 1958 年出版《大英百科全书地图集》，越南人民军总参地图处 1960 年编绘的《世界地图》，美国 1961 年出版的《哥伦比亚利平科特世界地名辞典》及 1963 年出版的《威尔德麦克各国百科全书》，民主德国 1968 年出版的《哈克世界大地图集》，英国 1968 年出版的《每日电讯世界地图集》，法国 1968 年、1969 年出版的《拉罗斯地图集》以及该国国家地理研究所 1968 年出版的《世界普通地图》，美国 1971 年出版的《世界各国区划百科全书》，越南总理府测量和绘图局 1972 年印制的《世界地图集》，日本平凡社 1973 年出版的《中国地图集》等等。[④] 查尔斯·海德（Charles C. Hyde）在《地图在国际边界争议中作证》（*Maps as Evidence in International Boundary Dispute*）一书中表达了这样的观点：“由一个国家出版的地图，反映了这个国家的立场，它利用地图作为公开表露其立场的工具，也

---

① 韩振华：《我国南海诸岛史料汇编》，上海：东方出版社，1988 年第 1 版，第 363 页。

② 赵理海：《海洋法问题研究》，北京：北京大学出版社，1996 年第 1 版，第 38 页。

③ Zou Keyuan，The Chinese Traditional Maritime Boundary Line in the South China Sea and Its Legal Consequences for the Resolution of the Dispute over the Spratly Inslands，*The International Journal of Marine and Coastal Law*，Vol. 14，No. 1，1999，pp. 49 – 50. 见李金明：《中国南海疆域研究》，哈尔滨：黑龙江教育出版社，2014 年第 1 版，第 258 页。

④ 《中国主权的南海历史》，《国土资源》2012 年 6 月，第 64—65 页。

可能以此公布本国的领土界限。”① 那么，上述我们所提及的世界上这些国家出版的地图，显然都公开且明确认可了中国在南海的主权地位的合法性。

二、中马在南海争议问题上的立场比较

中国和马来西亚同为南海声索国，在该问题上的立场与相关政策，既存在有明显分歧，亦达成了某些共识。

（一）两国在南海争议问题上的分歧

1. 两国声称南海主权的依据不一致

如前所述，中方主要是立足于历史依据，即最早发现、最早命名、最早开发与利用南海诸岛来提出中国的南海主权声索。但为了能与其他争议国妥善解决南海问题，中国政府提出了“搁置争端、共同开发”的方针以及“双轨思路”的解决途径。而马来西亚自 20 世纪 70 年代末介入南海争端后，则以“大陆架说”和“专属经济区说”为依据，对南沙群岛东南部 12 个岛礁声称拥有“主权”。应该说这是中马两国在声称南海主权依据上的主要分歧。

2. 南海问题在两国关系上的着重点有所区别

南海问题是中国周边外交的重要议题之一，中国高度重视马来西亚在解决南海争议中所起的作用，并将之作为加强中马友好关系的问题来看待。而相比之下，在马来西亚的对华关系中，南海问题一直都未被视为主要问题。对马方而言，处理南海问题的两大底线是：一不能损害其既得利益；二不能破坏东盟之间的团结。也就是说，马方从未将南海问题的重要性上升到可能影响中马两国友好关系的高度来认识。

（二）两国在南海争端解决途径上达成的共识

中马两国同处亚洲地区，长期以来，在联合国改革、东亚合作等重大国际和地区事务中都有着基本相同的立场与看法，保持着较为良好的协调和配合。两国都认同应尊重文明的多样性，在相互竞争中取长补短，在求同存异中共同发展。中马也都认为经济全球化应让发展中国家普遍受益，

---

① Zou Keyuan, The Chinese Traditional Maritime Boundary Line in the South China Sea and Its Legal Consequences for the Resolution of the Dispute over the Spratly Inslands, *The International Journal of Marine and Coastal Law*, Vol. 14, No. 1, 1999, pp. 49 - 50. 见李金明：《中国南海疆域研究》，哈尔滨：黑龙江教育出版社，2014 年第 1 版，第 258 页。

积极推进“南南合作”和“南北对话”，积极推进区域合作，实现共同繁荣。马来西亚在人权、民主以及中国和平统一等问题上明确表示支持中国，并为推动中国与东盟合作发挥了重要作用。中国对马来西亚积极参与地区与国际事务，在国际关系中反对强权，伸张正义，积极推动发展中国家合作发展的立场和态度表示赞赏和支持，并先后参加了由马来西亚主办的东盟—中国、东盟—中日韩领导人会议和东亚峰会等活动。① 以上这些立场，看法的相近、相似以及相互信任都为中马合作解决南海问题奠定了坚实的基础。

就南海问题而言，中马作为近邻，同属发展中国家，都希望有一个和平的周边和国际环境，以致力于各自国家社会经济的发展。因此，两国就南海争端的解决途径，亦达成了一些共识。

1. 两国都认识到领土争端的解决是一个长期的议题

中马两国都清楚地认识到，南海岛礁的归属及所属海域的划界绝不是在短期内能够得到解决的问题。因此，为了创造一个和平的周边环境，邓小平同志非常睿智地提出了“搁置争议、共同开发”的南海方针。而马来西亚对此深表赞同。当然，争议是搁置了，但是在中国与包括马来西亚在内的各争议国之间，真正的共同开发尚无太多实质性进展。

2. 两国都积极为争端的化解搭建平台、寻求路径

尽管在南海各声索国中，马来西亚所占领的岛礁、所架设的油井位于南沙群岛的东南角，距离中国大陆较远。但是中马之间在南海海域偶尔发生摩擦还是不可避免的。面对这种摩擦时，中马双方都能够理智地防止事态发展，避免冲突，共同维护南海的和平与稳定。两国曾多次表示要根据公认的国际法原则，与其他相关国家一道落实《南海各方行为宣言》的后续工作，通过友好协商和谈判谋求南海的和平与稳定，从整体上改善中国与东南亚国家的关系。

3. 两国对域外国家介入南海问题的看法较为一致

作为一个没有战略依靠的小国，和平解决争端、维护地区稳定是马来西亚外交的唯一选择。正是出于这种考虑，马来西亚向来反对域外国家干涉南海问题，特别是军事介入，认为这种介入只会使地区局势更趋紧张。在南海其他声索国中，这种看法基本是最与中国保持一致的。

---

① 李一平：《中国与马来西亚的新关系》，《第六届中国亚太学会年会暨学术讨论会文集》，东京：日本侨报出版社，2008 年 9 月版，第 43 页。

4. 两国认同东盟为推动南海问题和平解决所发挥的作用，共同推动中国—东盟关系的稳步发展

东盟一直是马来西亚外交政策的关注重点之一，马来西亚南海主张的提出在很大程度上考虑了东盟的整体性。马来西亚希望东盟不会因为南海问题而分裂，并一直致力于促进东盟的团结。而中国也清楚地认识到，稳步发展中国—东盟关系是维护稳定周边环境的重要保障。“中国支持东盟的团结，因为一个联合的东南亚对中国有利，支持东盟在地区和国际事务中发挥更大的作用，因为东盟的对话与合作理念与中国的合作共赢思想相通。”①

多年来，中国非常重视并不断强调东盟在地区合作中的作用，在中方所提出的解决南海问题的“双轨思路”中，将东盟定位在“维持和平稳定”的一方，而且也突出地强调了中国—东盟关系是中国周边外交的优先方向。

2015 年 11 月，李克强在第十八次中国—东盟领导人会议上的讲话中明确指出：“中方始终将东盟作为周边外交优先方向，坚定支持东盟一体化，支持东盟共同体建设，支持东盟在区域合作中的中心地位。”② 在这次讲话中，有关南海问题的内容几乎占六分之一的篇幅，这是前所未有的局面。而东盟作为“优先方向”则是首次表述，一定意义上说，中国试图以此向周边国家显示其着重致力于和平发展与周边外交的决心，这种示范效应对于小国是有吸引力的。③

过去多年来，特别是在南海局势时有紧张的情况下，东盟通过协商来解决地区纷争的作用显得尤为重要，中国也认可东盟在这方面所发挥的作用，因而支持东盟参与到稳定南海局势上来。从这个意义上说，中国并不想分化东盟。一旦弱化东盟在南海问题上的协调能力，那么中国就势必要花费更大的精力去进行外交斡旋，甚至有时候还缺乏沟通的渠道和应有的舆论压力。因此，尽管东盟还不能够完全掌控其成员国的言行，但是在南海问题上东盟的表态确实对国内和地区局势有较大的影响。这种影响源自

---

① 张蕴岭：《中国—东盟对话 25 年：讲信修睦，合作共赢》，《世界知识》2016 年第 14 期，第 34 页。

② 李克强：《在第十九次中国—东盟（10 + 1）领导人会议暨中国—东盟建立对话关系二十五周年纪念峰会上的讲话》，《人民日报》2016 年 9 月 8 日，第 3 版。

③ 钟飞腾：《理解南海问题中的东盟：以陆制海、东盟崛起与地区稳定》，《南洋问题研究》2017 年第 1 期，第 8 页。

于东盟多年在经济合作、反恐以及地区解决争端问题上积累起来的声望。①

第三节　南海议题在中马关系中的地位及影响

长期以来，在涉南海事务的相关议题处理中，马来西亚一直采取低调务实的“沉默外交”来应对：一是因为马中两国长久以来培养了较好的政治互信与良性互动；二是因为马来西亚清楚地认识到在南海议题中，稳定才是第一要务。因为只有南海的稳定局势得到维护，其经济发展所高度依赖的能源产业和国际贸易航道安全才能有所保证。所以，无论南海议题如何忽冷忽热，都不应该影响马中关系的大局，这已成为其历届政府的共识。曾有当地学者形象地指出，尽管南海问题是中国—东盟关系中的“一根刺”，但是对马来西亚来说，更多的是将中国的态度作为“试金石”，考察崛起中的中国是否会对周边地区构成威胁。

关于南海议题在中马关系中的地位和影响，多数学者认为南海议题虽然是地区热点问题，也是中马关系中的重大问题，但尚不会真正影响到两国关系的大局。新加坡南洋理工大学国际事务学院高级研究员、前总理纳吉布的前政治秘书胡逸山先生指出：“马来西亚将南海看作对华整体政策中的一个部分，而且是不那么重要的一个部分。南海争端不是两国关系中不可逾越的绊脚石。”他认为，“几百年来，马来西亚一直作为地区贸易的枢纽而存在。在过去半个世纪的快速工业化过程中，马来西亚又得益于大量外国投资。包括精英阶层在内，马来西亚国民有一种普遍心态：自然地偏重于贸易和投资等经济关切，而非过于注重意识形态和民族主义关切。过去几年，马来西亚和中国的贸易额超过了1000亿美元，中国是马来西亚最大的贸易伙伴，在东南亚，马来西亚也成为中国最大的贸易伙伴。双边经济关系有这样丰硕的成果，进展如此之快，它必将盖过在近期甚至在中长期都看不到任何解决办法的南海问题。”②

胡逸山还表示，在马来西亚，一种普遍看法是：“和中国关系良好带来的利益要远远优于两国交恶的后果”，而且在马来西亚看来，“越南和菲

---

① 钟飞腾：《理解南海问题中的东盟：以陆制海、东盟崛起与地区稳定》，《南洋问题研究》2017年第1期，第14页。

② 徐菁菁：《南海棋局：小国博弈与战略选择》，《三联生活周刊》2016年第32期，第77页。

律宾在南海问题上的激进举动并没有给它们带来所期望的成果”。对于南海争议，“我们尽量低调处理，大事化小，小事化无”。[①]

马来西亚智库义腾研究中心（REFSA）高级研究员蓝中华先生认为，南沙群岛领土争议向来不是马来西亚政坛的焦点，但却深刻影响着马来西亚对中国的观感。中国在南沙的行为是一个温度计，测量着马来西亚对中国的敌意度。[②] 但是，他对中国的岛礁扩建行为可能带来的消极影响深感担忧。他指出，“截至 2015 年，永暑礁的填海面积已经比太平岛大四倍。永暑礁宛如屹立在南中国海中央的灯塔，射出的光芒可以照射中国在南中国海划定的‘九段线’，其战略意义犹如美国在印度洋中央的迪戈加西亚岛（Diego Garcia）基地。中国的填海造岛行动使周边东南亚国家失去依靠地理优势抵消中国势力的战略优势，特别是永暑礁若真的升级为中国的‘迪戈加西亚岛’，即成为军事要塞。对东南亚声索国来说，将陷入安全困局。一旦东南亚声索国跟随中国步伐，也对其占有的岛礁进行升级，最终将导致南沙争端尖锐化。”[③]

对于可能带来的消极后果，他建议马来西亚考虑与中国进行双边谈判。他说，针对南沙领土争议，马来西亚目前无意主动解决领土纠纷，并且不愿意进行双方谈判，只愿意进行多方谈判，抑或将争议交由国际法院或国际仲裁庭处理。事实上，多方谈判未必惠及马来西亚，但鉴于历史上中国曾多次在双边谈判放弃或平分争议领土以换取永久和平，马中进行双方领土谈判不失为一个打破僵局的方法。而中国在南沙的军事力量做大的最后演变，可能会引起东南亚各国的不安，而拉拢外国势力组成一个“南沙集团”来与其对抗。越南和菲律宾早已极力拉拢美国、日本和印度以“平衡”中国势力，而对马来西亚最好的选择是不选边站。一个事实是，美、日、印距离南沙过于遥远。当中国远洋舰队发展壮大，南沙要塞日益巩固，中国南海舰队足以抵抗整个东南亚舰队时，中国的影响力将会抵消美、日、印的军事援助。马来西亚作为小国应在其中寻求平衡点，避免沦为另一个乌克兰，成为大国角逐的战地。毕竟，中国仍相信国际条约的约

---

① 徐菁菁：《南海棋局：小国博弈与战略选择》，《三联生活周刊》2016 年第 32 期，第 77 页。

② 蓝中华：《马中外交战略布局与互动》，［马来西亚］《当代评论》2014 年第 2 期，林连玉基金出版，第 50 页。

③ 蓝中华：《马中外交战略布局与互动》，［马来西亚］《当代评论》2014 年第 2 期，林连玉基金出版，第 51 页。

束，也还愿意以谈判多过于武力解决问题。[①]

综上所述，尽管南海局势复杂多变，马来西亚政府在应对争端时也出现态度上的摇摆，但是该国核心权力阵营依然相信中国带来的机遇超过对其利益的威胁，因此该国在未来将通过继续强化经济为核心的关系获益，避免南海问题影响双边关系。[②]

第四节　中马两国就中马南海争端的研究现状

南海主权争议由来已久，该议题涵盖了地理、历史、政治、外交、法律等诸多领域，对内属于中国最核心的周边外交与周边安全问题之一，对外关系到区域内外主要国家的战略走向以及整个亚太地区的秩序建构，当仁不让地成为了当今世界国际安全战略研究领域的最重要议题之一。因此，有关于此的国内外著述论说的文献资料非常之多。

一、中国国内研究现状和文献综述

由于南海问题的复杂性和非常重要性，特别是近年来在中国周边外交中的重要地位不断凸显，国内有关南海问题研究的专著及论文大量出版，与此主题相关的本、硕、博论文也颇具规模，但是聚焦中马南海争端来进行全面综述、深入论析，并在争端解决方面提出独到见解和可行性方案的学术论文数量较少，多是散见于对南海问题的整体阐释中。

对现状的分析以及对未来局势走向的研判必须根源于对历史的探究。厦门大学南洋研究院已故南海问题专家韩振华先生是国内有关南海史地考据研究中非常有代表性的老一辈学人。韩先生在这一研究领域的著述中有两本非常重要，其一是《南海诸岛史地研究》。该书以古籍资料为依据，凭借史地考证的方法，对历史上南海海域及其诸岛进行了系统研究，为南海诸岛自古以来属于中国提供了丰富而又确凿的佐证。另一本韩振华先生主编的《南海诸岛史地考证论集》收录了1979年11月在福建厦门举行的“南海诸岛问题科学讨论会”的有关历史地理方面研究的部分论文。这两

① 蓝中华：《马中外交战略布局与互动》，［马来西亚］《当代评论》2014年第2期，林连玉基金出版，第52页。

② 普拉善斯·帕拉米斯瓦兰著，随缘译：《安全地玩：马来西亚的南海路线和对美国的预示》，《南洋资料译丛》2016年第1期，第13页。

本著作体现了老一辈学人严谨认真的治学态度以及敬业求真的学术精神，厘清了南海史地研究中的许多重要问题，为今天我们研究南海问题提供了详实的基础和宝贵的材料。

在历史研究的基础上，几位国内学者对南海争端进行了深入的分析和全面的阐释。厦门大学南洋研究院研究员李金明先生是我国著名南海问题专家，他撰著的几本南海问题研究领域的专著为南海争端的解决提供了最为详实、全面的历史依据和法理分析，并就我国针对南海争端的应对策略提供了很好的思路。

李金明先生的《南海争端与国际海洋法》一书首先介绍了南海主权争端的现状，阐述了南沙群岛的战略地位，概述了《联合国海洋法公约》的颁布给南沙主权争端所带来的影响，进而分析争端发展的复杂化。该书还在回顾20世纪末南海发生的几起主要事件的基础上分析了周边国家对专属经济区的声索和大陆架的划界问题，并对相关声索国的海域划界问题进行研究。最后综述周边国家的南海石油开发状况，分析争端的处理前景以及共同开发的可能性，为我国南海政策的制定提供可行性参考。

李金明先生的《南海波涛——东南亚国家与南海问题》一书，分别对南海周边国家在南海声称的领土所引起的争议进行了评述，着重以国际法和《联合国海洋法公约》为依据，对各国单方面宣布的领海、毗连区、专属经济区和大陆架声明，以及为占据我国南沙岛礁而编造的各种借口进行分析与批驳。该书的最后一章专门论述了共同开发在争议海域的实践，分析了当前在南海实行共同开发的可能性以及共同开发在南海难于执行的原因，并为今后共同开发在南海的有效实行提出建议。

李金明先生的《中国南海疆域研究》一书于1999年出版。在这部著作中，集李金明先生多年研究心得，以历史地理考证、主权法律研究为特色，为捍卫我国领土主权和海洋权益提供了比较确凿的历史证据和法理依据，成为20世纪末该领域具有较高学术水平的研究成果。2014年，李金明先生在原书的基础上增添了他近十年来新的研究成果，出版了新一版的《中国南海疆域研究》。该书对宋元以来中国历代史籍中有关南海疆域的记载进行分析、论述，对记载中的一些古地名重新进行考证，以证实当时中国南海疆域的范围和界限。此外，对南海研究中的一些热点问题，诸如南海“断续线”的法律地位、南海局势与应对海洋法的新发展、南海争议现状与区域外大国的介入及中国的应对策略等也做了详尽的论述。

中国社会科学院中国边疆研究所李国强研究员所著的《南中国海研究：历史与现状》一书，是21世纪初在南海历史与现状研究领域涉及范围较广泛的一部专著。该书详尽综述了近一个世纪以来的南海主权争议以及当时国内学界对南海问题的研究状况。该书从地理、历史、政治、军事、法律等多个角度进行阐释和分析，观点客观，论证充分，是全面了解南海争端演变历程的重要参考文献。

《南海争端的起源与发展》一书是中国南海研究院院长吴士存先生近年来的重要著作之一。该书在多视角论述南沙争端的基础上，对影响和制约南沙争端的相关因素进行了深入的分析和解读，揭示了南沙争端的发展趋势——复杂化、长期化和国际化，以及中国致力于和平解决南沙争端的深远影响。

暨南大学东南亚研究所的曹云华、鞠海龙二位学者从 2011 年至 2015 年编著的四本《南海地区形势报告》详细跟踪了近五年来南海周边国家的相关政策的变动，掌握南海地区的最新形势发展动态，结合我国最新军事决策，详细而准确地梳理这五年以来南海地区事务的发展并对未来做出相对客观的预测和分析，是目前国内详实系统地对当前南海地区形势的发展进行跟踪的力作。

此外，吴士存等人编纂的《南海问题文献汇编》一书汇集了从现当代以来中国、越南、菲律宾、马来西亚、印度尼西亚、文莱等南海争端国与南海主权争议相关的国内立法文献资料。其中，在马来西亚部分列出了该国四个在南海权益争夺方面的重要法律文件，即《马来西亚大陆架法》（1966 年颁布）和《马来西亚专属经济区法》（1984 年颁布），以及规定该国领海宽度的《第七号紧急法令》（1969 年发布）、与专属经济区权利声明相关的《最高元首声明》（1980 年发布）。这些法令或条例成为马来西亚提出南海声索的法理依据，对于本书解读马来西亚南海政策提供了基础论据。

在学术论文方面，目前，国内学界围绕南海问题及其发展动向，在所涉及的主权争端、能源开采、大国博弈、法理依据、军事安全、各国南海政策等各个领域发表了大量的论文。相比较于数量庞大的论文，聚焦马来西亚及其南海政策的则相对较少。例如：李金明教授的《论马来西亚在南海声称的领土争议》一文依据国际法的相关规定，指出了马来西亚的南海主张违反了“陆地支配海洋”的国际法基本原则；榕星的《马来西亚防务重心转向海洋》一文关注马来西亚自 20 世纪 50 年代末独立至 80 年代末的防务政策及走向，并分析其对南海形势发展的影响；骆永昆的《马来西亚的南海政策及其走向》阐述了马来西亚对南海的占领和开发，解读了该国的南海政策并分析其政策走向；郝珺石的《争抢者众——南海周边国家的南沙战略：马来西亚、菲律宾》阐述了马来西亚在南沙抢占岛礁及开采油气的动向；邹桂斌的《中国与马来西亚海洋渔业合作机制研究》一文主要探讨了马中两国的渔业合作机制的可行性和前景；李梦桃、黄鑫淼的《引入 BOT 投资方式解决南海海上石油资源开采的主权问题——以中国与马来西亚在南海海上石油资源开采争议为例》聚焦中马南海石油开采争议，讨论以新型 BOT 投资方式实施中马联合开采的可操作性。此外，还有白益民的《马来西亚祭出“东洋刀”》、王政的《马来西亚与南海问题研究》、张洁的《中国能源安全中的马六甲因素》、张艾妮的《中国因素对马来西亚新海洋安全观的影响》、陈相秒的《2014 年马来西亚南海政策评析》、姜丽的《马来西亚在南海的战略利益分析》等等。笔者也于近年在国内期刊上发表了《从马来西亚官方媒体的报道解读该国南海政策——以马新社〈使者报〉1999 年至 2013 年的相关报道为分析依据》《在应对南海困局中发挥马来西亚因素的积极作用》《均势理论与马来西亚就南海议题的“不选边”策略分析》等文章。

在学位论文方面，在中国知网中国优秀博、硕论文全文数据库中以“南海争端”为主题搜索词所能搜索到的 356 篇硕博学位论文（发表时间从 1999 年到 2016 年上半年）中，只有两篇硕士论文专题论述中马南海争端，即 2014 年广东外语外贸大学邓后发完成的硕士论文《南海争端中马来西亚的对华反应与行为策略分析》以及 2014 年南京大学苏奕文完成的硕士论文《南海争端与马来西亚南海政策分析》。邓后发的论文结合国际关系有关理论，主要探讨了影响马来西亚在南海争端中的行为反应因素问题。该论文首先设定了这样一种现实主义基本假定，即国际无政府状态、国家是单一且是有限理性行为体，然后关注南海问题是如何影响马来西亚的政治和外交关系，进而从新古典现实主义视角出发，探讨南海问题如何对一国或地区的对外政策产生影响。苏奕文的论文分为两大部分，前一部分，是对南海争端的整体论述以及对马来西亚南海政策的分析；后一部分，首先从法律权益、军事国防和外交互动这三个视角对马来西亚的南海政策进行梳理和论述，随后对马来西亚南海政策的动因进行考察，提出两大动因是经济因素和海洋维权，再从战略视角分析了马来西亚在南海的指导战略，最后从全局的角度对南海问题的争端缓解及解决进行论述。

二、马来西亚研究现状和文献综述

为了准确把握马来西亚的南海立场和相关政策，笔者对马来西亚海疆研究领域，特别是涉及南海问题的相关学术成果进行研读。相关的马来语文献资料主要来自于三个方面：其一是马来西亚官方主流媒体与之相关的报道与评论；其二是该国与海洋研究领域相关的两大权威学术机构官方网站上刊登的学术论文；其三是该国有关南海问题的部分学术专著及部分高校相关主题的学位论文。

（一）主流媒体的报道与评论

作为马来西亚政府最重要的喉舌报刊之一，《马来西亚使者报》（*UTUSAN*），又称《马来西亚先锋报》，经常刊发马来西亚新闻通讯社（BERNAMA）的重要报道。[①] 该报完全反映了马来西亚官方对国内外重大问题的立场及观点。经笔者认真查阅，该报从1999年至2016年共有187篇以"南海问题"为主题的相关新闻报道或综合评论，从政府、军方、学界等不同角度，对马来西亚的南海政策进行了主流观点的阐释和部分深度分析。

此外，从20世纪下半叶至今，马来西亚一些中、英文的主要报章都刊发了与南海议题相关的新闻或评论文章，例如：华文报章《星洲日报》《南洋商报》《东方日报》《新明日报》；英文报章《海峡时报》（*New Straits Times*）、《星报》（*Star*）、《商业时报》（*Buisness Times*）等等。这些文章有助于我们从多角度对马来西亚的"南海议题"形成较为全面、客观的了解。

除此之外，马来西亚国家语文出版局（Dewan Bahasa dan Pustaka，简称"语文局"）出版的《社会》（*Dewan Masyarakat*）月刊也是非常值得跟踪研读的重要刊物。语文局是马来西亚国内级别最高的官方出版机构，其下的《社会》一刊是该机构出版的四大核心期刊之一，经常刊登马来西亚政要及知名学者对国内外热点问题的分析和评论。笔者在语文局资料室查阅了自2000年以来的近180期《社会》期刊，对其中多篇与南海相关的文章进行了研读，如马来西亚海事研究院高级研究员纳兹瑞·卡利德（Nazry Khalid）发表的《探寻深海的石油资源》（2008年12月刊）、《南中国海战略性贸易》（2011年10月刊）；前马来西亚总理府经济规划司副司长尼克·阿兹曼·尼克·阿卜杜勒·马吉德（Nik Azman Nik Abdul Majid）发表的《南中国海冲突》（2013年3月刊）、《南中国海的重要性使其成为必争之地》（2014年5月刊）等。这些政要及学者的观点非常具有代表性，便于我们把握马来西亚的官方及学界的立场。

（二）高端智库的学术论文

马来西亚海事研究院（Maritime Institute of Malaysia，MIMA，原马来西

---

① 苏莹莹：《从马来西亚官方媒体的报道解读该国政府的南海政策——以马新社〈使者报〉1999年至2013年的相关报道为分析依据》，《南洋问题研究》2013年第4期，第51页。

亚海洋事务所）以及马来西亚战略与国际问题研究所（Institute of Strategic and International Studies，ISIS）是马来西亚政府在海洋发展与海洋战略研究领域的两大高端智库。

马来西亚海事研究院成立于1993年，是该国政府设立的一家政策研究机构，旨在研究与马来西亚海洋利益相关的各项事宜，是马来西亚海事研究领域的国家重点单位。MIMA全面协调、处理解决与马来西亚相关的国内、区域及国际海事问题，并致力于为国家制定关键性的、全面的海洋政策。研究院的关键任务之一是组织专家来协助政府各海事部门，为这些部门在国家海洋政策的制定和执行中提供咨询与支持。作为政府的一个咨询机构，研究院会为政府机构和其他相关组织决策时提供建议及补充意见，并推动专家学者间交流思想与观点。MIMA的六大研究领域包括：近海及海洋环境保护、海事安全及外交、马六甲海峡事务、海洋经济及产业、海洋法及相关政策研究以及海洋资源中心。

成立于1983年4月8日的马来西亚战略与国际问题研究所是其政府的高端智库之一。作为一个非营利性的独立机构，ISIS长期进行客观和独立的政策研究，并促进公共部门、私营机构和学术界之间的对话与讨论。I-SIS曾为马来西亚历史上一些最为重要的国家建设方案出谋划策，例如："2020宏愿"以及该国的知识经济发展规划等等。该机构还在推动区域一体化以及国际合作等领域发挥了重要的作用，例如组织亚太圆桌会议、东亚论坛以及东亚智库网络论坛等等。ISIS的五大研究领域包括：国防、安全与外交事务，国内与国际经济事务，国家发展战略，技术创新、环境保护与可持续性发展，以及国际间的理解与合作。

在MIMA和ISIS中有相当一部分资深研究员长期从事与马来西亚的对外政策、国家发展战略、海洋战略相关的研究。他们的论文或著述代表了该国学界较高水平的研究成果，并在一定程度上代表了官方的立场，因此非常值得研究。笔者阅读了这两个机构的部分重要学者就南海问题发表的多篇学术论文以及这两个机构出版的几部与南海问题相关的著作，例如I-SIS在1992年出版的《南海争端及其争端解决前景》，MIMA在1997年出版的《南沙群岛的秘密水文调查》以及在1998年出版的《马来西亚的海上空间：关于环境与资源的分析图册》等论著。

（三）部分学术专著及学位论文

马来亚大学是马来西亚最知名的高等学府。马大图书馆是该国学术文献馆藏最为丰富的图书馆之一。通过马大图书馆的查询系统可以查找到相当数量的与南海研究专题相关的学术专著或学位论文。笔者发现，该领域大多数的专著都是在2000年之前出版的，21世纪以来的专著数量较少。其中，马大文学与社会科学系部分本科学位论文非常值得关注。这些以“南海争端”“南海问题”“南海政策”为议题的学位论文，其作者群体绝大多数为军方人士。此外，沙巴大学国际关系专家瑞扎尔·扎曼尼·伊德瑞斯（Rizal Zamani Idris）在2010年出版的专著《沙巴州边界安全问题及南沙群岛声索》① 非常值得研读，该书对该国的南海声索进行了非常客观的评析。

① Rizal Zamani Idris, Ramli Dollah, Marja Azlima Omar. 2010. *Isu Keselamatan Persempadanan Negeri Sabah dan Tuntutan terhadap Kepulauan Spratly*. Sabah: Penerbit Universiti Malaysia Sabah. 瑞扎尔·扎曼尼·伊德瑞斯等：《沙巴州边界安全问题及对南沙群岛的声索》，哥打基纳巴卢：沙巴大学出版社，2010年版。

第四章　地缘政治视野下的马来西亚选边策略分析

进入21世纪以来，南海安全形势总体上呈现出“整体缓和”与“局部紧张”并存的局面。一方面，中国与东盟在2002年签署了《南海各方行为宣言》，为解决南海争端提供了政治基础，也对南海安全形势“整体缓和”产生了积极的影响；另一方面，菲律宾、越南等国近年来在南海主权争端方面采取了诸多形式激烈的单边行动，导致了本区域的局部摩擦、对抗与冲突；与此同时，美国、日本、印度、澳大利亚等区域外势力加大了介入南海问题的力度和深度，这些都给南海形势及其走向带来了极为消极的影响。①

第一节　马来西亚与其他声索国的立场、策略异同

由于地理位置的邻近，在南海海域旷日持久的“蓝色圈地运动”中，东南亚有关国家提出的南海海域权利的主张出现了复杂的重叠。以马来西亚为例，该国对安波沙洲、南通礁所提出的“主权声索”分别与越南以及文莱相冲突。而中国在南海主张管辖的海域面积近201万平方公里，这其中大概有150多万平方公里是与他国声索相重叠的。因此，所谓南海争端的实质就是有关岛屿归属和海域划界的纷争。②

一、各声索国的南海利益诉求

在东南亚的几个南海声索国中，越南侵占了中国南沙29个岛礁，成为

---

① 鞠海龙、葛红亮：《美国“重返”东南亚对南海安全形势的影响》，《世界经济与政治论坛》2010年第1期。

② 吴琪：《南海争端中的国际法困境》，《三联生活周刊》2010年第46期，第58—59页。

侵占岛礁最多的南海争端国，其提出的南海声索的理由是所谓的“历史依据”①“继承依据”；菲律宾占领了八个岛礁，其声索依据是所谓的“邻近原则”“无主地占有”以及《旧金山和约》；马来西亚则以“大陆架说”和“专属经济区说”为由主张领土“主权”，占有了五个岛礁；文莱以领海法为依据对南通礁提出“主权”要求，但没有实际占领行为。

东南亚的这几个声索国在南海议题中有着不同层次的利益诉求，在实践中，其想法及做法也明显有所不同。

在东盟声索国中，菲律宾和越南是维权立场最为强硬，与中国在南海问题上矛盾最为突出的国家。近几年来，两国均与中国因南海问题发生过较为激烈的冲突和摩擦，例如中菲仁爱礁冲突、中菲“黄岩岛事件”、“菲律宾南海仲裁案”、越南海警冲撞981平台以及两国国内多次爆发的反华示威游行、反华暴乱等。这两个国家对中国在南海的各种动向反应最激烈，对中方所提出双边谈判机制及“双轨思路”持相当冷淡的态度，并极力游说、鼓动其他东盟成员国，企图以集体的方式向中国施压。

此外，菲律宾、越南非常欢迎域外国家介入南海问题。越南不断加强与印度在南海海域的安全合作，并积极开展与日本、美国的交流。而作为美国在东南亚的盟友，前杜特尔特时代的菲律宾政府以美国为靠山，与中国叫板，同时与日本加强海洋安全合作。菲、越两国正是通过加深与美、日等域外国家的战略军事合作，极力将南海争端国际化来向中国施压。自2016年下半年以来，随着杜特尔特执政开始，中菲南海争端呈现出明显的缓和向好趋势，这也将在一定程度上影响中越南海争端的走向。

文莱以专属经济区为由跻身南海纷争。其对南海的利益诉求表现在两个方面：一是对南通礁提出“主权”声索，二是对南海油气资源的开采。前者与中国及马来西亚的权益主张发生冲突，后者也曾与马来西亚存在利益矛盾。文、马两国最终于2009年达成了联合开发油气资源的意向。文莱在南海虽无实际占领行为，但其声索在一定程度上增加了南海问题的复杂性。

在东盟涉南海问题上，马来西亚的立场和态度明显与菲、越有所不同。一方面，该国是南海油气资源最大的侵吞者和获利者，这是不争的事实。中国学者形象地形容其为“闷声不响发大财”。但另一方面，面对南

---

① 越南采用偷梁换柱的手法，先把中国的西沙和南沙改名为“黄沙”和“长沙”群岛，然后将史书记载的越南近海中的黄沙和长沙群岛说成是中国的“西沙”和“南沙”群岛。这就是越南声称的历史上第一个占领、组织、控制和勘探南沙群岛的历史依据。参见韩振华主编：《我国南海诸岛史料汇编》，北京：东方出版社，1988年第1版，第15—22页。

海争端，马来西亚的态度最冷静、务实，也对中国的立场最为支持。自20世纪90年代以来，马来西亚在中国—东盟南海问题对话过程中一直扮演着积极的角色。该国政府历来反对就此议题向中国施压以迫使中国让步的做法，反对美国等域外大国介入地区事务。不仅如此，还积极支持中国反对南海问题国际化的立场。①

显而易见，东盟南海声索国的立场和诉求存在着很大的分歧，某些成员国表现出强烈的民族主义情绪，乃至于以不冷静、不理智的态度应对争端，而且各当事国就如何与中国进行南海对话也有明显的态度、立场的差异。②

二、各声索国应对南海问题的手段之同

除了侵占南沙岛礁并进行资源掠夺，马来西亚、越南、菲律宾三国近些年来为了应对中国的主权声索，还采取一些相同的手段。

（一）以海洋立法支持主权声索

越南于2012年6月21日通过了《越南海洋法》，把西沙、南沙纳入其所谓的“主权”和“管辖”范围内。③ 菲律宾于2009年3月10日，通过了《领海基线法》，并以其自认的专属经济区海域，再次宣称对南沙群岛拥有“主权”。④ 文莱在1984年独立后即宣布实行200海里专属经济区制度，并对南通礁提出主权要求。为了保护其国民经济发展赖以生存的油气产业，2004年、2007年文莱两次在其《国防白皮书》中将保卫其“近海的国家利益”（即近海油田）当作该国皇家空军的战略任务。马来西亚则从1966年至今，通过了《大陆架法案》、确定领海宽度的《第七号紧急法令》《专属经济区法》等一系列与海洋权益相关的法律制度，并批准了《联合国海洋法公约》。

（二）填海造岛，加强“主权”宣示，固化非法侵占所得

事实上，《南海各方行为宣言》签署以来的这十几年间，只有中国基

---

① Liselotte Odgaard, “The South China Sea : ASEAN’s Security Concerns About China”, Security Dialogue, Vol. 34, No. 1, March 2003, pp. 14 – 15. 见葛红亮：《东盟在南海问题上的政策评析》，《外交评论》2012年第4期，第76页。

② 葛红亮：《东盟在南海问题上的政策评析》，《外交评论》2012年第4期，第76—77页。

③ 《外交部就越南立法侵犯中国领土主权提严正交涉》，人民网，2012年6月21日，http://politics.people.com.cn/GB/70731/18263916.html，访问日期：2016年10月8日17：25。

④ 《菲律宾步步深入南海资源区抢“主权”》，中国新闻网，2011年4月28日，http://www.chinanews.com/gj/2011/04-28/3004842.shtml，访问日期：2016年10月8日17：30。

本遵守了其规定和原则，未采取使争议扩大化的行动。而越、马、菲等国则不断改建和扩建其所占据岛礁，加紧油气资源开采，加强行政管理，还不时抓扣中国普通渔民等，固化非法侵占所得。[①]

菲、越、马等国还以各种形式加强“主权”宣示。例如：马来西亚前副总理纳吉布2008年8月登上弹丸礁“宣誓主权”；前总理巴达维2009年3月登陆光星仔礁和弹丸礁，宣示对其拥有“主权”。[②] 1995年3月20日，菲律宾国防部宣布向美济礁增兵，并在半月礁上损毁中国标识及建筑物，以其国的标识取代。2012年6月，菲律宾在南沙争议岛屿建小型幼儿园，派军队保卫。[③] 1994年5月，越南在日积礁竖立了一座高42米、照射距离16海里的海上导航灯塔；当年6月，又在距日积礁30海里的西礁擅自建起一座高22米、照射距离15海里的海上导航灯塔。2012年6月，越南在南威岛地面用陶片制作巨幅越南国旗造型[④]等等。这样的例子不胜枚举。

（三）增强海空实力，进行军演及联合军演

近年来，南海周边国家大量购买舰船、飞机，提高军队，特别是海军和空军的武器装备水准及现代化程度。越、菲、新、马、文、印尼纷纷从美国、俄罗斯、欧洲购买武器，包括各类轻型护卫舰以及各种现代化战斗机。为了增强其海上实力，越南军队制定了“21世纪海军发展规划”，建造大型海警船，组建“南沙舰队”，进而以其地理优势获得南海局部海域的控制权；[⑤] 为捍卫其所谓的“国家利益”，2011年、2012年菲律宾向美国采购了两艘“汉密尔顿”级巡逻舰。[⑥]

多年来，东南亚国家频繁在南海“秀肌肉”。当南海局势有所趋紧时，更是频频进行联合军演，或是东南亚声索国联合，或是与域外大国联合。

---

① 傅莹、吴士存：《南海局势及南沙群岛争议：历史回顾与现实思考》，《中国新闻周刊》2016年第17期，第23页。

② 《台媒：马来西亚副总理到南沙“宣示主权”》，参考消息网，2012年8月15日，http：//world. cankaoxiaoxi. com/2012/0815/78660. shtml，访问日期：2016年7月18日12：30。

③ 《菲律宾在我中业岛上建小型幼儿园》，人民网，2012年6月24日，http：//world. people. com. cn/n/2012/0624/c1002 - 18370834. html，访问日期：2016年7月28日11：20。

④ 《越南在我南沙南威岛用瓷片组巨幅国旗宣誓“主权”》，环球网，2012年6月26日，http：//mil. huanqiu. com/gt/2012 - 06/2653107. html，访问日期：2016年7月29日8：05。

⑤ 《评论称越南增强海军实力 利用地理优势控制南海》，中国新闻网，2012年5月31日，http：//www. chinanews. com/mil/2012/05 - 31/3929771. shtml，访问日期：2016年8月1日9：10。《美向菲交付汉密尔顿级巡逻舰 菲花费近千万美元》，人民网，2012年5月23日，http：//military. people. com. cn/GB/17957957. html，访问日期：2016年8月1日9：12。

⑥ 《菲律宾购买美国巡逻舰称用来捍卫其南海利益》，环球网，2011年7月18日，http：//world. huanqiu. com/roll/2011 - 07/1827110. html，访问日期：2016年8月1日10：01。

例如：2010 年 6 月 13 日，越南海军举行了两场实弹演习，越、美还于同年 7 月 15 日在岘港附近海域进行联合演练。[①] 2011 年 6 月，美国联合新加坡、马来西亚、印度尼西亚、泰国、菲律宾和文莱等六个东盟国家，在马六甲海峡、苏拉威西海和苏禄海举行联合军演。[②] 菲、马于 2012 年 6 月参加了美国主导的第 23 次“环太平洋”联合军演。[③] 2015 年 4 月，美菲举行南海联合军演；5 月，日菲首次联合军演等等。在南海海域的军演或联合军演举不胜举。近两年，频度更是有所提高。

（四）与国际石油大公司合作开采南海油气资源

为了吸引拥有雄厚资金、专业技术以及丰富的深海开采经验的国际大牌石油公司的合作，例如壳牌、埃克森美孚、哈里伯顿、墨菲等，东南亚各国的国家石油公司必须提供条款优惠、有吸引力的合作开发合同。于是，马来西亚的 PETRONAS、越南的 PETRO VIETNAM、印尼的 PERTAMINA 竞相提供优惠条款，邀请海外合作伙伴共同开采南海海域的深海油气资源。这是因为深海油气开采需要高技术及专业水准，而东南亚的这些国家大多并不具备相应技术及能力。此外，深海开采需要巨额的投入，还需要国外合作伙伴的投资。[④]

（五）近年来强化对中国的制衡政策

近年来，面对中国迅速崛起的态势，特别是随着近两年来中国在南海海域岛礁扩建工程的快速推进，东南亚各声索国将中国视为主要防范和制衡的对象，此种意图日益显现。这种局面的出现，部分类似于学界热议的“修昔底德陷阱”。虽然这些东南亚小国在实力上不足以抗衡中国，但是东盟作为该区域重要的地区组织，其整体面对中国的心态经历了微妙的变化过程。在东盟中，特别是几个南海声索国集体呈现出的程度不同的焦虑不安、恐慌纠结的情绪织就了南海地区的“修昔底德陷阱”，而后在域外大国别有用心的推波助澜之下，这些国家深陷其中。

正是在此种情绪的作用下，相关周边国家如越南、菲律宾和马来西亚

---

① 刘琳：《越南：加强军力 虎视南海》，《世界之窗》2011 年第 15 期。

② 《美国联合东南亚六国军演 称其在南海有国家利益》，央视网，2011 年 6 月 16 日，http：//news. qq. com/a/20110616/000220. htm，访问日期：2016 年 10 月 5 日 23：15。

③ 《环太平洋—2012 联合军演》，人民网国际频道专栏，http：//world. people. com. cn/GB/8212/191606/345616/index. html，访问日期：2016 年 8 月 2 日 13：15。

④ Nazery Khalid. 2008. “Pencarian Minyak di Laut Dalam” . *Dewan Masyarakat*, Disember：37－39. 纳兹瑞·卡利德：《探寻深海的石油资源》，［马来西亚］《社会》2008 年 12 月，第 37—39 页。

等纷纷加强了自己的对华反制措施：不断增加国防预算和军费开支，大力提升本国实力，主动拉拢域外大国势力介入本地区事务，采取以上动作，其目的自然是为了维护各自在南海已攫取的既得利益。

三、各当事国应对南海问题的手段之异

马来西亚作为南海争端的当事国之一，尽管与其他南海声索国有着许多共同的利益诉求，比如毫不放松“主权声索”、维护在南海的既得利益、共同防范中国等等，但是长久以来，马来西亚有关南海争端的解决主张与中国的立场较为接近并与中国始终保持相对较高的互信度。马中两国的政治、经济关系得到了两国的共同维护，而保持了整体良好的态势。

自南海问题肇始于20世纪60年代末以来，就争端的处理，马来西亚除了在少数时候突现高调外，基本上保持了一种相对克制而务实的态度。其从20世纪60年代就开始开采油气资源，捕捞渔业资源，并开发经营南沙海域岛礁，从中获利丰厚。

马越两国于2009年5月向联合国大陆架界限委员会联合提交了“外大陆架案”。这是马方就南海问题立场较为强硬的一次表现。2014年2月，马、越、菲三国会晤，一致表态反对中国的南海“断续线”主张。这是马来西亚近年来就南海议题的少见的又一次强硬表态。在突现高调的同时，我们应该看到就南海争端中马之间似乎达成了某种默契，双边关系稳定发展，从未因南海问题而有过“触礁”。这可以从两国官方及主流媒体对于彼此在南海的行为所做出的反应或是相关新闻报道上看出某种迹象。例如：中国海军舰队2014年巡航至曾母暗沙并举行了宣誓主权仪式，① 据有关外媒报道，与以往的类似事件的处理相同，马方的处理方式表现出“息事宁人”的意味。马来西亚官方对中国此举未予置评，而其媒体的反应也相对低调。②

与马来西亚方面“大事化小，小事化了”的态度截然不同的则是越、菲等国煽动民众刻意夸大事态的态度。菲律宾所谓的“西菲律宾海联盟”组织于2013年7月24日在中国驻菲和驻美使领馆以及联合国总部所在地举行了“菲律宾全球反华示威活动”，号称是为了抗议中国在南海争端上

---

① 《马关注南海舰队在曾母暗沙宣誓主权》，联合早报网，2014年1月27日，http：//www. zaobao. com/special/report/politic/southchinasea/story20140127 - 303957，访问时间：2016年10月6日0：20。

② “Malaysia's navy chief denies Chinese incursion in James Shoal”, The Sunday Times, http：//www. straitstimes. com/breaking - news/se - asia/story/malaysias - navy - chief - denies - chinese - incursion - james - shoal - 20140129（March 20，2015）.

的“欺凌”行为。此次游行示威活动最终草草收场。2015年7月，在马尼拉中国驻菲大使馆前，数个菲律宾激进团体举行了示威；7月24日，菲律宾反华团体“美国菲侨良政协会”在关岛、塞班岛、菲律宾等地也发动当地菲律宾人举行反华示威。① 2010年5月底，越南民众接连数周举行反华示威游行，妄加指责中国渔船“割断”其在南海石油勘探船的电缆；越南总理阮晋勇于6月9日表示，要以全军、全党、全民之力保护国家海域和岛屿；② 2012年6月，针对三沙设市以及中国在南海油气区进行国际招标，十天内越南连发三次“强烈抗议”；③ 2016年3月14日，以纪念1988年中越“南沙海战”为名，河内爆发了反华游行，这场中国海军打击侵略者进行自卫反击的“3·14海战”被一些越南媒体颠倒黑白地包装成其悲情战役。④

在马来西亚的政治精英及决策层中，虽然有部分人始终将中国视为潜在威胁，但是其政府并不过分夸大这种威胁。其前总理巴达维2004年接受采访时曾表示：“马来西亚的对华政策表明了假如你能够按原则进行思考和决策，克服恐惧和不足，那么必然会获得回报。我们的对华政策是成功外交的典范。”⑤

不同于菲律宾和越南在处理对华关系中强调军事手段并维持与美国的军事联系，马来西亚更倾向于以积极心态处理对华关系。虽然近年来南海争端愈演愈烈，但是马来西亚领导人始终坚持以外交手段而非军事手段来处理对华关系，在南海问题上更是强调要进行外交协商而不是军事对抗。正如其前总理纳吉布2010年在纽约接受的一次采访中指出：“中国人民都是务实的，虽然中国比以前更加强硬，但他并不想破坏地区的稳定，与中国的冲突可以通过相关机制来解决，因为我们始终相信能够与中国展开协商与合作。”⑥

---

① 《菲律宾爆发反华游行示威 称中国“侵占”领土》，环球网，2015年7月26日，http：//www.mnw.cn/news/china/951154.html，访问时间：2016年10月5日23：50。

② 《越南总理：全党全民全军最强决心保护南沙》，中新网，2011年6月10日，http：//www.chinanews.com/gj/2011/06-10/3102013.shtml，访问日期：2016年10月6日0：12。

③ 《越南南海动作不断 专家称中国应造“第四航母”》，凤凰网，2012年6月29日，http：//news.ifeng.com/mil/4/detail_2012_06/29/15654520_0.shtml，访问日期：2016年10月6日0：15。

④ 黄和悦、张旺：《越媒悲情炒作“南沙海战”打造“受害者”形象》，《环球时报》，2016年3月15日，http：//world.huanqiu.com/exclusive/2016-03/8706796.html，访问日期：2016年10月6日0：10。

⑤ http：//www.chinadaily.com.cn/usa/2010-09/29/content_11364039.htm，见邓后发：《南海争端中马来西亚的对华反应与行为策略分析》，广东外语外贸大学硕士论文，2014年，第30页。

⑥ Malaysia, China Seek Stronger Ties in High Education, Tourism, 2011, *Bernama*, 28 Apirl.

总体说来，自2009年以来，中国对南海领土主权和相关权益的立场趋于强硬。就在越南和菲律宾与中国舰船直接冲突并公开谴责中国的“胁迫”行为之际，马来西亚过去几年里的反应相对安静、低调。

就南海议题而言，出于在政治经济上的优先考量，马来西亚政府并未将其当作双边关系中的核心议题，因而一直对中国采取相对克制的立场。也正因为如此，中国在领土争端中，对待马来西亚的态度与其对待菲律宾及越南的态度是不同的，并对马来西亚采取了一定的灵活政策。此种不同，一方面是得益于长期以来中马之间的良性互动和稳定关系；另一方面是因为马来西亚声索的南海海域，同越南和菲律宾相比，距中国较远，重叠部分也较少。正如一位马来西亚学者所述：“中国对东盟声索国区别对待。同其他国家相比，由于我们的地理和政治联系，马来西亚有较为优越的地位。虽然中国不会放弃其主权声索，但也不太可能在这里过于强势地推行其主权声索。”①

第二节　马来西亚在东盟涉南海问题上的作用和影响

东南亚地区对于中国而言，具有极为重要的地缘政治、经济和安全意义。作为中国周边环境的重要组织部分，该地区既为中国提供了广阔的陆海活动空间，也为中国的发展提供了重要的能源、市场和军事安全屏障，因此具有不可替代的战略地位，理应成为中国在21世纪周边外交中需要重点经营的战略区。②

一、南海问题“东盟化”的缘起与发展

（一）中国—东盟的对话与合作

20多年来，中国与东盟之间建立了良好的互动关系，成为第一个加入《东南亚友好合作条约》、第一个同东盟建立战略伙伴关系，并且第一个同

---

① 邓后发：《南海争端中马来西亚的对华反应与行为策略分析》，广东外语外贸大学硕士学位论文，2014年，第21页。

② 祁怀高：《中国崛起背景下的周边安全与周边外交》，北京：中华书局，2014年第1版，第227页。

东盟建成自贸区的域外国家。

1991 年，时任马来西亚外长阿卜杜拉·巴达维邀请时任中国外长钱其琛作为马来西亚政府的客人，出席东盟外交部长会议的开幕式，中国—东盟对话进程就此开启，中国成为东盟的对话伙伴国。1997 年，双方举行了第一次“10 +1”峰会（领导人会议），宣布建立中国—东盟睦邻互信伙伴关系。2001 年 11 月 6 日举行的第五次峰会，决定在十年内成立中国—东盟自贸区。在 2002 年 11 月 4 日举行的第六次峰会上，双方签署了《中国与东盟全面经济合作框架协议》和《南海各方行为宣言》。中国—东盟关系提升为战略伙伴关系，其标志是双方在 2003 年 10 月 8 日举行的第七次峰会上，签署了《中国与东盟面向和平与繁荣的战略伙伴关系联合宣言》。同年，中国宣布加入《东南亚友好合作条约》。2004 年 11 月举行的第八次峰会上，双方签署了《货物贸易协议》和《中国—东盟争端解决机制协议》，将双方的政治与经贸合作向前推进了一大步。双方分别于 2007 年第 10 次峰会及 2009 年第 12 次峰会上签署了《服务贸易协议》和《投资协议》，建立自贸区的先期工作就此完成了。双方于 2010 年 1 月宣布正式建成了中国—东盟自贸区，中国与东盟开始步入零关税时代。中国—东盟自贸区是发展中国家最大的自贸区，现在拥有 20 亿人口，1400 多万平方公里面积，国民生产总值的总量已超过 11 万亿美元，外贸总额达 6 万亿美元，外汇储备达 4 万多亿美元，在世界经济版图中占据着重要的地位。[①]

为保障双方合作的顺利与成效，中国与东盟建立了较为完善的对话合作机制，主要包括领导人会议、12 个部长级会议机制和 5 个工作层对话合作机制。中国—东盟联合银行体于 2010 年 10 月建立。2011 年 11 月成立的中国—东盟中心是推进双方合作的重要常设性机制。中国任命了驻东盟大使，在东盟总部所在地雅加达设立了东盟事务办公室。东盟十国驻华大使则组成东盟北京委员会。双方设立了中国—东盟合作基金、中国—东盟海上合作基金、中国—东盟投资合作基金和中国—东盟公共卫生合作基金，以支持双方在各个领域进一步开展更加全面深入的合作。所有这些机制，保证了中国—东盟合作组织的正常运行和职能的不断提升。

自 2004 年起，中国—东盟博览会及商务与投资峰会每年在广西南宁举行，是中国与东盟国家开展双边贸易，谋求经济互利共赢的重要平台。目

---

① 尹承德：《“10 +1”机制推动中国与东盟关系不断发展》，山东省人民政府外事办公室网站，2015 年 1 月 19 日，http：//www. sdfao. gov. cn/art/2015/1/19/art_ 54_ 64949. html，访问日期：2016 年 10 月 6 日 20：05。

前，中国是东盟第一大贸易伙伴，东盟是中国第三大贸易伙伴。[①] 2014 年，双边贸易总额同比增长 8.3%，达 4803.94 亿美元，较中国整体对外贸易平均增速高出 4.9 个百分点。在中国对外贸易总额中，中国与东盟贸易额所占比重达到了 11.16%。[②] 这一数据在 2015 年达到了 4720 亿美元，双边投资额截至 2015 年底则达到了 1500 亿美元。中国持续成为东盟第一大贸易伙伴，东盟是中国第二大进口来源地和第四大出口市场。[③]

（二）中国—东盟就南海议题的互动

南海问题在东盟层面被关注开始于 1992 年召开的第 25 届东盟外长会议。此次会议通过了《东盟南海宣言》，就南海的海洋环境保护、航行安全、打击海盗与毒品走私等问题的合作提出了意向性的建议；呼吁有关国家“以和平方式，而不是诉诸武力”去解决争端。应马来西亚的邀请出席此次会议的钱其琛外长指出，该宣言的基本原则与中国政府的主张是一致的，并进一步阐述了中国在南沙问题上“搁置争议，共同开发”的原则立场。马来西亚《南洋商报》的社论赞扬“搁置争议，共同开发”的主张显示了北京对南沙争议持务实和灵活性态度。[④] 中国所秉持的“搁置争议，共同开发”的原则立场有利于缓和南海的紧张局势，避免争端的进一步恶化，体现了中国以保持与东盟的良好关系为优先考量，积极主动寻求争端解决途径，耐心等待条件成熟再进行谈判的大国心态，为今后南海争端的和平解决奠定了良好的基础。

第 26 届东盟外长扩大会议于 1993 年 7 月召开，中国作为特邀代表出席。南海问题在此次会议上得到了进一步的讨论。随后，于 1994 年 7 月召开的第 27 届东盟外长会议决定将中国由“特邀国”升格为东盟的“协商国”，双方将就政治与安全问题定期举行高级磋商，并将南海问题写进此次会议的公报中。

“南海行为准则”的构思开始于 1995 年，之后经过东盟内部的争论和意见统一，以及东盟与中国之间的商议及相互妥协，最终在马来西亚的提

---

① 《中国—东盟关系》，环球网，2015 年 11 月 16 日，http：//china. huanqiu. com/hot/2015 - 11/7990720. html，访问日期：2016 年 10 月 6 日 18：10。

② 《2014 年中国东盟贸易额超 4800 亿美元》，中国新闻网，2015 年 1 月 31 日，http：//world. huanqiu. com/hot/2015 - 01/5558803. html，访问日期：2016 年 10 月 6 日 18：12。

③ 《2015 年中国东盟双边贸易额达到 4720 亿美元》，中国—东盟中心网站，2016 年 5 月 27 日，http：//www. asean - china - center. org/2016 - 05/27/c_ 135392778. htm，访问日期：2016 年 10 月 6 日 18：15。

④ 李金明：《〈从东盟南海宣言〉到〈南海各方行为宣言〉》，《东南亚》2004 年第 3 期，第 31—32 页。

议下，中国与东盟国家于2002年11月4日在第八届东盟首脑会议上签署了《南海各方行为宣言》（DOC）。涵盖十点重要内容的DOC的签订具有重大意义。它有利于减少在南海海域的军事冲突或战争威胁，有利于建立中国—东盟之间相互理解、互信合作的良好关系，有利于营造和平稳定的地区环境。

东盟自20世纪90年代开始致力于建立各种地区安全机制及地区合作机制。这些机制的建立为中国与东盟声索国以及中国与东盟整体在南海问题上进行积极沟通、展开良性互动提供了平台。就中国与东盟的关系而言，东盟“10+3”（中、日、韩）机制及东盟“10+1”机制是非常重要的两个平台。首次“10+3”会议于1997年召开，此后每年举行一次，由当年东盟轮值主席国主办，迄今已举行了21次。东盟与中国的“10+1”合作机制是中国与东南亚国家联盟建立的合作机制。中国—东盟1991年建立对话关系以来，双方合作不断扩大与深化，成为东亚区域合作的重要组成部分。

（三）南海问题的“东盟化”

东盟以区域组织的方式介入南海事务始于20世纪90年代初，以1992年《东盟南海宣言》的通过为标志。随着南海局势的发展，东盟介入南海问题的程度不断加深，其在地区安全形势中扮演的角色也越来越重要。在菲律宾、越南等声索国的竭力推动下，这个区域组织开始以“一种集体的声音”在南海问题上与中国进行博弈，日渐成为有关当事国的代言人。在其整体的区域战略布局中，东盟视南海问题为“制衡”中国的支点，是其“大国平衡”战略的重要筹码。

就南海问题本身而言，东盟有着自身的利益诉求，无论是从经济、政治或是安全的角度。

从政治角度而言，南海问题既是东盟声索国与中国之间的争端，也是东盟声索国彼此间的争端。在马、菲、越、文四国之间既有“主权声索”重叠的矛盾，也有争端解决路径的冲突。当然，从东盟的立场而言，前一矛盾是主要矛盾，后一矛盾则属于内部矛盾，可以内部解决。关于南海争端的解决路径，东盟内部一直以来都存在着不同的声音，菲律宾主张将南海问题提交“国际法院”仲裁，并已付诸行动；越南主张将双边争端与多边争端区分解决；马来西亚则比较支持中国以“双边协商”的方式解决争端，但也不排除多边协商的解决方式；文莱由于声索范围小，一向很少就争端主动发声。而中国一贯坚持“有关争议由直接当事国通过友好协商谈判寻求和平解决，南海的和平与稳定则由中国与东盟国家共同维护”的处理争端原则，即“双轨思路”。东盟希望南海问题不会导致该组织内部的分裂，同时还希望能以“一致对外”的方式来加大与中国谈判的筹码并增强其内部凝聚力。

对东盟而言，南海议题是一把“双刃剑”：一方面，东盟南海政策使该组织面临着潜在的“分化”风险，因为东盟成员国在南海问题上有着显著差异的利益诉求。另一方面，虽然各成员国与中国的亲疏关系有所不同，但在作为一个整体面对中国时，南海问题也显然使东盟形成了某种意义上的“团结”，增强了其内在凝聚力。这也就是马来西亚认为的——南海问题的“东盟化”将对地区局势的稳定发挥一定的积极作用。因此，马来西亚在东盟内部一直扮演着缓解南海紧张局势的角色。它希望通过各成员国的共同努力，维持并提高东盟的凝聚力。东南亚的南海声索国深知，只有“一致对华”才能增加抗衡中国的力量，加大谈判的筹码。

从经济角度而言，南海丰富的油气资源和海洋生物资源，以及国际贸易航路的重要地位，不仅对南海声索国来说意义重大，对于整个东盟经济的稳定与发展，特别是对于亚洲金融危机后发展速度减缓的东盟经济而言也是意义非凡的。

从安全角度而言，由于东南亚地处中国、印度、日本、澳大利亚等区域大国的中央，且是美国“亚太战略”的重要着力点，为了求得自身的生存与发展，东盟在地区事务中一向奉行“大国平衡”政策，在南海问题上更是如此。自 20 世纪 90 年代开始，无论是东盟峰会，区域安全论坛，或是东盟外长扩大会议，南海议题已成为东盟主导下的地区多边安全会议或论坛中的重要议题之一。应该说，南海问题的“东盟化”是与“国际化”相伴而生、交织发展的。东盟南海政策中的“大国平衡”战略，一方面以域外大国制衡中国的区域优势，另一方面将中国引入地区安全机制以平衡美国等域外大国在地区事务中的影响力。东盟寻求南海问题的国际化发展，其结果是，在主观上试图利用东道主身份在地区安全机制中以“大国平衡”的手段掌握主动权，进而谋求主导地位；而在客观上则为域外大国介入南海问题创造了条件。①

2009 年以来，随着越南、菲律宾等国推动“南海行为准则”签订的声势日益高涨，以及域外大国对南海问题介入深度的不断增强，南海问题面临着进一步“东盟化”的危险。这是中国在解决南海问题的漫长而又曲折的道路上必须面对的局面。

从 2016 年下半年至今，随着中国南海岛礁扩建活动基本完成，菲律宾

---

① 葛红亮：《东盟在南海问题上的政策评析》，《外交评论》2012 年第 4 期，第 67—70 页。

杜特尔特政府奉行独立外交政策，致力于妥善处理南海问题，主动改善中菲关系，中国与东盟之间因南海问题而增多的矛盾得以缓和。2016 年 7 月 25 日，中国与东盟国家外交部长在万象发表了关于全面有效落实《南海各方行为宣言》的联合声明，重申《宣言》在维护地区和平稳定中发挥的重要作用，承诺根据国际法原则，由直接相关国家通过磋商和谈判以和平方式解决领土和管辖争议。这说明在“南海仲裁案”判决结果出台后，由于中国方面积极利用中国东盟领导人会议与东盟峰会等各种场合，加强与东盟各国的友好关系，极大地缓和了因南海问题而造成的各种矛盾，使美国等域外国家企图以仲裁案判决结果挑拨中国与东盟之间的关系没有得逞。[①] 北京大学学者王栋接受《联合早报》访问时指出，南中国海局势降温，证明了“冷静外交”（quiet diplomacy）的重要性，与其大张旗鼓地喊话，不如给外交官更多空间在幕后协商谈判，改善双边关系。[②]

二、马来西亚在东盟涉南海问题中的作用与影响

世界贸易总量的三分之一需从南海通过，因此可以说，南海是一条国际贸易与世界航运的重要通道。而贸易自由、海上航道安全以及整体区域秩序对于马来西亚这类贸易和航海国家而言，具有极其重要的意义。在马来西亚，贸易相对于国民生产总值的比率超过 150%，其中 95% 属于海上贸易。因此，避免武力，和平解决争议是马来西亚始终强调的。[③] 为了实现这一目标，马来西亚采取了内外联动策略，对内尽量缩小自身与其他声索国的分歧，对外致力于促成东盟与中国就南海议题达成基本共识，推动双方的务实合作。

（一）缩小分歧，与其他声索国建立联合阵线

自 20 世纪 90 年代，东盟开始介入南海事务起，作为东盟四个创始成员国之一，马来西亚始终强调东盟在推动区域和平与稳定中的中心地位；而它同时也是东盟四个南海声索国之一，马来西亚努力缩小与其他声索国的分歧，尽量减少对抗，力求与其他声索国建立联合阵线。

---

① 李金明：《当前南海局势与越南的南海政策》，《人民论坛·学术前沿》2016 年第 23 期，第 68—69 页。

② 《亚细安中国完成南中国海行为准则框架第一份草案》，［新加坡］《联合早报》2017 年 3 月 9 日，http：//www. zaobao. com/special/report/politic/southchinasea/story20170309 – 733631，访问日期：2017 年 3 月 26 日 20：45。

③ 普拉善斯·帕拉米斯瓦兰著，随缘译：《安全地玩：马来西亚的南海路线和对美国的预示》，《南洋资料译丛》2016 年第 1 期，第 13 页。

1994年2月，马哈蒂尔访问菲律宾，他是第一个访问菲律宾的马来西亚首相。在与拉莫斯总统举行联合记者招待会，回答有关马菲两国如何解决南沙群岛的疆界问题时，马哈蒂尔重申："东合"[①] 国家不会像另外一些国家那样，为了边境纠纷而发动战争。他表示，他不相信诉诸战争或建立强大海军来加强安全的做法。如果各国在争取经济繁荣，那么大家就会有一种既得利益来确保本身的安全及稳定，这样就能维持本地区长久和平了。马哈蒂尔此次访菲结束了由于菲律宾索取沙巴主权而引发的马菲30年冷漠关系。[②]

马来西亚和越南之间也就南海议题进行合作。2009年5月两国一起向联合国大陆架界限委员会提交了"外大陆架划界案"，遭到中国政府的严正抗议。但是，马越两国反驳了中国的抗议，并声称它们提交的"划界案""符合"《联合国海洋法公约》的规定，是合法的。

为捍卫自己在南海的既得利益，马来西亚反对包括北京在内的各方改变南海的现状。它曾公开或私下呼吁有关各方全面执行《南海各方行为宣言》，并力促加速制定具有法律约束力的"南海行为准则"。此外，马来西亚在更加具体的领域积极支持中国的主张，通过中国—东盟海上合作基金以推动务实合作的倡议。2014年，马来西亚还启动与其他主权声索国家的多项对话，缩小双方就南海问题的分歧，继续推动"准则"的制定工作，尽管有关消息显示这类对话仍处于初级阶段，尚未见成效。[③]

2015年，马来西亚作为东盟轮值主席国，致力于凝聚东盟的声音，一致面对区域问题。时任总理纳吉布8月4日在第48届东盟外长会议的开幕式致辞中表示："东盟应该更加自信，更加勇敢地面对未来。我们确信这样的时代已经到来——让世界更多地听到东盟的声音。"作为此次外长会议主席的马来西亚外长阿尼法·阿曼强调东盟已达成一致意见，认为有关各方应采取协商态度以避免领土争端的态势进一步复杂化，包括停止一切被认为可能会影响该海域稳定局势的活动。这一建议显然是针对中国的。

尽管面临着来自中国和美国的双重压力，吉隆坡方面积极发挥作用，使东盟的团结不被破坏，并努力不让东盟沦为中美双方势力竞争的工具。面对领土争端，吉隆坡方面向中国传递的信息是：为寻求化解争端的途径，中国必须面对作为一个整体的东盟，这与中国一再声明的南海问题是

---

① 马来西亚当地华文媒体称"东盟"（ASEAN）为"东合"或"东协"。

② 《首相：东南亚国家不应靠军事条约 搞好经济维持和平》，［马来西亚］《南洋商报》1994年2月5日，第3版。

③ 普拉善斯·帕拉米斯瓦兰著，随缘译：《安全地玩：马来西亚的南海路线和对美国的预示》，《南洋资料译丛》2016年第1期，第14页。

中国与东盟声索国的双边问题的立场是有很大区别的。关于美国对南海问题的介入，吉隆坡方面向美国方面传递的信息是：东盟可以自己解决南海问题，无需第三方的插手。东盟绝对不希望美国利用个别东盟国家为其代言人，将南海问题作为“制衡”中国影响力的催化剂。①

（二）力促东盟与中国就南海议题达成基本共识

为了缓和矛盾，维持地区的和平与稳定，同时也为了维护自己的既得利益，一直以来，在中国—东盟南海对话中，马来西亚始终扮演着积极的角色，发挥了重要作用。它把中国带进与东盟的谈判桌，推动了中国—东盟对话机制的建设，并在 DOC 的签订过程中起到积极的作用，力促东盟与中国就南海议题达成基本共识。

1998 年东盟峰会通过了“河内行动计划”，旨在推进东盟一体化进程，提出制定“南海行为准则”的事项。② 中方原则上同意与东盟就“准则”进行磋商，以期释放增信释疑和睦邻友好的信号。③

1999 年 11 月初，马来西亚和菲律宾提出希望在当年 11 月底在马尼拉举行的东盟“10 +3”以及“10 +1”首脑非正式峰会上邀请中国参与讨论针对南沙群岛纷争制定的“准则”。时任马来西亚外交部长的赛义德·哈密德（Syed Hamid）强调，“中国认同东盟批准的任何决定是重要的。一项没有中国（参与）的处理准则是没有意义的。”④ 11 月 23 日，中国外交部发言人朱邦造明确表态，南沙群岛课题不会在峰会上提出讨论。他表示，“这个‘行为准则’是东协及中国的重要文件，必需慎重及严谨而不应操之过急，希望在‘10 + 1’会议后对‘准则’的拟定进行具体洽商。”⑤ 为配合中国的立场，赛义德·哈密德也在当日的马中双边会议后对媒体表示：“马中两国在南沙群岛的争议是长期课题，须通过双边或多边外交基础予以解决，不能过于仓促。”他指出，双方必须拟定一个彼此都可以接受的方案，南沙群岛争议是长期课题，不能操之过急。“双方应根

---

① Azmi Hassan. 2015. “Kuala Lumpur Berjaya Satukan Asean”. *Utusan*, 6 Ogos. http://www.utusan.com.my/rencana/kl-berjaya-satukan-asean-1.121045. 阿兹米·哈桑：《马来西亚成功将东盟团结起来》，［马来西亚］《马来西亚使者报》2015 年 8 月 6 日。

② ASEAN, 1998 Ha Noi Plan of Action, Ha Noi, December 15, 1998.

③ 中华人民共和国外交部政策规划司主编：《中国外交》，北京：世界知识出版社，2000 年第 1 版，第 659 页。

④ 《马菲同意制定准则处理南沙群岛纷争》，［马来西亚］《星洲日报》1999 年 11 月 5 日，第 8 版。

⑤ 《东协首脑非正式峰会不讨论南沙群岛课题》，［马来西亚］《南洋商报》1999 年 11 月 24 日，A4 版。

据彼此原则同意的基础寻求解决方案。”①

“南海行为准则”的制定过程并不顺利。2000 年 3 月 15 日，中国与东盟国家在泰国举行非正式磋商，交换了各自起草的“准则”文本。中越对“准则”涉及范围争执不下，各方在约束效力方面也有较大分歧，难于达成一致意见，此后的数次磋商也均未能取得明显进展。

为了打破僵局，推动这一文件的制定完成，第 35 届东盟外长会议于 2002 年 7 月召开。马来西亚在此次会上建议“有关行为准则应成为不具约束力的政治宣言，而非难以成功的正式协议”，② 这一建议得到了东盟外长会的接纳，同意以一个妥协、非约束性的“宣言”取代“准则”。③ 此后数月间，经过双方的密集沟通和协商，中国与东盟就《南海各方行为宣言》达成了一致意见。中国王毅副外长与东盟十国外长于当年 11 月 4 日在第 8 届东盟峰会期间共同签署了这一文件。④

前马来西亚总理府经济规划司副司长尼克·阿兹曼·尼克·阿卜杜勒·马吉德（Nik Azman Nik Abdul Majid）指出：鉴于中国对于解决这个长久以来的问题所做出的承诺，马来西亚和东盟方面相信，可以通过谈判及和平的方式来解决南海主权争端问题。他说，纳吉布总理在文莱首都斯里巴加湾举行的第 23 届峰会期间与中国总理李克强举行了双边会谈。纳吉布指出，“南海行为准则”早已开始讨论，第 23 届峰会提出了早日完成这一“准则”制定的期许。纳吉布总理在国际会展中心告诉告诉媒体：“如果我们承诺并签署这一行为准则，那么任何暴力或威胁的手段都不能再使用。”他进一步指出，马来西亚希望在东盟与中国的关系中注重“适度”原则，这一原则也符合东方的价值观和处世哲学。⑤

---

① 《南沙争议属长期课题 马中以多边基础解决》，［马来西亚］《南洋商报》1999 年 11 月 24 日，A4 版。

② 《东南亚国家对南沙争议达共识 制订与中国谈商方案》，［马来西亚］《星洲日报》2002 年 7 月 28 日，第 27 版。

③ ASEAN, 2002 Joint Communique of 35th ASEAN Minister Meeting, Bandar Seri Begawan, July 29 – 30, 2002.

④ 傅莹、吴士存：《南海局势及南沙群岛争议：历史回顾与现实思考》，《中国新闻周刊》2016 年第 17 期，第 22 页。

⑤ Nik Azman Nik Abdul Majid. 2014. “Kepentingan Laut China Selatan Menjadi Rebutan”. *Dewan Masyarakat*, Mei: pp. 56 – 58. 尼克·阿兹曼·尼克·阿卜杜勒·马吉德：《南中国海的重要性使其成为必争之地》，［马来西亚］《社会》2014 年 5 月，第 56—58 页。

第三节　马来西亚对南海问题国际化的态度和立场

由于历史和现实的原因，面积达 100 多万平方公里的南沙岛礁及其所属海域，自 20 世纪 70 年代以来已逐渐形成各声索国派兵进驻的既成事实。整个南沙群岛及其海域已俨然划分出各国的“势力范围”。号称“第二个波斯湾”的油气资源，被称为“海上生命线”的能源运输通道和国际贸易航道，加上地缘政治的重要考量，域外大国纷纷涉身此片海域，使南海棋局更加错综复杂。

有人说，南海堪称世界上最复杂的海域之一。它的复杂性，不仅因为《联合国海洋法公约》导致的沿岸多国主权要求重叠，不仅因为公司利益、国家权益对南海资源的争夺，还因为复杂的地缘政治较量的因素。[①]半个世纪以来，这片海域已成为各大国际公司乃至各国力量竞相争夺、交叉渗透的区域。各大国对南海的争夺愈演愈烈，始终处于针锋相对的态势。

域外大国直接或间接地涉入南海议题，使得该地区目前已呈现出一个“一超多强”的权力博弈局面。“一超”是指美国，“多强”则包括南海主要的声索国中国和就南海问题集体发声的东盟，以及域外非争端国大国如日本、印度、俄罗斯、澳大利亚等。[②] 而这其中，综合国力，特别是军事力量依然令其他国家难以企及的美国与正处于迅速崛起态势的中国，此二者间的针锋相对不可避免地呈现出愈演愈烈的局面。美国知名海洋政策专家 Mark J. Valencia 在其论文《南中国海：回到未来?》中提出，该海域已在中美两国于亚洲进行影响力和“霸权”的争夺中成为危险的争端之地。[③]中美的战略博弈是美国刻意为之，但也是美国全球战略部署中不得不走的一步棋。

---

① 李鸿谷：《复杂的南海》，《三联生活周刊》2010 年第 46 期，第 47 页。

② 邓后发：《南海争端中马来西亚的对华反应与行为策略分析》，广东外语外贸大学硕士学位论文，2014 年，第 18 页。

③ Nik Azman Nik Abdul Majid. 2014. “Kepentingan Laut China Selatan Menjadi Rebutan”. *Dewan Masyarakat*, Mei: pp. 56 – 58. 尼克·阿兹曼·尼克·阿卜杜勒·马吉德：《南中国海的重要性使其成为必争之地》，［马来西亚］《社会》2014 年 5 月，第 56—58 页。

一、域外大国对南海事务的介入

冷战结束后，因地缘政治、区域经济的重要性，东南亚国家日益成为诸多大国争相拉拢的对象。进入21世纪，继中国之后，印度、日本与美国先后于2003年10月、12月和2009年7月签署了《东南亚友好合作条约》，对东盟主导的一系列多边安全机制或多边合作机制持支持并积极参与的态度，与此同时，它们还不断扩大在该地区的政治、经济与军事影响力，特别是近年来，各域外国家纷纷加大了对南海事务的介入力度。

近年来，美国、日本、澳大利亚等国为应对中国崛起，大幅度调整军事和安全战略，从对南海主权争议的“不介入政策”转向全面干涉性“介入政策”，竭力将推动南海问题的解决方式，视为拉拢东盟国家做强美日等国在东亚战略势力范围、共同“制衡”中国、保证美国在亚太地区战略优势的重要抓手。南海局势正是因为这些域外大国的插手和介入，而变得日益复杂，单纯的海洋领土主权争议因为大国竞争的魅影而变得日趋尖锐。①

为了维护本地区的政治稳定和经济利益，以实现本地区国家的安全和利益最大化，东盟国家一方面默许或主动邀请域外大国参与本地区事务，另一方面又尽量避免域外大国势力主导地区事务，它们在与域外大国交往中逐渐形成了“大国平衡战略”。这是一种东盟声索国认可并采取的共同的对外战略，即利用大国在本地区相互竞争的态势，充当大国之间的“平衡手”，维持各国在本地区的权力相对均衡的状态，以达到多种政治力量和谐共存，实现地区格局多极化，保障东盟国家自身的利益。这一战略具体体现为东盟分别与美国、中国、日本、欧盟、俄罗斯、澳大利亚、印度等建构了“10+1”等地区合作机制。②

（一）美国与南海

美国前国家安全事务助理贝德曾将美在南海的利益概括为五个方面，即航行自由、《联合国海洋法公约》的严肃性、美国公司在南海的现实和潜在利益、和平解决争端、任何一方不应把现在已经占领的岛礁变成力量投送的基地。

---

① 朱锋：《“双轨思路”是处理南海争议的最佳途径》，《中国新闻周刊》总第685期2014年11月20日，第32页。

② 邓后发：《南海争端中马来西亚的对华反应与行为策略分析》，广东外语外贸大学硕士学位论文，2014年，第18页。

南海之于美国海洋战略的意义，恰恰在于它兼具经济和军事上的介入通道这一双重角色。在经济上，南海构成了联通中东和欧洲的战略性海洋航线（SLOC）的必经之路，最近15年全球最具活力的经济区需要经过这一通道获得能源供给，同时也借助这一航线出口战略性原材料和制成品。美国要维持既有的开放经济模式以及在其中的份额，就必须确保这一航路的畅通。此外，1945年之后美国在亚洲的军事存在尤其是前沿军事部署，恰好分布于南海周边。南海是美国海军从西太平洋进入印度洋的主要通道。南海诸岛全部位于从印尼加里曼丹岛，到菲律宾群岛、中国台湾岛、琉球群岛直至日本列岛等一系列岛屿串联而成的美国亚太战略中意图对亚洲各国形成威慑之势的所谓“岛链战略”中的“第一岛链”之内。近年来，随着美国战略重心向亚太的转移，新一轮“岛链战略”的态势和力度也随之增强，这就使得这条“第一岛链”在美国全球战略中的作用与地位更加凸显。[①] 在重视海洋经济的无死角覆盖特征且倾向于在突发安全事件时做出即时反应的美国领导人看来，对南海这一关键性水道建立无差别监控并在重点海域部署前沿兵力乃是当然的义务。[②]

“后冷战”时代，美国对东南亚的政策逐步发生了变化，从“漠视态度”转而积极参与地区机制，以加强美国在该地区的影响力。从20世纪90年代开始，美国以东盟地区论坛（ARF）为渠道，在对新加坡、菲律宾、泰国等传统盟友维持长期影响力的同时，有针对性地改善及发展与印尼、马来西亚及越南等国的双边关系，以提升美国与本地区国家的互信度。美国对南海议题的态度已经从20世纪90年代的“积极中立”、21世纪头十年的“积极关切”转向近年来的“积极介入”。美国对南海议题的介入可以从政治手段、军事手段及经济手段三个方面来分析。

1. 政治手段

被视为美国“重返”东南亚的战略性外交决定的标志性事件是2009年7月22日，在东盟连续要求17年后，时任美国国务卿希拉里代表美国政府在第16届东盟地区论坛（ARF）中与东盟各国外长签署了美国加入《东南亚友好合作条约》的文件。此事意义颇深，被视为奥巴马政府对前任政府所实施的东南亚政策的一次明确调整。这也是20世纪90年代末，

---

① 刘宝银等：《环中国岛链：海洋地理、军事、区位信息系统》，北京：海洋出版社，2003年第1版。

② 刘怡：《通道·均势·领导权：解读美国南海战略》，《三联生活周刊》2016年第32期，第64—65页。

美国加强对南海地区安全形势干预力度后又一次方向明确的政策调整。[①]当年11月14日，奥巴马总统在日本东京发表演讲，首次全面阐述其亚洲政策。在2010年香格里拉对话会（SLD）上，时任美国国防部长罗伯特·盖茨主动宣称“美国在南海存在重大利益”，标志着美国政府和军方开始深入卷入南海争端，向南海周边部分国家发出了明确的信号。当年7月，在河内举行的东盟地区论坛外长会议上，希拉里大谈美国在南海的“国家利益”，显示出高调介入南海问题的姿态。2011年5月，美军击毙本·拉登，标志着美国全球反恐战争结束，战略重心高调东移。美国接受新加坡的建议，于2012年把“重返亚太”战略修改为“亚太再平衡”战略。

2. 军事手段

由于南海地处沟通两大洋和三大洲的重要枢纽地带，美国日益认识到这片海域的重要性。正如伦敦政治经济学院东南亚国际事务研究中心学者艾玛纽尔·尤兹科所指出的，美国在亚洲的基地与其在印度洋和波斯湾的基地之间的军事调动及装备运输需以南海为枢纽，自由航行权是美国在南海的核心利益。[②]

随着“亚太再平衡”战略正式提出，美国一方面在军事上强化了在亚洲海域的反导能力，做出对反舰弹道导弹的技术对冲；另一方面有针对性地强化了与东盟各国间的军事同盟关系，以预防中国的双边外交战略。[③]2013年，美军确定了在2020年前将60%的海军舰艇、海外60%的空军力量部署到亚太地区的所谓“两个60%”的军力部署目标。[④]

近两年来，美防长高调宣示“再平衡”战略进入新阶段，美日同盟“升级换代”，美韩深化军事合作，美澳军事关系走深走实，美印签署新十年防务协议，美菲签署加强防务合作协议，美越签署军事合作备忘录；美大力撮合日、韩、印、越、菲、澳等盟国和伙伴横向开展合作，推进亚太同盟网络化；美还借南海、朝核等问题渲染炒作安全威胁，向中国施压。[⑤]

“亚太再平衡”战略实施以来，美国有意识地强化在南海周边的盟友体系和军事网络。美国已在环南海地区增加了力量部署，例如新加坡樟宜

① 鞠海龙、葛红亮：《美国“重返”东南亚对南海安全形势的影响》，《世界经济与政治论坛》2010年第1期。

② 吴琪：《上世纪60年代之后，国际视野下的南海》，《三联生活周刊》2010年第46期，第50页。

③ 刘怡：《通道·均势·领导权：解读美国南海战略》，《三联生活周刊》2016年第32期，第66页。

④ 傅莹、吴士存：《南海局势及南沙群岛争议：历史回顾与现实思考》，《中国新闻周刊》2016年第17期，第24页。

⑤ 孙书贤：《海洋权益形势与强国战略》，2015年10月20日，北京外国语大学讲座。

基地、澳大利亚达尔文港、菲律宾及马来西亚等。它同时加强与南海周边的越南、印度尼西亚、马来西亚等国在海域情报侦察与交流方面的合作，甚至赤裸裸地以经费支持、出售武器等方式加大对部分南沙争端国的军事援助。①

2015 年 11 月，在第 22 届亚太经合组织领导人会议于马尼拉召开前夕，中国外交部副部长刘振民告诫东盟“中国拥有收回被周边国家所侵占的岛礁的权利和能力，而正在做最大限度的克制”。与此同时，中国海监船在那段时期多次进入马来西亚沙巴州沿岸海域，靠近该国“声称”的专属经济区内的中国的曾母暗沙和北康暗沙海域。

在中国发出“警告”之后，正在马尼拉参加第 22 届亚太经济首脑会议的美国总统奥巴马立刻宣布了一个以“稳定亚太地区海洋安全形势”为目的的专项计划。他宣布将为东盟四国提供 2.5 亿美元的支持经费以强化各国的海军力量。② 菲律宾作为美国的坚定盟友，获得了 7900 万美元的支持经费以及两艘战舰，用于在南海相关海域进行巡逻。越南、印尼和马来西亚分别获得 4000 万、2100 万和 250 万美元的支持经费。菲、越所获得的经费更多，一方面因为它们的海军力量较弱，另一方面因为它们更偏向美国。而印尼虽然不是南海的直接声索国，但雅加达的每一项南海政策都偏向美国。雅加达方面在 2015 年下半年敦促中国政府进一步明确其在南海的声索范围，这一要求符合美国的立场。马来西亚所获得的经费只是印尼的十分之一，这是因为马来西亚在南海问题上的一贯政策并没有明显偏向美国。

奥巴马总统在菲律宾“德尔比拉尔”号军舰（BRP Gregorio del Pilar）上宣布这一专项计划时强调，东盟国家的海军实力是确保区域安全的重要因素。美国的这一专项计划表达了美国要求南海争端国与其一起对付中国的明显意图。

1992 年，美国被迫关闭苏比克海军基地，而如今菲律宾人民却以开放的心态接受美国的到来。在几十年前的战争中，美越是对手，而如今他们是盟友。这一切变化的产生是由于中美两国在南海争端中的对峙。美国此次的军事援助计划被认为有可能引发危机，特别是对于菲、越、印尼三

---

① 傅莹、吴士存：《南海局势及南沙群岛争议：历史回顾与现实思考》，《中国新闻周刊》2016 年第 17 期，第 25 页。

② 白宫在声明中说，美国将在本财年度拨付 1.19 亿美元，下一财年再拨 1.4 亿美元。“我们将加强我们的盟友和伙伴的海上安全能力，以回应它们所在海域的威胁，为本地区提供海上安全。”见《奥巴马访菲先登二手军舰 被指反击中国新信号》，《环球时报》2015 年 11 月 18 日。

国，因为这项经费援助有助于提升各国海军的现代化程度。①

美国于2015年发布了《国家军事战略》《国家安全战略》《21世纪海上力量合作战略》《亚太海上安全战略》等四个重要的战略性文件，南海问题在其中均被重点提及，美国政府甚至声称“要让中国为南海议题付出成本代价”。很显然，美国为了达到在不发生武装冲突的情况下制止中国的所谓“南海扩张”并最终迫使中国后退的目的，开始运用“成本强加”的战略，即运用军事、外交、政治、舆论等手段，大大增加中国进行南海维权的成本。②

3. 经济手段

在经济领域，为了制衡中国对东盟的贸易吸引力，美国从2013年起力推“跨太平洋合作伙伴关系协定”（TPP），显然是对军事措施的有效补充。③ 文莱、智利、新西兰、新加坡是TPP的发起国，美国、越南、马来西亚后加入谈判。2016年2月4日，12个国家正式签署了《跨太平洋合作伙伴关系协定（TPP）协议》。东盟四个南海争端国中的三个都加入了该协定。

应该说，TPP是奥巴马政府“亚太再平衡”战略的经济工具。然而，美国新总统特朗普上台后，这份由美国主导的、带有浓厚的针对中国的色彩的、被称为“经济北约”的贸易协定却被其弃如敝履。但是无论TPP最终如何收场，无论谁是美国的总统，作为“一超”的美国，遏制中国的快速崛起依然是其不变的执着。因为在美国执政精英眼中，中国始终被认定是最有可能在21世纪挑战美国霸主地位的“假想敌”。

奥巴马总统2016年4月接受《大西洋周刊》专访时，明确承认了美国对中国的遏制战略。他说：“如果你看看我们是如何在中国南海进行操作，你就知道，我们已经能够调动大部分亚洲国家，以让中国惊讶的方式，来孤立中国。而且坦白地说，这加强了我们与盟国的关系，对美国十

---

① Azmi Hassan. 2015. “Senario Geopolitik Baru ASEAN”. *Utusan*, 19 Nov. http://www.utusan.com.my/rencana/senario-geopolitik-baharu-asean-1.159841. 阿兹米·哈桑：《东盟地缘政治新方案》，［马来西亚］《马来西亚使者报》2015年11月19日。

② The challenge of responding to maritime coercion. Retrieved from, http://www.cnas.org/sites/default/files/publications-pdf/CNAS_ Maritime1_ Cronin.pdf，访问时间：2016年4月11日。参见傅莹、吴士存：《南海局势及南沙群岛争议：历史回顾与现实思考》，《中国新闻周刊》2016年第17期，第24—25页。

③ 刘怡：《通道·均势·领导权：解读美国南海战略》，《三联生活周刊》2016年第32期，第66页。

分有利。”[1] 因此可以说，通过政治经济手段、军事战略部署，并利用国际法，以地缘政治的方式尽力遏制中国，这无疑就是美国官方赤裸裸的坦白。

（二）其他域外大国与南海

长期以来，日本因其能源战略而积极介入南海的石油投资及合作开发。日本是南海争端所有声索国的主要投资者和贸易伙伴。[2] 假如南海的主要石油航道被截断，将对其造成严重的经济损失。日本的石油进口和其他贸易的70%需航经南沙群岛，因此日本对南沙群岛附近航道安全的关注大于美国。其对维护南海的“自由航行”亦表现出极大的关注。假如南海航道因领土争端而中断，日本的航运就将被迫绕道澳大利亚，其结果将使运费增加60%。以科威特和横滨之间的距离来说，使用不同海峡的航程差距很大，如航经马六甲海峡是6755海里，航经巽他海峡是7275海里，航经龙目海峡是7635海里，而绕道澳大利亚则是11800海里。[3]

另一个亚洲大国印度，早已不甘心只在印度洋上展现其实力。“从阿拉伯海的北面到南中国海都是印度的利益范围”，这正是印度前国防部长费尔南德斯所宣称的。印度早在2000年就提出了“东向政策”，即“东进太平洋”战略。该战略的核心是发展和深化与东南亚各国的合作。“东向政策”的纵深化发展将给中国的东南亚政策谋划带来潜在影响。可以说，印度欲扩大在南海的发言权以钳制中国的图谋显露无疑。[4] 此外，澳大利亚以及某些欧盟成员国也纷纷涉入南海事务，这些国家堂而皇之地宣称“南海航行权”关系到其国家利益，以此为由插手南海事务，明白无疑地显示了它们混水摸鱼、削弱中国的意图。[5]

---

① 《又一次！央视记者王冠就南海仲裁舌战美国专家》，央视网，2016年7月22日，http：//m. news. cctv. com/2016/07/22/ARTIQow0S9cyaoT8fqaD7tq8160722. shtml？ t = 1469224181934，访问时间：2016年7月23日22：33。

② 吴琪：《上世纪60年代之后，国际视野下的南海》，《三联生活周刊》2010年第46期，第56页。

③ 吴琪：《上世纪60年代之后，国际视野下的南海》，《三联生活周刊》2010年第46期，第56页。

④ 祁怀高：《中国崛起背景下的周边安全与周边外交》，北京：中华书局，2014年第1版，第238页。

⑤ 吕晓伟：《南海争端的现状、原因及对策》，《当代社科视野》2009年第7—8期，第79页。

二、马来西亚对域外势力介入南海问题的立场和态度

对于南海沿岸各国而言，想要实现这样的目标——使这一海域成为各国共同繁荣的平台，其实面临着巨大的挑战。它们必须平衡好国家利益与周边关系。与此同时，还要警惕大国军事势力的战略布局——为了把南海作为它们各自发挥影响力、显示强大实力的舞台。

鉴于自身力量不够强大，无法抗衡中国在本地区的实力优势，为了维护其从南海窃取的既得权益，菲律宾、越南等国急于拉拢域外大国，寻求靠山或合作伙伴来共同制衡中国，因而不遗余力地推动南海争端的区域化、国际化进程。2012 年 7 月 24 日，即三沙市成立当天，菲律宾国会突击批准了其与澳大利亚之间签订的《访问部队地位协定》。[①] 而争取美国的支持更是菲律宾外交及国防政策的“重中之重”，其充分利用了《美菲共同防御条约》，深化与美国的军事合作，积极配合美国的“亚太再平衡”战略，寄希望于美国在南海问题上助其一臂之力。而越南则试图通过与西方国家的“合作开发”来实现南海争端国际化。此外，越、菲两国还多次在东盟外长会议或区域论坛中极力把南海问题搞成焦点，[②] 鼓动东盟团结起来，一致对抗中国。

与菲律宾、越南积极拉拢域外大国介入南海争端的立场不同，马来西亚出于自身利益的考虑，其立场和政策具有两面性。一方面，马来西亚对南海问题国际化持相当谨慎态度，不愿大国直接插手南海事务，特别是反对域外国家直接军事干涉南海争端。另一方面，因为事关自身的国家主权和安全利益，马来西亚始终保持良好的马中关系及平稳的马美关系，是希望凭借“大国平衡”战略来维持南海力量均衡、塑造稳定安全的地区环境。可以说，这种两面性，是马来民族面对复杂问题或两难选择时一贯强调的“适度”原则的体现。直白地说，马来西亚反对大国直接干涉南海争端，但与此同时，又希望域外大国以较为恰当的方式“适度”介入南海问题。尤其是近年来，面对中国综合国力的稳步提升以及国际影响力的显著提高，特别是军事实力的上升，马来西亚对中国的战略疑虑有所加深，仍对依靠美国“抗衡”中国在南海的军事优势心存期待。[③]

---

① 陈小茹：《菲律宾越南多面出击应对中国成立三沙市》，《中国青年报》2012 年 7 月 27 日，第 4 版。

② 《媒体称菲越将南海争端国际化 再挑衅将惹怒中国》，环球网，2012 年 7 月 28 日，http：//world. huanqiu. com/hot/2012 - 07 - 2899496. html，访问日期：2016 年 7 月 9 日 15：10。

③ 姜丽等：《马来西亚在南海的战略利益分析》，《广东海洋大学学报》2014 年 4 月第 34 卷第 2 期，第 32 页。

早在2011年，美国军方制订了“区域海事安全计划”，该国的“南锚”战略开始启动。美国以防止恐怖分子袭击为借口，计划控制马六甲海峡。该海峡是美国海军进入印度洋的主要通道，其对美国亚太战略的重要性不言而喻。而另一方面，马六甲海峡是中国能源运输的生命线，谁控制了马六甲海峡，就等于抑制住了中国的战略石油通道，随时可以威胁中国的能源安全，该海峡对中国的重要性不言自明。马六甲海峡由马来西亚、印尼、新加坡三国共管。新加坡作为美国的盟友，欢迎美国参与共管，印尼对美国介入防务的态度也日趋“积极”，只有马来西亚坚决反对美国的直接军事介入。

第27届亚太圆桌会议于2013年6月3日在马来西亚吉隆坡举行。时任马来西亚总理纳吉布在其发言中呼吁亚洲国家加强合作，以确保本地区的持续发展；呼吁南海各声索国联合开发南海资源以避免冲突，并强调应防止“域外国家”牵涉进来。他说：“就南海区域的争议，不应让它分裂我们，同意分享繁荣才是更可取的。”他告诫说，“域外国家”的卷入可能会“增添更多复杂性”。纳吉布说：“这是亚洲国家自己要解决的问题。我们应该寻求共同点，以便在各方之间达成谅解。”美国媒体因此评论，马来西亚总理纳吉布似乎支持北京的立场。①

马来西亚理科大学地理空间学院地缘政治研究员阿兹米·哈桑（Azmi Hassan）在《马来西亚使者报》的署名文章中明确表达了这样的观点，就外来势力介入东盟内部事务，马来西亚的立场是“避免东盟内部的分裂”。虽然就目前的发展态势而言，东盟内部很难就此问题达成一致立场。他指出，东盟内部就南海问题已形成立场不同的两个团体，这已不是秘密。越南和菲律宾从根本上说，支持美国介入南海争端。因此，美国已经以确保南海的“航行自由”为理由直接介入南海问题。而文莱和马来西亚被指责是偏向中国，因为并不支持美国公开介入南海。使问题进一步复杂化的是其他六个没有直接涉及南海领土争端的东盟成员国在美国和中国之间采取了不偏不倚的中立态度。

阿兹米·哈桑认为，四个东盟成员国以一致的态度来面对中国自然是有益的，但问题是越南和菲律宾希望美国直接介入南海争端。马来西亚和文莱所奉行的外交政策事实上并不是想偏向中国，只是不愿意外来势力直接介入本地区事务，因为这两个国家认为，这只会使问题进一步复杂化，并加大解决问题的难度。

---

① 《美媒：马来西亚总理拒“域外国家”插足南海》，参考消息网，2013年6月6日，http://world.cankaoxiaoxi.com/2013/0606/220658.shtml，访问日期：2016年7月23日12：12。

马来西亚和文莱不希望使南海成为中美两个大国影响力的竞赛场，中美之间的竞争必然包括军事实力。更令人担忧的是，奥巴马总统宣布把国防战略重点调整回亚太地区，美国海军驻军于澳大利亚达尔文军港，并把其海军的近海战舰“自由”号部署在新加坡樟宜军港。马来西亚一贯认为，偏向美国或中国，绝不是解决南海领土争端的最佳途径。中美竞赛只会使东南亚地区，乃至整个亚太区域利益受损。

马来西亚前国防部长希沙穆丁·敦·侯赛因（Hishammuddin Tun Hussein）2013 年在东盟国防部长会议上重申马来西亚的这一立场时强调，缓解南海地区紧张局势的最佳办法是争端各方联合开采该地区的自然资源，特别是油气资源。东盟应该更好地理解马来西亚和文莱的立场，以避免这个区域组织因为成员国偏向美国或中国而导致的分裂，如若不然，东南亚地区将成为牺牲品。①

2015 年 11 月，出席东盟国防部长会议的希沙穆丁再次表示，马来西亚反对任何一方在南海地区进行军事挑衅，因为这将引发区域形势动荡不安，破坏区域稳定。他说，南海争端，特别是南沙争端如此敏感，必须以谈判方式智慧解决。他强调，马来西亚拒绝任何域外势力对该区域地缘政治的介入，因为区域稳定与繁荣的维护是东盟国家自身的责任、共同的责任。与此同时，他还表示，马来西亚不欢迎美国战机侦察中国在南海岛礁扩建的举动，因为这将使南海气氛升温。他说：“对此，东盟应该发出一致声音。”②

“后冷战”时代东北亚和东南亚的地区政治及安全秩序在很大程度上是由美国参与缔造的。中国周边诸多国家在历史关系以及现实利益上与美国勾连甚深，在应对地区安全问题时几乎没有脱离美国单独行动的先例，以至于它们既不可能在未经美国首肯的情况下自行其是，也不可能主动脱离美国，甚至出现了“政治对冲经济”的情形，即越是在经济上接近中国，越是要在政治和安全上抓牢美国。因此，中国必须容忍美国这个区域外国家在亚洲安全秩序以及未来亚洲政治互动关系中的存在——这无关

① Azmi Hassan. 2013. “Pendirian Malaysia Elak ASEAN Berpecah”. *Utusan*, 5 Sep. http://www.utusan.com.my/utusan/Rencana/20130905/re_02/Pendirian-Malaysia-elak-ASEAN-berpecah#ixzz2qvGGacVK. 阿兹米·哈桑：《马来西亚的立场是避免东盟的分裂》（社论），［马来西亚］《马来西亚使者报》2013 年 9 月 5 日。

② “Malaysia Tolak Provokasi Ketenteraan di Laut China Selatan”. 2015. *Utusan*, 3 Nov. http://www.utusan.com.my/berita/nasional/malaysia-tolak-provokasi-ketenteraan-di-laut-china-selatan-1.153846. 《马来西亚反对南中国海地区的任何军事挑衅》，［马来西亚］《马来西亚使者报》2015 年 11 月 3 日。

“尊严”，而是既定的权力结构所决定的，是现实政治。中国虽然始终坚持在海洋领土争端上维护本国主权，但也默认了华盛顿方面在亚洲海洋安全方面的利益相关性，接受了美国这个区域外大国的军事和政治影响力在亚洲的现实存在。①

吉隆坡方面认为，在超级大国与强大近邻之间保持微妙的平衡，更符合自己的利益。这是因为马来西亚固然对不断发展的中国心存疑虑，但对美国也同样不信任。针对于此，为减弱马来西亚对美国的依赖心理，中国应进一步加强与其在经济、政治方面的合作。此外，尽管东盟国家在南海问题上的利益诉求及相关立场、态度互不相同，但有一点却是高度一致的，即注重与中国进行经济合作，分享中国的经济红利。因此，中国应加强因势利导，继续推进与东盟各国在各个领域的交流合作，将深化周边外交的成果转化为间接减弱美国在南海问题上的介入，从而达到在一定程度上抑制美国介入南海争端的程度的目的。②

第四节　马来西亚的选边策略分析

在马来西亚外交部的官方网站上，对其外交政策的表述是这样的：“影响马来西亚外交政策制定的三大因素是：地处东南亚的战略位置、作为一个贸易国家的国家特色以及独特的人口构成。而东盟一直是马来西亚外交政策的基石。立足于与其他国家的友好稳定关系，马来西亚将持续推动前瞻性和务实的外交政策，促进贸易，吸引外国投资及项目，致力于将马来西亚发展成一个稳定、和平的国家。”③

一、力推“大国平衡”战略

马来西亚作为东盟创始成员国之一，长期以来，特别是在南海问题自20世纪70年代于本地区发端以来，一直是东盟“大国平衡”战略的支持

① 刘怡：《南海之上：中国海洋转型的考验与前途》，《三联生活周刊》2016年第32期，第39页。

② 姜丽等：《马来西亚在南海的战略利益分析》，《广东海洋大学学报》2014年4月第34卷第2期，第32页。

③ “Dasar Luar Malaysia”, Web Rasmi Kementerian Luar Malaysia, http://www.kln.gov.my/web/guest/foreign_ policy (25 Julai, 2016).《马来西亚外交政策》，马来西亚外交部官网资料，访问日期：2016年7月25日。

者和积极践行者，并主张让中、美、日三大国的力量，特别是中美两国，在东南亚达到一种彼此制衡的状态，以保障本区域的安全。

作为一个主权国家，经济发展高度依赖国际贸易，且日益成为大国争相拉拢的对象，马来西亚南海政策的三大核心因素，即主权、安全与经济利益。基于此三大核心因素的综合考量，马来西亚以马中经贸合作日益密切为优先考量，因循“大国平衡”的战略抉择，在利用东盟整体和美国的力量“平衡”中国在南海的相对实力优势的同时，兼顾发展马中两国较长时期以来努力维护的在南海议题上的良性互动。马来西亚深知，仅凭一己之力，既难于在区域内抗衡中国，又难于对域外大国构成足够的影响力，自身的外交政策必须紧紧依靠东盟组织。因此，东盟架构就成为了马来西亚对外政策的基石。为维持东盟的整体团结，以及受菲、越等伙伴国的影响，近两年来马来西亚越来越表现出联合菲、越，就南海议题“抱团”对华的倾向。如2014年2月，马来西亚一反常态，同菲、越两国联合宣称反对中国立足于南海“断续线”的主张，并要求尽快完成COC的谈判。①

作为一个从领土面积到人口数量皆规模不大的国家，马来西亚的外交政策与一般的“小国”不同。它从未试图通过与大国结盟来追求生存，也没有一边倒地依靠某个大国，而是始终秉持相对独立自主的外交态度。该国以确保国家安全为基本前提，以“利益”为根本原则，积极推动在大国之间保持“势力均衡”的战略。在实施该战略的过程中，马来西亚对外政策紧紧依靠东盟这一基础平台；与此同时，作为英联邦成员国，它充分发展与西方大国的经济及安全合作，但重点加强与东亚及周边大国的经贸关系，维持东南亚地区的和平与稳定。②

二、马中关系vs马美关系

马来西亚民间有一句著名的谚语：“Gajah sama gajah bergaduh，elanduk mati di tengah-tengah”，意思是说“大象与大象争斗，必将殃及无辜鼠鹿”。这或许可以很好地形容这个东南亚国家面对中美两个大国在南海进行力量博弈的心态和立场。它希望中美相互制衡，但绝不愿意看到中美在本区域发生摩擦、对抗或者冲突，因为这将有损于本地区的和平与稳定。这里反映出一种在两个强者之间求取生存的较弱者的处事原则和朴素智慧。

---

① 《外电：马来西亚连手菲越反对中国南海主张》，参考消息网，2014年2月28日，http：//world.cankaoxiaoxi.com/2014/0228/353450.shtml，访问日期：2016年7月24日10：17。

② 邓后发：《南海争端中马来西亚的对华反应与行为策略分析》，广东外语外贸大学硕士学位论文，2014年，第32页。

（一）在中美之间，不选边，不站队

中美两国在南海地区有着各自的重要利益。马来西亚与这两个大国都具有良好的关系，当然非常重视与中美两国在经济、政治、社会等各个领域的密切关系，不愿意因为偏向任何一方而破坏已有关系。长久以来，马来西亚一直小心翼翼地避免出现如马来谚语所说的那般局面。马来西亚就南海议题所采取的“不选边”策略可以说是其对国际关系领域核心理论——“均势理论”的深度理解及很好运用。

从地缘层面看，马来西亚在南海宣称的领土离中国较远，“相对于越南和菲律宾，中国的立场对马来西亚影响较弱。部分原因在于马来西亚的声索范围位于‘断续线’的极南端”。① 从某种角度而言，这一地缘格局有利于马来西亚采取宽松的对华南海政策。然而，作为南海声索国，尽管在海军实力方面，马来西亚要比同属一阵营的越南、菲律宾强得多，但若与中国比较，则整体实力上的差距明显。因此，就中马南海争端，该国必将一直保持对中国最低限度的警觉。而中国实力不断增长的事实也促使马来西亚从安全角度上考虑更加倾向并依赖于区域外大国，主要是美国。②

不可否认的是，作为美国传统的安全伙伴，马来西亚总体上欢迎美国“重返亚太”的战略，并在一定程度上将美国的军事实力视为“反制”中国的重要手段。而美国在近年来加大对马来西亚的拉拢力度，也正是为了打破此种平衡，将马来西亚归入亲美阵营。

长期以来，马美关系是马来西亚对外政策的核心议题，也是其南海政策变化的重要影响因素。从 1957 年独立以来至 20 世纪 70 年代，马来西亚与美国在政治、经济、安全、军事等各个领域都建立了紧密的合作关系，马来西亚也成为美国在亚洲遏制中国的重要伙伴力量。③ 进入 70 年代，特别是冷战结束后，随着马哈蒂尔政府提出“向东看”政策，其对外政策的重点逐渐转向东亚和东盟地区。美国也在同一时期逐渐淡化自身在东南亚的战略存在。在马哈蒂尔执政时期，两国在“民主”“人权”等问题上矛盾较深，双边关系曾因为“安瓦尔事件”受到一定影响。“9・11”事件后，美国出于国际反恐合作的需要，重视马来西亚在伊斯兰国家中的重要

---

① 普拉善斯・帕拉米斯瓦兰著，随缘译：《安全地玩：马来西亚的南海路线和对美国的预示》，《南洋资料译丛》2016 年第 1 期，第 13 页。

② 邓后发：《南海争端中马来西亚的对华反应与行为策略分析》，广东外语外贸大学硕士学位论文，2014 年，第 19—20 页。

③ 骆永昆：《浅析马来西亚外交战略的发展及其特点》，《和平与发展》2013 年第 5 期，第 101—102 页。

地位及特殊作用，两国加强了反恐合作，政治关系有所改善。

奥巴马和纳吉布都是于2009年开始领导新一届政府，两人拥有共同的志向，在国家行政管理中进行改革，实现政治抱负，并在区域和世界政坛中有所作为。双方都认为，不应因为意识形态的压力而牺牲两国自1957年马来西亚独立以来就建立的外交关系。①

2010年以来，奥巴马政府致力于实施“亚太再平衡”战略，以东南亚为重点积极建构“美国+同盟+伙伴”的网状地区政策架构。② 近年来，美国打着“维护南海航行自由”的幌子，直接介入南海争端，一方面不断地在南海大显军事实力，公然制造事端，另一方面通过向东盟南海声索国出售军事装备、与它们举行联合军演以及开展非传统安全领域的合作等方式加强与这些国家的联系，暗中对中国实施战略防范和遏制。由于马来西亚一直保持在中美之间不选边、不站队的立场和态度，成为美国极力拉拢的对象。2014年4月，美国总统奥巴马访问亚洲四国——日本、韩国、菲律宾和马来西亚。日、韩、菲是美国在亚洲最重要的三个盟友，因此，奥巴马访马说明美国政府对美马关系的高度重视。这是自1966年美国总统林登·约翰逊访马之后，近50年来美国总统首次访马，显示奥巴马政府对纳吉布政府的认可。在奥巴马访问期间，双方决定将两国关系提升为全面伙伴关系。此次访问为美马关系的改善和发展做了铺垫。③

2015年10月，马来西亚前副总理兼内政部长艾哈迈德·扎希德·哈米迪（Ahmad Zahid Hamidi）访问美国，与美国国务卿约翰·克里签署了《第六号国家安全总统令协议》，成为第39个与美国签订这一法令的国家。此后，马来西亚还剩最后一步，即与美国签订《防止和管控严重犯罪协议》，就可以获得美国的免签政策。艾哈迈德·扎希德·哈米迪表示，免签可以使马来西亚和美国在防止和消除严重犯罪方面更加密切地合作，例如，共同面对境外恐怖分子的威胁，无论是来自“伊斯兰国”（IS），还是来自“伊拉克及黎凡特伊斯兰国”（ISIL）。随着《第六号国家安全总统令协议》的签署，两国将交换各自数据库中有关恐怖分子及其嫌疑人的详细

---

① “Era Hubungan Sahabat Malaysia-AS”. 2014. *Utusan*, 29 April. http://www.utusan.com.my/utusan/Rencana/20140429/re_01/Era-hubungan-sahabat-Malaysia-AS#ixzz30QlVAN4t.《马美关系新时代》，[马来西亚]《马来西亚使者报》2014年4月29日。

② 吴心伯：《论奥巴马政府的亚太战略》，《国际问题研究》2012年第2期，第72—73页。

③ 陈相秒：《2014年马来西亚南海政策评析》，《世界经济与政治论坛》2015年5月第3期，第81页。

信息。①

（二）以适度原则及中立态度应对中美竞争

从马哈蒂尔执政时期至后马哈蒂尔时代，马来西亚对南海问题的整体立场基本不变。该国对南海议题继续执行“安全地玩”的路线，寻求一种外交、法律、军事和安全倡议结合的途径，能够确保其作为主权声索国的利益，同时避免干扰中马关系。因此，尽管马来西亚与美国及其他区域内主体就海洋安全存在某种合作机会，但在马来西亚政府圈内，对于采取直接公开遏制中国的措施兴趣索然。②

而马来西亚学界对于中美南海争端的态度是有明显不同的。学者库·塞曼·库·侯赛因（Ku Seman Ku Hussain）认为，比起涉及中国与东盟多个成员国的南海领土争端，更加令人担忧的则是美中两国把该海域当作在经济、军事领域扩大其地缘政治影响力的竞技场。南海争端已经从领土主权之争演变成中美势力之争。他指出，虽然在东盟层面上以谈判方式解决南海主权争端如此复杂，但中美两国的势力之争则更令人担忧，这完全有可能引发亚太局势的不稳定；随着美、中两国对其地缘政治影响力的竞争，在该海域拥有领土的东盟国家似乎也被迫对其所支持的阵营进行选择。

库·塞曼表示，美国已经在亚太地区，包括南中国海域，以维护安全的名义部署了军队，其实质是为了“平衡”中国在该地区的影响力。美国还在韩国、菲律宾拥有军事基地，将来似乎也有可能在印尼设置军事基地。如果马来西亚和印尼允许美国在其领土设置军事基地，那么美国在马六甲海峡直至南海海域的“控制链”就完整了。因此，南海争端的实质将不再是包括马来西亚在内的几个国家的领土争端问题。他进一步分析道，从逻辑上说，美国与该海域并无关联，但是作为对他国主权的干涉者（侵犯者），美国利用一切机会通过对南海的控制来不断巩固、强化其地缘政治影响力。比起中国来，有过之而无不及的是，美国甚至在南海几个国家设置了军事基地。随着中国在南海岛礁扩建的开展，南海新冲突又起。

库·塞曼总结道，美国“重返亚太”的战略，其目的是“平衡”中国在亚太，特别是南海地区的势力，其隐含的目的是使南海成为“自由”通

---

① Hamden Ramli. 2015. “Pengiktirafan Hubungan AS-Malaysia”. *Utusan*, 19 Oktober. http://www.utusan.com.my/rencana/pengiktirafan-hubungan-as-malaysia-1.148009. 韩登·拉姆利：《对美马关系的认可》，［马来西亚］《马来西亚使者报》2015 年 10 月 19 日。

② 普拉善斯·帕拉米斯瓦兰著，随缘译：《安全地玩：马来西亚的南海路线和对美国的预示》，《南洋资料译丛》2016 年第 1 期，第 12 页。

行区域，并扩大美国势力范围。中国的岛礁扩建从军事角度而言，是为了确保自身在面对美国进攻时的安全。这些岛礁在军事上将发挥巨大作用。因此，只要对抗还存在，更大的冲突就不可避免。如果中国成为最强的力量，将足以影响邻国及美国；如果中国后退或力量削弱，就需要邻国的帮助来面对美国。①

另一位学者辛·马赫穆德（Zin Mahmud）则认为，目前中国在南海的“综合优势”加速提高，很可能会将东盟小国推向美国。就2015年以来，因中国岛礁扩建，美国军机频频到访南海海域而引发的中美“冲突”，该学者指出，中国不断地强调其在南海捍卫主权领土的决心。如果“冲突”发生，其他东盟声索国理所当然会站在美国这边。这不仅是因为美国从不承认中国的主权声索，更因为在当今世界上，美国的海军实力足以抗衡中国。他分析到，对中国而言，主权问题是不容商量的。中国不断强调其主权声索，即便不是在现在，而是在将来，其一定会掌控他们所声称拥有的领土。就如香港、澳门乃至台湾，中国对其所声索的主权领土丝毫不妥协。南海问题终究是要解决的，没有任何一个声索国会放弃自己的声索，除非所有各方一致同意将争端提交国际法庭。目前，显然是做不到的。②

在《美国vs中国：这是一场新冷战吗?》这篇文章中，英国《金融时报》亚洲版主编戴维·皮林（David Pilling）强调，在遏制中国方面，美国并无太多可为。他指出：“美国不断让其战斗机飞临那些新岛屿，并与其他国家加强军事合作以显示它们是团结一心的，然而，中国的岛礁扩建活动依然在加快进行。”皮林分析到，华盛顿方面难于有所作为，因为事实是北京方面的行为并无明显违法，尽管可能“不符合”合作精神。另外两个国家，菲律宾和越南也在填海造岛。他引用了法律专家的观点，并以英国与阿根廷之间的马岛争端为例来证明邻近性并不总是决定性因素，以此来说明虽然部分争端岛礁更靠近东南亚声索国，但中国的主权主张并非完全没有依据。最后，他指出，中国并没有公然威胁航行自由，而只是抵制在其声索主权的海域进行军事活动，虽然这一举动可能“违背”了国

---

① Ku Seman Ku Hussain. 2015. “AS - China Pertingkat Pengaruh di Laut China Selatan”. *Utusan*, 14 Jun. http://www.utusan.com.my/rencana/as-china-pertingkat-pengaruh-di-laut-china-selatan-1.102709. 库·塞曼·库·侯赛因：《美国、中国提升在南海的影响力》，[马来西亚]《马来西亚使者报》2015年6月14日。

② Zin Mahmud. 2015. “Gelora Baharu di Laut China Selatan”. *Utusan*, 18 Oktober. http://www.utusan.com.my/rencana/gelora-baharu-di-laut-china-selatan-1.147652. 金·马赫穆德：《南中国海新的狂潮》，[马来西亚]《马来西亚使者报》2015年10月18日。

际法。①

对于在大国势力间持中立立场的马来西亚来说，其所做出的每一个外交决策都强调“适度原则”或“中立策略”。马来西亚前总理纳吉布在许多场合多次重申，马来西亚不想偏向任何一个大国。比如说在南海问题上，马来西亚既不偏向中国，也不偏向美国。正如他2010年在联合国大会上所介绍的那样，马来西亚所采取的“适度”外交原则并非意味着马来西亚在任何时候都会采取“认输”或“妥协”的态度，而是指为解决问题而采取务实的态度。吉隆坡方面在化解菲律宾南部摩洛民族危机中就很好地采取了“适度”外交原则来进行居间调解，得到了马尼拉方面和“摩洛伊斯兰解放阵线”两方的信任。在南海海域搜索马航MH370过程中，吉隆坡方面很好地协调了中、美两国的力量，这是“适度”外交政策的又一次成功力证。南海海域是中美两国进行实力角逐的敏感场所，但马来西亚很好地协调了两方，使它们搁置地缘政治因素进行合作。②

2011年香格里拉对话会期间，时任马来西亚总理纳吉布指出，亚洲国家不必在中国和美国之间选边站队，而东盟也无需在中国和印度之间做出选择。他同时呼吁包括美国在内的国际社会重新对中国日益增长的军事实力做出评估。他说：“把中国看作敌人是错误的，中国的崛起将会发挥良性的影响力。如果我们以富有建设性的、积极的方式来对待中国，我深信中国将会积极地回应我们。”③

2014年9月24日，时任马来西亚总理纳吉布访美期间在乔治城大学发表演讲。他在演讲中列举了影响亚洲安全的主要事件。他表示有几件重要的事情将决定亚洲的未来，包括中国的崛起、美国对亚洲的关注，以及日本加强对亚洲区域事务的投入。

纳吉布说，世界已经共同见证了中国令人震惊的经济成长，与此同时，也希望能够了解中国的发展将带来和平与经济发展，还是自我捍卫以及“侵略性”举动？他说：“我们欢迎中国的和平崛起。我们看到了一个致力于和平、稳定、共同发展的中国，无论是对发达国家还是发展中国家来说，这都是一个很好的伙伴。”

---

① Zulkifli Salleh. 2015. “Gelombang Besar Di Laut China Selatan”. *Dewan Masyarakat*, Ogos: 57 – 59. 祖尔奇弗力·萨勒：《南中国海上波涛汹涌》，［马来西亚］《社会》2015年8月刊。

② Azmi Hassan. 2014. “Diplomasi Cara Malaysia”. *Utusan*, 26 Oktober. http://www.utusan.com.my/rencana/diplomasi – cara – malaysia – 1.16789. 阿兹米·哈桑：《马来西亚式外交》，［马来西亚］《马来西亚使者报》2014年10月26日。

③ 《马来西亚总理：把中国看作敌人将是一个错误》，新华网，2011年6月6日，http://world.huanqiu.com/roll/2011 – 06/1737805.html，访问日期：2016年7月15日12：20。

谈及美国的作用时，纳吉布说，马来西亚相信美国将长久保持在太平洋的势力和影响力。美国将不断致力于维护该地区的和平、稳定与繁荣。这是许多亚洲国家所欢迎的，并高度评价与美国的双边关系。“然而，担忧也是确实存在，亚洲，特别是东亚和东南亚正处于大国势力竞争的棋盘当中。”

纳吉布还专门提到了亚洲地区所面临的两个重要问题，其中之一就是日益严峻的南海争端问题。“这一争端的解决是对亚洲的巨大考验，考验我们如何维护亚洲和平？考验我们如何寻求解决争端的合理机制？亚洲必须相信可以通过对话及外交途径来解决冲突。必须依赖国际法，而不是经济或军事威慑来解决问题。”①

2016 年 10 月至 11 月间，时任马来西亚总理纳吉布访华。中马两国领导人在会面后发表的联合声明中再次重申了双方针对南海争端的共同立场——有关国家应通过协商和谈判解决有关分歧，“不直接相关方”则不应介入争端。纳吉布在会后受访时表示：“南海争端是两个友善且存有高度互信的国家之间的主权争端。争端没有理由解决不了。”而习近平主席则指出，两国关系得益于双方“坚持相互尊重、彼此信任的相处之道，坚持平等互利、互助共赢的合作方针，坚持密切沟通、互谅互让的合作方式”，他对“中马将在彼此关切的重大问题上相互理解和支持”表示了很大的信心。②

在纳吉布总理之后，2016 年底，菲律宾新任总统杜特尔特也首次访华。有部分观察家据此指出，本区域是否正酝酿一股战略性转移的图谋，从传统上的“亲美”转向“亲中”，为大国在本区域的博弈带来新布局？学者胡逸山就此指出，菲马领袖接连访华，并非急于“选边站”，而是在世界乃至本区域经济持续不景气，当前只有中国仍然愿意大量对外（尤其对周边国家）投资与合作的大环境下，纷纷务实地希望吸引更多中资，力求促进自身的经济发展。菲马领导人与中国改善、提升关系是东南亚国家

① “Interaksi Tentukan Hubungan dengan AS，China”. 2014. *Utusan*，25 Sep. http：//wwl. utusan. com. my/utusan/Dalam_ Negeri/20140925/dn_ 03/Interaksi – tentukan – hubungan – dengan – AS，– China#ixzz3QQMePBAe. 《交流互动确定马来西亚与美国及中国的关系》，［马来西亚］《马来西亚使者报》2014 年 9 月 25 日。

② 游润恬：《中马领导人联合声明：南中国海主权声索国应通过谈判解决分歧》，［新加坡］《联合早报》2016 年 11 月 4 日，http：//beltandroad. zaobao. com/beltandroad/news/story20161104 – 685860，访问日期：2017 年 2 月 8 日 11：50。

长期奉行的务实求生态度的体现，与选边无关。①

三、在东盟框架下保持马中关系稳定发展

自 1991 年中国与东盟建立持续的对话关系以来，中国同东盟政治安全合作不断深入，经贸合作蓬勃发展，人文社会领域合作成果显著。在中国与东盟致力于构建“命运共同体”的背景下，南海地区的和平稳定合作发展才符合各方的最大利益。关于这一点，长期以来，致力于维护南海地区和平与稳定局势的马来西亚深深知道。

对于中国崛起的，许多国家普遍认为是一个令人担忧的现象。但马来西亚始终认为，中国的崛起，机遇大于挑战。关于国际社会如何看待中国的崛起，马来西亚能够发挥切实的作用。无可否认，北京方面对吉隆坡方面在亚太地缘政治中所发挥的作用寄予厚望。

在充分认同中国的经济发展成果显著，且中马双边经贸合作成绩斐然的同时，近两年来，随着中国在南海岛礁扩建活动的大力推动及惊人成效的日益显现，马来西亚方面表现出越来越明显的担忧和焦虑，但依然反对以冲突方式对抗中国，并坚持反对域外势力介入本地区事务。正如马来西亚学者阿兹米·哈桑所分析的，在亚洲地区，对于中国崛起的所有质疑和顾虑是因为有些国家对中国缺乏信任；虽然中国与许多国家拥有密切的经济联系，但在其他领域却缺乏合作，这已催生了一种不健康的氛围。

阿兹米·哈桑指出，最令人堪忧的是南海的地缘政治状况。在直接涉及领土争端的各国当中，马来西亚所采取的应对争端的态度与越南和菲律宾是非常不同的。越南、菲律宾与中国多次发生冲突，马来西亚也面对同样的问题，特别是涉及曾母暗沙的争端。中国海监船亦多次进入曾母暗沙附近海域，但是马亚西亚并没有采取类似于越南或菲律宾的应对方式。以冲突方式应对南海争端是不明智的，久而久之，必将导致美国等大国势力对区域问题的介入，而这必然影响亚太区域稳定。②

而中国方面，一向赞赏马来西亚的“沉默外交”政策及中立态度。2014 年 5 月底 6 月初，结束为期六天对中国国事访问的马来西亚前总理纳吉布对媒体表示，此次访问非常成功。他说，已有 40 年历史的马中关系前

---

① 胡逸山：《马菲相会谈不上选边》，［新加坡］《联合早报》2016 年 11 月 11 日，http：//www. zaobao. com/forum/expert/oh – ei – sun/story20161111 – 688923，访问日期：2016 年 11 月 15 日 23：40。

② Azmi Hassan. 2014. “Natijah Hubungan Malaysia-China”. *Utusan*, 1 Jun. http：//www. utusan. com. my/utusan/Rencana/20140601/re_ 01/Natijah – hubungan – Malaysia – China#ixzz33wQ0hgeD. 阿兹米·哈桑：《马中关系结论》，［马来西亚］《马来西亚使者报》2014 年 6 月 1 日。

景光明，因为两国政府都致力于将现有关系提升至一个更高层次。“中国国家主席习近平和总理李克强都认为中马关系是非常特殊的，两位领导人高度重视这一关系。他们确信两国关系的前景是美好的”，纳吉布这样对马来西亚媒体表示。纳吉布还表示，中国政府对马来西亚以“非对抗方式”处理南海争端的态度表示赞许；中国认为这样的方式可视为处理领土争端的典范，即以冷静、理智、不触及有关各方敏感神经的方式来应对。①

中国高度评价马来西亚所采取不偏向任何一个大国的冷静节制的外交政策。奥巴马于2014年访问马来西亚，但并没有引起中国的不快。当年尽管还发生了马航MH370事件，中国政府的态度说明了中马关系仍处于最佳时期。同年5月底，李克强总理访问马来西亚，在两国总理的会谈中，李克强总理表示马航MH370事件不会影响一直以来良好的两国关系，甚至会推动中马关系的进一步密切与加强。②

“中国是地区发展的领头羊，从某种程度上说，东南亚经济在过去十多年的发展壮大，归功于中国的带动。”胡逸山对《人民日报》记者说，中国推动设立的亚洲基础设施投资银行和提出的“一带一路”倡议等，都得到东盟国家的广泛欢迎。③

2016年10月末11月初，时任马来西亚总理纳吉布对中国展开为期七天的国事访问，两国签订了近20项涵盖多个领域的合作协议。西方媒体认为这是马来西亚远离美国，靠近中国的信号。总部位于华盛顿、在东南亚开展运营的商业咨询服务公司鲍尔亚洲集团（Bower Group Asia）总裁欧内斯特·Z. 鲍尔（Ernest Z. Bower）表示，在某些方面，纳吉布与北京的关系升温应该受到华盛顿的重视：“美国必须承认，没有哪个东南亚国家可以设想出一个没有中国积极、充分参与经济一体化、安全合作和民间关系，还可以保持稳定和安全的亚洲。”④

---

① Rozaman Ismail. 2014. “Komited Lonjak Hubungan”. *Utusan*, 2 Jun. http://www.utusan.com.my/utusan/Dalam_Negeri/20140602/dn_01/Komited-lonjak-hubungan#ixzz33wYf3wrT. 罗扎曼·伊斯迈尔：《马中致力于关系的提升》，[马来西亚]《马来西亚使者报》2014年6月2日。

② Azmi Hassan. 2014. “Natijah Hubungan Malaysia-China”. *Utusan*, 1 Jun. http://www.utusan.com.my/utusan/Rencana/20140601/re_01/Natijah-hubungan-Malaysia-China#ixzz33wQ0hgeD. 阿兹米·哈桑：《马中关系结论》，[马来西亚]《马来西亚使者报》2014年6月1日。

③ 丁子、俞懿春、杨讴、张志文：《南海问题研讨会在新加坡举行》，人民网，2016年7月19日，http://world.people.com.cn/n1/2016/0719/c1002-28564331.html，访问日期：2016年7月21日22：36。

④ 《马来总理访华7天　美媒：美转向亚洲又遇挑战》，观察者网，2016年11月2日，http://military.china.com/important/11132797/20161102/30027764_all.html，访问时间：2016年11月5日21：40。

对于未来，马来西亚非常希望能够搭上中国经济快速发展的“高速列车”，以合作共赢的方式来应对世界经济持续衰退、全球政治局势持续动荡、地区纷争不断的局面。因此，马来西亚必将继续在东盟框架下保持中马关系的稳定发展。

第五章　中马南海争端应对策略研究

由于地理和历史的原因，以及国际政治与经济利益的共同作用，涉及“五国六方”的南海争端的解决是一个可以预见的长期的复杂过程。南海的地理构造隐含了许多冲突的可能性。作为半闭海，该海域的海洋边界的确定、海洋生物资源或非生物资源的管理、养护、勘探和开发都远比海岸边界相对笔直的那些国家要复杂得多。

《联合国海洋法公约》第123条规定：“闭海或半闭海沿岸国在行使和履行本公约所规定的权利和义务时应互相合作。”① 尽管此条专门提到必须在生物资源的管理、海洋环境的保护以及进行海洋科学研究等领域进行合作以维护海洋秩序，但南海各沿岸国并没有遵守公约的上述规定，各声索国相互之间的竞争以及互相重叠的主权声索都加剧了该地区的紧张局势。

与此同时，尽管1982年《联合国海洋法公约》确保了“安全通过”的权力，但如果发生海上军事冲突，自由、和平、航运安全当然无法保障。此外，若沿岸各国无法建立很好的合作，就难以应对抢劫、走私和恐怖主义，海洋环境保护也无从谈起。

为此，马来西亚前总理府经济规划司副司长达图·尼克·阿兹曼（Dato'Nik Azman Nik Abdul Majid）指出：“缓解南中国海的紧张局势，进而转为合作至关重要。为了发展世界经济，维护区域安宁，各争端国应该努力缓和关系，为区域合作开辟新的道路。只有立足于国际法和多边协议的合作才能捍卫海上安全。无论是以法律的方式，还是政治的方式，在达成解决争端的共识之前，有关各方应充分考虑组成共同委员会。”②

就南海争端的解决路径，马来西亚海事研究院高级研究员纳兹瑞·卡利德（Nazery Khalid）进一步指出，虽然该地区已建立了各种机制，并采取了一些开创性措施来推动区域合作以寻求外交解决争端的途径，但这并

---

① 《联合国海洋法公约》，北京：海洋出版社，2013年第2版，第87页。

② Nik Azman Nik Abdul Majid. 2013. “Konflik Perebutan Laut China Selatan”. *Dewan Masyarakat*, Mac：53－55. 尼克·阿兹曼·尼克·阿卜杜勒·马吉德：《南中国海冲突》，［马来西亚］《社会》2013年3月，第53—55页。

不能保证这一海域的所有冲突都得以制止。为了避免争端，所有国家应该为了共同的利益进行合作。他进而建议南海沿岸国家开展以下方面的经济合作活动①：

（1）建立南海经济与贸易合作委员会以推动区域经贸的发展。

（2）制定提高各方面竞争力的发展战略，如港口运作、贸易航运、船舶制造等等以提高区域的海上贸易总额。这将有利于提高南海沿岸国家与区域外经济体的竞争力。

（3）共享基础设施与智力资源以提高南海的航行安全，以使区域经济活动得以安全开展。

（4）开展合作，维护南海的整体环境，共同应对船只相撞、油料倾泻等突发事件，以免影响该地区航行与经济活动的正常开展。

（5）联合开展科学探险与研究，特别是在富含各种能源和生物资源的地区，实现经济利益的共赢。

（6）通过建立共同管理委员会的模式开展油气资源的联合开发。例如马来西亚和泰国已经在泰国湾地区开展的联合开发，以谋求用恰当的方式惠及双方。该地区涉及两国的领土争端。

（7）共同管理渔业资源，共同促进渔业资源的可持续性发展，并保护生态环境。

（8）以海钓、浮潜等项目推动南海地区海上生态旅游业的发展。

无论是马来西亚政府官员，还是海洋法专家，都立场鲜明地指出，合作是解决南海争端的明智选择。这与中国的一贯主张一致。中国南海政策的立场及原则可以概括为以下几个方面：第一，维护国家的主权安全和海洋权益是中国南海政策的根本出发点，中国对南海问题的应对策略一向是尽量避免冲突，从不主动制造事端，向来以静制动、后发制人。第二，中国的南海政策需要专注到维护航行自由和航道安全。第三，维护地区和平稳定是中国与周边国家在南海的一致立场。第四，航行自由和安全以及南海周边地区的繁荣稳定是中美两国在南海的共同战略利益。②

中国国家主席习近平 2016 年 4 月 28 日在亚信部长会议上强调指出：中国一贯致力于维护南海地区的和平稳定，坚定维护自身在南海的主权和

---

① Nazery Khalid. 2011. “Dagangan Strategik Laut China Selatan”. *Dewan Ekonomi*, Oktober: 43 – 45. 纳兹瑞 · 卡利德：《南中国海战略性贸易》，［马来西亚］《社会》2011 年 10 月，第 43—45 页。

② 傅莹、吴士存：《南海局势及南沙群岛争议：历史回顾与现实思考》，《中国新闻周刊》2016 年第 17 期，第 25—26 页。

相关权利，坚持通过同直接当事国友好协商谈判和平解决争议。[①] 习主席的话准确明晰地表达了中国就南海议题的基本立场和核心原则，即以维护地区和平为先，以维护主权权利为重，以友好协商为纲。中方就南海争端的解决提出了“双轨思路”，即有关争议由直接当事国通过友好协商和谈判和平解决，而南海的和平稳定则由中国和东盟共同维护。[②] 中国所倡导的“双轨思路”为南海争端的解决厘清思路，指明方向。东盟也越来越认识到重回对话轨道，控制局势以维护地区和平的重要性。而维护南海地区的和平稳定，一直是马来西亚南海政策的核心立场，因此中马两国就南海问题完全有强化共识、深化合作的可能性，中马南海争端的解决也因此具有可行性和可预见性。而就中马南海争端的解决路径而言，在该海域联合进行油气资源的共同开发目前尚无实质性进展，若实现突破则意义重大。

第一节　促进两国在油气开采领域的合作

被称为“第二个波斯湾”的南海海域富含油气资源，是世界四大海洋油气聚集中心之一。南海的油气盆地发育众多，有数十个含油气盆地。马来西亚的油气资源盛产区主要分布在南海南部，包括西部马来盆地以及东部的曾母盆地和沙巴盆地，而就整个南海海域而言，南部的油气资源比北部更丰富。

近年来，随着勘探技术的发展，南海已经探明的石油地质储量数据明显上升。中国工程院院士、石油地质学家康玉柱 2012 年透露，南海目前探明的石油资源储量为 152 亿吨，而且开采技术也已完全成熟。[③] 至 2015 年，中国已探明南海石油地质储量大致在 230 亿—300 亿吨之间，发现含油气构造 200 多个，油气田 180 多个。在中国“断续线”内发现的油气田达 135 个，累计探明可采石油储量为 6. 15 亿吨、天然气储量为 3. 3 万亿立方，已累计生产石油 2. 2 亿吨、天然气 6110 亿吨，年产量约 5000 万吨油当量，相当于一个大庆油田。

正是由于探明了丰富的油气资源，自 20 世纪 70 年代开始，周边国家

---

① 习近平：《凝聚共识 促进对话 共创亚洲和平与繁荣的美好未来》，中央政府门户网站，2016 年 4 月 28 日，http：//www. gov. cn/xinwen/2016 - 04/28/content_ 5068771. htm，访问日期：2016 年 5 月 1 日 13：20。

② 李肇星：《如何看待当前的南海形势》，《和平与发展》2016 年第 4 期，第 6 页。

③ 《中国南海探明石油资源储量》，《西部资源》2012 年第 3 期，第 29 页。

加紧了对南海油气资源的掠夺：越南把开发南海油气资源作为其落实海洋战略、发展海洋经济的核心内容，目前油气行业产值已占其 GDP 的 15% 以上。菲律宾为了实现其扩大南海“主权”范围、与域外大国形成“利益捆绑”等目的，长期以来，一直谋求以掠夺南海资源实现其“能源独立”的目标。菲律宾于南沙海域所获油气资源可满足其国内 40% 的需要。马来西亚是南沙钻井最多的国家，近 70% 的油气来自南沙，油气收入占其 GDP 的 20% 以上。

周边国家在南海主要有海上开采区 94 个，其中越 6 个、菲 3 个、马 53 个、文 17 个、印尼 6 个、泰 9 个，多为英、俄、法、美、挪、日、澳投资建设。已在南海发现 961 座外方油田（油气井约 1380 口），其中 474 座位于中国“断续线”附近 200 公里范围内，57 座侵入中国“断续线”（其中越 2 个开采区，共 8 座；马 9 个开采区，共 49 座）。①

一、东南亚声索国与国际能源大公司合作开发油气资源的状况

从 20 世纪 70 年代起，为了尽快开采南海油气资源来攫取利润，南海周边各国皆陆续将自己所占有的石油开采区进行了区块划分；与此同时，为了克服本国在油气开采方面资金不足、技术较弱的劣势，各国纷纷通过区块招标的形式会同各大国际能源公司进行合作开采，并不断拓展自己在该海域的勘探面积，满足自身的政治经济利益。有统计显示，目前涉足在南海海域钻井的西方能源公司有 200 多家，几乎囊括了美、日、欧所有大的石油公司。②

据悉，在深海挖掘一口油井，平均需要投入 5000 万美元，而在深海建造一座油气开采平台的投资至少需要 10 亿美元。③ 而信息分享、技术交流、风险共担是深海油气资源开发获得成功的关键。各国石油公司只有建立战略性的合作伙伴关系才能确保开发的成功。在东南亚，没有哪家国油公司可以独立完成深海作业的艰巨任务，特别是面临如此复杂的地理环境，且每一口油井之间的距离都很远。

正因为如此，长期以来，东南亚南海声索国不断增强与国际能源公司的合作。越南国家石油公司与印尼国家石油公司（Pertamina）、马来西亚

---

① 孙书贤：《海洋权益形势与强国战略》，2015 年 10 月 20 日，北京外国语大学讲座。

② 李天星：《南海：主权属我，共同开发》，《中国石油企业》2012 年 5 月，第 25 页。

③ Nazery Khalid. 2008. “Pencarian Minyak di Laut Dalam”. *Dewan Masyarakat*, Disember: 37 - 39. 纳兹瑞·卡利德：《探寻深海的石油资源》，［马来西亚］《社会》2008 年 12 月，第 37—39 页。

国油勘探私人有限公司（Carigali）、韩国国家石油公司，在越南头顿市南部的11—2 区联合勘探石油和开发天然气田；越南国家石油公司还与马来西亚国油勘探私人有限公司、加拿大塔里斯曼（Talisman）联合开发中山（Trung Son）油田。[①]

而马来西亚早在1976 年之前，就与美孚、埃克森、壳牌等国际知名石油公司合作进行沙捞越近海油田的勘探与开发。1976 年，壳牌宣布在沙捞越的民都鲁（Bintulu）西北100 公里处发现了天然气资源。马来西亚原来的天然气主要产自泰国湾马—泰共同开发区，后因这一新的天然气田的发现而扩展到沙捞越，此天然气田由民都鲁 LNG 联合企业经营。[②]

以马来西亚国家石油公司 PETRONAS 为例，其在沙巴及沙捞越附近海域采掘了丰富的油气资源，获得了丰厚的经济利润。通过在沙巴海域墨菲石油公司的奇佳（Kikeh）深水油田以及壳牌马来西亚古穆苏特（Gumusut）油气田开发中所获取的专业知识和宝贵经验，PETRONAS 已经具备了参与海外作业的能力，比如在埃及、巴基斯坦和叙利亚。在海外参与油气资源的开采证明了该公司已经在这个颇具挑战性的领域具备了专业能力和自信。[③]

对东南亚声索国而言，引进国际大型石油公司介入南海石油开发，既有经济因素的动因，也有政治因素的考虑。一方面，其能为本国攫取巨大的经济利益；另一方面，也强化了这些声索国所谓的“主权声索”，为其提出的岛礁声索增加筹码，同时将世界的主要大国牵涉进这片争议海域，以达到南海问题国际化的目的。这种做法无疑进一步加剧了南海争议扩大化和复杂化的程度。

合作开采，必然牵扯了东南亚声索国与国际石油公司所属国两方的经济、政治利益。一旦南海争端演变为军事冲突，那些牵涉其中的域外大国为了避免自身的利益受损，很可能卷入冲突与纷争。它们可能联合起来对东南亚声索国政府施加影响，或者利用其本国政府来制止冲突或战争的爆发，以免有损自己的利益。但反过来，如果它们投资的油田遭到其他争议

① Leszek Buszynski and Iskandar Sazlau, *Maritime Claims and Energy Cooperation in the South China Sea*, Contemporary Southeast Asia, Vol. 29, No. 1, 2007, pp. 157 - 158. 见李金明：《南海问题的最新动向与发展趋势》，《东南亚研究》2010 年第 1 期，第 37 页。

② Yan Huei Song, *The Potential Marine Pollution Threat from Oil and Gas Development Activities in the Disputed South China Sea/ Spratly Area: A Role that Taiwan Can Play*, Ocean Development & International Law, Vol. 39, No. 2, 2008, p. 155.

③ Nazery Khalid. 2008. “Pencarian Minyak di Laut Dalam”. *Dewan Masyarakat*, Disember: pp. 37 - 39. 纳兹瑞·卡利德：《探寻深海的石油资源》，［马来西亚］《社会》2008 年 12 月，第 37—39 页。

国威胁时，也有可能鼓动相关东南亚国家政府以武力来支持其石油勘探合同。因此，南海问题国际化和同盟化的趋势日益加深。①

二、区域国家间合作开发油气资源的相关案例

据不完全统计，20 世纪在全世界范围内，相邻国家通过签订条约所建立的海上油气资源共同开发区域有近 20 个。② 南沙海域的领土争议虽然存在，但争议各方进行合作开发已有先例可循。正如美国著名海洋政策学者、夏威夷东西方研究中心研究员、《共同开发南中国海资源》一书的作者马克·瓦伦西亚（Mark J. Valencia）所指出的，由于油气开采所带来的巨大利润使得在南海具有相关利益的许多国家对资源开采的兴趣，远远大于对划界谈判的兴趣。与此相对应的是，在国际上，近年来海域划界的实践和判决都倾向于避免干扰已经长期存在的资源开发行动。当同一个地区有许多国家都在进行油气开采行动，共享资源往往就是解决问题的办法。③有鉴于此，在岛屿主权归属及相关海域划界尚存争议，难有定论的情况下，有关争端双方或多方先进行资源的共同开发，特别是油气资源的共同开发，显然是互相表达诚意、分享经济利益的明智选择。

在东南亚已有不少暂时搁置领土主权争议，进行油气资源共同开发的先例可供借鉴，如马来西亚和泰国于20 世纪七八十年代达成一个协议，在泰国湾建立了共同开发区；柬、泰两国于 1982 年达成协议，在有争议的土珠岛和威岛建立共同开发区；印尼与澳大利亚也于 1989 年签订了一个共同开发协议，解决了在帝汶海的划界争议，并在 1995 年缔结了共同防御条约；④ 马、越两国在 1992 年达成协议，在泰国湾争议海域以联合经营的模式进行共同开发；中国与越南在 2000 年达成北部湾划界协定和两国的渔业合作协定；马来西亚和文莱于 2009 年 3 月签订合作协议，在东马及文莱附近海域的两个区块联合开发石油和天然气，以“油气换领土”的方式解决两国之间的海洋及陆地边界争议；马来西亚和印尼两国尽管仍存在岛屿主权争议，但在 2011 年初达成了合作勘探婆罗洲西海岸海域油气资源的共识，决定开展合作开发计划。这些事例都为中马合作进行油气开发提供了

---

① Chien Peng Chung, Resolving China's Island Disputes: A Two-Level Game Analysis, Journal of Chinese Political Science, Vol. 12, No. 1, 2007, pp. 64 – 65. 见李金明：《中国南海疆域研究》，哈尔滨：黑龙江教育出版社，2014 年第 1 版，第 271 页。

② 秦晓程：《与海底资源共同开发有关的几个国际法问题》，《政法论坛》2000 年第 1 期，第 139 页。

③ 吴琪：《南海争端中的国际法困境》，《三联生活周刊》2010 年第 46 期，第 60 页。

④ 李金明：《南沙海域石油开发与主权纷争》，《南洋问题研究》2002 年第 4 期，第 46 页。

宝贵经验，为两国南海争端的最后解决奠定了重要基础。

下面，就对其中有代表性的几个合作开发案进行阐述分析。

（一）马泰共同开发泰国湾争议海域

马来西亚和泰国对位于泰国湾海域内约7250平方公里的海域存在主权声索重叠。由于1971年该地区发现了大量的天然气，引发了主权争议。而后两国政府决定搁置争议，进行共同开发，前后经过四年谈判，终于达成共识。

两国于1979年2月21日，签署了《泰王国与马来西亚关于为开发泰国湾两国大陆架划定区域海床资源而建立联合管理署的谅解备忘录》，决定将泰国湾划界问题搁置50年，共同开发重叠区域内的海底资源。双方明确要成立“马泰联合管理署”（Malaysia Thailand Joint Authority），代表两国政府承担勘探和开发海床和底土的非生物资源的全部权利和责任，拥有特许权发放和管理的权力，并有权授予经营人在特定区域的经营权、确定经营人对资源拥有的所有权份额。①

马泰《谅解备忘录》还提到“联合管理署应该承认双方政府当局在争议区开展渔业活动、航行、水道和海洋调查的权利，并监督共同开发海域海洋污染以及其他事宜”。两国还在争议区划分了刑事管辖权界线——泰国和马来西亚刑事管辖权覆盖的范围分别为1100平方公里和930平方公里。此分界线并非争议海域大陆架的分界线，与两国的领土主权划分无关。

马泰联合管理署于1990年5月30日正式成立。双方的第一份共同开发合同于1994年4月21日签署，象征着共同开发工作正式启动。②

据悉，2010年这一共同开发区为马泰两国政府分别贡献了3.9亿美元的天然气税收和利润，而获得专营权的两家国家石油公司所获利润还不算在此数额中。③

泰马共同开发案是东南亚比较成功的合作开发案，但其谈判过程曲折而漫长，绝非轻易达成的。先是通过四年谈判达成共识；又通过11年的努力终于签署了具有可行性的执行协议；再过四年，才正式启动共同开发工

---

① 邵建平：《如何推进南海共同开发？——东南亚国家经验的视角》，《当代亚太》2011年第6期，第148—149页。

② 邵建平：《如何推进南海共同开发？——东南亚国家经验的视角》，《当代亚太》2011年第6期，第148—149页。

③ 孙广勇：《探访“泰马海上共同开发区”》，人民网，2011年10月14日，http://world.people.com.cn/GB/15898494.html，访问日期：2015年9月22日11：47。

作。也就是说，从合作意向的提出到启动共同开发，前后经历了近 20 年。以此开发案为借鉴，中国需以充分的耐心和信心做好持久谈判的心理准备，与相关国家达成搁置主权争端，共同开发争议海域油气资源的共识。

（二）马越共同开发泰国湾争议海域

马、越两国对泰国湾某片海域存在着主权争议，该海域面积达 2500 平方公里。为了解决争议，1992 年 6 月 5 日，两国签署了《马来西亚和越南社会主义共和国关于涉及两国大陆架的划定区域勘探和开发石油的谅解备忘录》，决定共同勘探和开发该争议区的油气资源。两国划定位于西马东北部海岸和越南西南部海岸的一块面积约合 1358 平方公里的海域作为共同开发区，由两国的国家石油公司实施“共同开发”，合作的基本原则是“费用均摊，利润均分”。[①]

1993 年 6 月 4 日，马来西亚外交部秘书长丹斯里·艾哈迈德·卡米尔·贾阿法尔（Tan Sri Ahmad Kamil Jaafar）及越南特命全权大使吴达都分别代表两国政府签署了一份有关这一合作开采石油的外交声明。丹斯里·艾哈迈德·卡米尔指出：“石油勘探和开采谅解备忘录不会影响两国分别索取交叠地区主权的权力，而只是注重石油探测和开采活动。我们在交叠地区的合作也进一步扩大双边联系和提供更多贸易机会，更重要的是我们已成功地把潜在的争论性课题变成合作，成为其他国家的模范。”[②]

1993 年 8 月，马越两国建立协调委员会，负责具体开发活动。共同开发的具体管理由马来西亚国家石油公司全权负责，最后在去除各种税收和支出后，直接把净利润的一半分给越南国家石油公司。[③]该开发区的第一桶石油于 1997 年 7 月 29 日在邦加科洼油田开采出来。[④]

总的来说，马越共同开发案具有较大的灵活性。两国政府并不直接干涉商业开采方面的事宜。双方组建的协调委员会负责解决在共同开发中产生的争议和矛盾。若有协调委员会无法解决的争端再提交给马越两国政府解决。[⑤] 这就使“联合开发”变成现实意义上的商业公司间的“联合经

---

① 邵建平：《如何推进南海共同开发？——东南亚国家经验的视角》，《当代亚太》2011 年第 6 期，第 148—149 页。

② 《马越两国重申合作开采石油》，［马来西亚］《新明日报》1993 年 6 月 5 日第 10 版。

③ 邵建平：《如何推进南海共同开发？——东南亚国家经验的视角》，《当代亚太》2011 年第 6 期，第 148—149 页。

④ 张良福：《关于争议海域油气资源共同开发的问题》，见高之国、张海文、贾宇主编：《国际海洋法的理论与实践》，北京：海洋出版社，2006 年第 1 版，第 190 页。

⑤ 邵建平：《如何推进南海共同开发？——东南亚国家经验的视角》，《当代亚太》2011 年第 6 期，第 149—150 页。

营”，淡化政治分歧和领土争端，突出合作共赢、共享利益。

（三）中越北部湾共同开发案

中越两国在北部湾存在海域重叠。经多方努力，《中华人民共和国和越南社会主义共和国关于两国在北部湾领海、专属经济区和大陆架的划界协定》和《中华人民共和国和越南社会主义共和国北部湾渔业合作协定》最终于2000年12月25日在北京正式签署。两国约定，若划界后出现跨界油气储藏区，或发现新的油气田，将对之进行共同开发。此外，为了解决北部湾渔业资源的分配问题，两国设立了“共同渔区”，对区域内渔业资源进行共同开发。①

中越北部湾划界是中国在海上疆域中唯一实现成功划界的区域，此划界案的达成值得深入研究。

（四）马文达成“领土换石油”协议

马来西亚和文莱于2009年3月成功达成了《马来西亚和文莱关于共同开发的换文》，最终同意在婆罗洲近岸海域的CA1和CA2两个地块联合开发石油和天然气，实现了通过换文解决其海洋和陆地边境争议。

马文两国曾在较长一段时期内对位于婆罗洲的林邦（Limbang，另译为“林梦”）地区存在主权声索争端。2002年，文莱将该地区两个油气区块的开发权给予了英国皇家荷兰壳牌和法国石油巨头道达尔公司，而马来西亚国油公司在2003年将相同海域的开发权授予了美国的墨菲石油公司，因此产生了争议。马来西亚海军军舰2003年将道达尔公司的船只从该地区驱逐之后，该公司停止了其在相关海域的石油开采活动。

为了解决马来西亚与文莱的领海重叠纠纷问题，两国于2009年3月16日签署了一份协议，该协议由文莱苏丹哈桑纳尔·博尔基亚（Sultan Hassanal Bolkiah）与时任马来西亚总理的巴达维共同签署。核心内涵是文莱同意放弃索讨林邦地区的领土所有权，以换取对婆罗洲近岸争议海域的石油储备的共同勘探和开发。协议主要内容包括两国领海边界合作勘探、开发有争议海域石油、天然气资源以及陆上边界划分问题。

时任马来西亚外交部长的莱士·亚丁（Rais Yatim）于签署协议当日表示，两国希望合作开发和利用这块区域的油气资源。由于马、文两国的石油资源都相当有限，而主要的油田产量又不断下降。因此，双方此前对

---

① 邵建平：《如何推进南海共同开发？——东南亚国家经验的视角》，《当代亚太》2011年第6期，第152页。

这片重叠海域开发权利的争夺相当激烈，特别是国小民寡、产业结构极其单调的文莱。长期以来，其国民经济的发展尤其依赖石油和天然气的出口获得财政收入。①

从目前所知的东南亚国家间搁置主权争议，联合进行油气资源开采的七个成功案例来看，马来西亚涉及了其中的四个，分别是与泰国、越南、文莱、印尼之间达成了合作协议。由此可见，这种搁置争议、联合开发的方式是马来西亚政府愿意接受，乐于采取的。

三、中马合作开发油气资源的可行性

对于今日中国而言，能源工业的稳步发展是国家经济保持持续上升态势的关键之一，其重要性日益凸显。而自 20 世纪 90 年代以来，虽然胜利、大庆等主力油田的产量一直相对稳定，但这些油田目前大多已处于开发的中后期，原油含水率高，自然递减严重，开发难度加大，生产成本不断上升，产量增长的潜力已经十分有限。② 寻找新的油气资源接替区，成为保证石油稳产增产的关键，其中海洋就是中国油气资源接替以及未来油气工业长期发展的重点，而富含油气资源的南海海域自然是开采的重点区域。

邓小平同志于 1984 年 10 月首次提出以“搁置争议、共同开发”的方式处理南海问题。然而，从提出到现在，已经过去 30 多年了，就中国与东南亚声索国的共同开发而言，实践只有两例，且都未能获得真正的进展。2003 年 11 月，中国海洋石油总公司和菲律宾国家石油公司签署了《有关共同开发南海油气资源的协议》，后来越南石油公司也加入其中。然而中、菲、越首次缔结的油气开发合作协议最终却因为菲律宾单方面与英国石油公司进行联合油气勘探活动无疾而终。2005 年 3 月，中、越、菲共同签署了《在南中国海协议区三方联合海洋地震工作协议》，三国决定在此后三年，在 14.3 万平方公里的海域内联合进行海上地质考察，评估石油资源状况。但该协议最终也因为相关国家缺乏合作诚意，三方联合考察工作未能继续。③ 但与此形成鲜明对比的是，东南亚部分国家却成功地运用共同开发的方式处理了它们相互之间的海上领土争端。

---

① 周云：《文莱与马来西亚达成“领土换石油”协议》，[马来西亚]《东方早报》2009 年 3 月 20 日。

② 佟玉军：《对我国当前海上石油工程施工管理的思考》，《经营管理者》2011 年第 5 期，第 146 页。

③ 邵建平：《如何推进南海共同开发？——东南亚国家经验的视角》，《当代亚太》2011 年第 6 期，第 142 页。

《联合国海洋法公约》中关于海岸相向或相邻国家之间专属经济区界限划定及大陆架界限划定的相关条款指出：在未能达成划定协议前，有关各国应基于谅解和合作的精神，尽一切努力做出实际性的临时安排，并在此过渡期间内，不危害或阻碍最后协议的达成。这种安排应不妨害最后界限的划定。① 学者李国强指出，共同开发是“在分歧或争端目前尚无法达成一致的情况下，有关各方暂时将争议放在一边，经过若干年的共同开发之后，逐步求得共识，而有关领土主权问题的最终解决，仍然取决于在和平共处五项原则的基础上两国政府间的外交谈判，并以缔结领土条约加以确定和约束”。②

（一）中马合作开发南海油气资源的方式探讨

依据《中华人民共和国对外合作开采海洋石油资源条例》第八条的规定：“中国海洋石油总公司通过订立石油合同同外国企业合作开采海洋石油资源，除法律、行政法规另有规定或者石油合同另有约定外，应当由石油合同中的外国企业一方（以下称外国合同者）投资进行勘探，负责勘探作业，并承担全部勘探风险；发现商业性油（气）田后，由外国合同者同中国海洋石油总公司双方投资合作开发，外国合同者并应负责开发作业和生产作业，直至中国海洋石油总公司按照石油合同规定在条件具备的情况下接替生产作业。外国合同者可以按照石油合同规定，从生产的石油中回收其投资和费用，并取得报酬。”③ 可以看出，中国在对待中外合作开采海上石油的问题上，一直都是以中国享有石油资源的国家主权和所有权为原则立场，通过合作协议将开采权授予外国公司。外国合作方承担全部勘探风险，联合管理、分担投资、共享收益。④ 通过这样的方式，捍卫了中国的核心利益并使中方在合作中处于明显优势地位。

应该说，以传统的联合开采油气资源的方式难于推进中国与马来西亚在南海争议区域的联合开发，除了马来西亚始终坚持最大限度地攫取油气资源的经济动因，以及南海问题“东盟化”“国际化”等复杂的地缘政治

---

① 《联合国海洋法公约》，北京：海洋出版社，2013 年第 2 版，第 66、71 页。

② 李国强：《解决南沙群岛主权争议几个方案的解析》，《中国边疆史地研究》2000 年第 3 期，第 88 页。

③ 《中华人民共和国对外合作开采海洋石油资源条例》，中央政府门户网站，2011 年 10 月 10 日发布，http：//www. gov. cn/zwgk/2011 - 10/10/content_ 1965581. htm，访问日期：2016 年 8 月 28 日 17：10。

④ 李梦桃、黄鑫森：《引入 BOT 投资方式解决南海海上石油资源开采的主权问题——以中国与马来西亚在南海海上石油资源开采争议为例》，《东方企业文化》2011 年 12 月，第 133 页。

因素之外，还有一个很重要的原因是马来西亚拥有比中国先进的深海石油勘探技术——在世界上处于领先地位的蛇形油井技术，因而与中国共同开发的动力明显不足。有鉴于此，李梦桃、黄鑫森提议用新的 BOT 投资方式解决中马两国在南海合作开采石油资源的问题。

传统意义上的 BOT 方式指的是“政府通过合同授予私营企业一定期限的特许经营权，许可其融资和建设特定的公用基础设施，并准许其进行经营管理和商业利用，特许期届满时将基础设施无偿移交给政府”。李梦桃、黄鑫森建议，中国可以主动以一定期限内南海海上油气资源（特别是分布于南海东南部沙巴盆地和曾母盆地的油气资源）的经营权让渡为谈判筹码，既可以转移勘探石油的风险，又可利用马来西亚在勘探和开采石油方面的领先技术，解决中国在深海石油开采方面的技术难题，并在双方约定的特许期届满后全面接管马来西亚先进的开采设备，在后期开发中继续获益。而对马来西亚而言，接受的可能性较大，因为这样的合作方式既可以解决中国针对其开采南海油气资源的长久抗议，又可以通过合作开发期内对石油资源的独占性开采获得巨额的经济利益。以 BOT 模式与马来西亚进行联合开采，中国牺牲了短期的经济利益，却能以此换取永久的国家领土和石油资源主权。马来西亚若接受了这一合作模式中附带期限的开采权和经营权，也就意味其在国际上间接承认了就双方划定的合作开采区域，中国享有主权，而其自己只享有在约定期限内的使用权。[①]

这种“迂回合作”的方式事实上实现了中马两国“国家利益的最大化”，有可能真正实现中国与马来西亚在南海油气资源合作开发方面的破冰。由于近年来马来西亚在近海浅水区域的油气产量逐年递减，油气资源开采呈现出不断向深海挺进的明显趋势，因此合作开采区块的选择应对其具有较大吸引力。与此同时，以 BOT 模式进行合作开采，中国在确定相关让渡期限时应当重点考虑相关油气田的可开采年限，因为石油资源具有不可再生性。

（二）中马合作开发区块选择

根据目前的勘探结果，中国南海海域共有 37 个油气盆地，总面积大约 128 万平方公里，大约占中国南海总面积的 36.5%，所储存的油气资源总量大约为 449 亿吨。其中，万安盆地、沙巴盆地、曾母盆地的石油总储量将近 200 亿吨，是世界上尚待开发的大型油藏之一，其中有一半以上的储

---

① 李梦桃、黄鑫森：《引入 BOT 投资方式解决南海海上石油资源开采的主权问题——以中国与马来西亚在南海海上石油资源开采争议为例》，《东方企业文化》2011 年 12 月，第 126 页。

量分布在中国南海“断续线”内。①

总面积约为13万平方公里的曾母暗沙盆地，位于中国南海“断续线”之内，勘探数据显示，该盆地目前已经发现十多个面积较大的油气田。目前马来西亚利用自身地理之便成为对其进行开发的最主要的国家，因为该盆地距离马来西亚最近的距离是38.9公里，而距离中国陆地最近的距离为1340.38公里。该盆地可开采的石油总量为12.06亿吨，石油资源的远景资源量为51.38亿吨。据2015年的统计数据，目前其他国家在该盆地已开发或进行招标的面积为44825平方公里，其中，已招标的石油资源总量为21.18亿吨，约占已探明储量的41.2%；已开发的石油资源总量为11.56亿吨，约占已探明储量的22.5%。② 就曾母暗沙所处的位置以及目前的油气资源开采状况，可将其作为中马BOT合作开发区块的首先考虑。一方面，该地区的油气开采前景较好，尚有较大开采空间，对马来西亚有较大吸引力；另一方面，曾母盆地所处区域涉及的主权争端方较少，中马合作开发的外部环境较好。

为避免政治冲突，早日达成区块选择的共识，中马两国可以考虑首先鼓励两国石油公司达成共同开发的协议，直至最终促成两国政府签署正式文件。中马两国可以借鉴马越两国在泰国湾共同开发的经验及做法，委托各自的石油公司就共同开发区块的选择及相关事项进行协商与谈判，甚至可以委托石油公司对相关可供选择的区块进行联合调查和勘探。③

第二节　保护海洋环境，开发渔业资源，合作建设港口

对于存在着海洋争端的中马两国而言，比起涉及重大经济利益分配的油气资源合作开发，还有其他一些在“低敏感领域”的合作可以率先展开，例如海洋环境考察与保护、油气资源探测、沿岸国家废弃物处理、海上钻井平台油污预防及处理等等。

---

① 张荷霞：《南海中南部海域油气资源开发战略价值评价》，《资源科学》2013年第11期，第43页。

② 丁洁琼、张丽娜：《南海油气资源共同开发“区块”选择研究》，《中国海商法研究》2015年6月第26卷第2期，第47—48页。

③ 丁洁琼、张丽娜：《南海油气资源共同开发“区块”选择研究》，《中国海商法研究》2015年6月第26卷第2期，第51页。

一、合作保护海洋环境

南海，从地理概念而言，是一个典型的半封闭海域。相比公海或远海来说，封闭海或半封闭海的海洋环境现状更加令人堪忧，其海水的自我净化能力更弱，加之沿岸又多是工业发展程度高、人口密度高的地区，其海域已发展为国际贸易中高度繁忙的国际航线，这些都加重了海洋环境的整体承载负担。而海洋是流动的，海洋污染问题也因此具有跨界性和复杂性，海洋环境污染并不因人为国界线的划分而割裂开来。仅凭某个国家的力量难于有效地应对海洋环境污染问题，必须依靠某片海域沿岸各国之间进行合作。[①] 因此，在岛屿主权和海域划界未完成的阶段，日益重视海洋经济的中马两国，理应联手进行海洋环境保护合作，为海洋资源的可持续性发展提供良好的环境。

从中国监测的海域范围来看，南海海洋环境状况日渐恶化，该海域正面临着巨大的环保挑战。南海海洋环境污染严重，究其主要原因如下：首先，南海周边是世界上人口密度最高的地区之一，沿岸九个国家基本上都是正在努力实现工业化、快速发展经济的发展中国家。这一地区的人口总数约 19 亿，占世界总人口的 27%。[②] 沿岸各国产生了大量的生活废弃物及工业污染物，最终都排放到海洋，对海洋环境造成了极其恶劣的影响。其次，南海地处两洋要冲，作为高度繁忙的国际航道和国际贸易通道，每天有大量的各国商船南来北往于此。这些船舶吨位大、数量多，排放入海的污染物也多，船舶溢油事故时有发生。再次，周边各国竞相勘探、开采南海油气资源，都对海洋环境造成了污染，而井喷事故、输油管线溢油、油槽船漏油等事故更对海洋环境造成了无法估计的严重后果。[③]

针对南海日益严峻的海洋污染严重的局面，中马两国可在重叠声索海域联合进行海洋环境科考、油污预防和处理、沿岸废弃物处理等方面的合作。可以通过获取的水文数据评估资源开发的风险性和可行性，有助于降低环境原因导致的经济损失，并通过提高防污技术来进行油污预防和处理以及沿岸废弃物处理，从而改善海洋环境，保障海洋生物资源的多样性，

---

① 王晓艳：《南海海洋环境保护合作机制研究》，海南大学硕士学位论文，2014 年，第 1 页。

② 《2011 年世界人口状况报告》，豆丁网，http：//www. docin. com/p－499761438. html，访问日期：2016 年 7 月 22 日 17：50。《2015 年各国人口排名》，世界人口网，http：//www. renkou. org. cn/countries/，访问日期：2016 年 7 月 22 日 17：55。

③ 王晓艳：《南海海洋环境保护合作机制研究》，海南大学硕士学位论文，2014 年，第 4 页。

促进海洋环境保护机制的形成。[①] 两国联合进行环保方面的合作具有一定的公益性质，其成果具有可重复利用性，对于造福沿岸各国，促进海洋生物资源的可持续性发展具有积极意义。

二、合作开发渔业资源

南海海域辽阔，渔业资源种类丰富、总储量巨大，发展外海捕捞前景广阔。南海的海域深，海水温差大，上层平均温度为20℃，接近中央海盆地带的水温只有2℃，因此热带和冷水性鱼类在这片海域共存。全中国3000多种鱼类，南海就有2200多种，占全国鱼类物种的2/3。[②] 据专家评估，南海渔业资源的潜在渔获量为650万吨到700万吨。而经济价值较高的优质鱼类有30种之多，还有玳瑁、海龟、大珠母贝、红珊瑚、鹦鹉螺等多种国家级保护物种。[③]

作为一个半封闭海，南海区域沿岸各国渔业政策的任何改变都可能对该地区的渔业资源产生深远的影响。例如，过度捕捞在该海域已成为一个严重而紧迫的问题。因为鱼是游动的，渔业资源可以移动到本国的领土或渔区之外，海上疆域并不能完全保护一个国家的渔业资源不受侵犯，疆界外的过度捕捞也可以影响到其领土内的渔业资源。因此，在南海合作管理和保护渔业资源的任务特别重大。

因此，合作进行渔业资源的共同保护和可持续性开发是中马两国可以较好推进的合作项目。从东南亚国家共同开发其他争议海域的经验来看，进行渔业资源共同开发的谈判难度相对较小，加之有中越北部湾共同开发渔业资源的直接经验以及马来西亚和印尼合作开发争议海域渔业资源的成功案例，必定比共同开发油气资源更易于操作。中马两国可以从共同开发渔业资源开始，再逐步扩展到非生物资源的共同开发。此外，渔业资源具有很强的流动性和可持续性，以前中国在南海相关海域实施禁渔令曾引发相关国家的不满和抗议，那么，如果中马在争议海域实施渔业资源共同开发后，两国就可以对禁渔令的颁布和实施达成一致性意见，还可以在南海争议区域内设置一个共同捕鱼区，实现合作捕捞，相信以这样的方式进行合作，渔船遭袭击、骚扰和抓扣的现象将会大大减少，从而避免了两国渔

---

① 丁洁琼、张丽娜：《南海油气资源共同开发"区块"选择研究》，《中国海商法研究》2015年6月第26卷第2期，第52页。

② 陈晓：《南海的资源世界》，《三联生活周刊》2010年第46期，第66页。

③ 王大燕：《南海区域渔业合作问题探讨》，中国海洋大学硕士学位论文，2010年，第1页。

民及渔业部门的不满和冲突。[①]

三、合作开展港口建设

世界前20个最大的集装箱码头中有七个位于中国，这象征着世界航运中心力量从西方向东方的迁移趋势。中国也是世界上船舶制造的三大龙头之一，而船舶制造业是海洋运输业的核心部分。当前中国的经济规划显示了提高码头承载及运输能力的战略部署，大力支持集装箱贸易与运输的发展。随着中国经济在未来的快速发展，目标有望实现。

中国重要的集装箱港口的发展已经超过了亚洲其他的港口，例如日本的横滨港和神户港。中国的三个重要港口——香港、上海和深圳已经跻身于世界最繁忙的五大港口之列。宁波港的发展速度位于中国各港口的前列。2004年，其44%的货运增长率名列世界第一。同年，宁波港的集装箱运输量达到400万TEU（集装箱标准箱），相比于2003年的277万TEU有大幅度的提高。而上海港有望发展为亚洲最大的航运中心，成为中国进行国际贸易的分配与后勤中心。作为中国最大的城市之一，国际货运和投资聚集于上海，发展势头非常迅猛。上海港2010年的集装箱吞吐量已达到2907万TEU，首次成为世界第一大港；2011年，则突破了3000万TEU。[②]这必将使中国在国际航运中具有绝对优势地位。

中国航运业的崛起，所伴随而来的是对其航运贸易伙伴的各种挑战。它们必须提高自己的承载力和竞争力来应对中国日益提升的货运量。中国的航运贸易伙伴必须改善港口的基础设施，提高服务水平、生产能力以及运营能力，因为中国的航运业在未来的飞速发展趋势是显而易见的。[③]

作为一个地处东西方海上交通要道，被海洋所环绕，具有绵长海岸线和众多优良港口及转口贸易口岸的国家，马来西亚的确具有得天独厚的优势可以发展自己具有竞争优势的海上航运业，并以此作为国家经济发展的重要引擎之一。

马来西亚的巴生港（Klang）和丹戎帕拉帕斯港（Tanjung Pelepas）是全球前二十的集装箱码头。位于马六甲海峡东北部的巴生港是马来西亚最大港口，也被称为该国的海上门户。巴生港是世界第十三大繁忙转运港

① 邵建平：《如何推进南海共同开发？——东南亚国家经验的视角》，《当代亚太》2011年第6期，第154页。

② 《上海港今年集装箱吞吐量超3000万TEU，蝉联世界第一》，搜狐证券，2011年12月23日，http：//stock. sohu. com/20111223/n330050675. shtml，访问日期：2017年5月2日23：55。

③ Nazery Khalid. 2006. “China Kuasa Maritim Baharu Dunia”. *Dewan Masyarakat*, September: 39. 纳兹瑞·卡利德：《中国：世界海洋新势力》，［马来西亚］《社会》2006年9月，第39页。

（2004 年）、第十二大繁忙货柜港（2012 年），货物吞吐量为 1100 万标准箱，为世界第十二大港口（2015 年）。位于马来西亚半岛南端的丹戎帕拉帕斯港，邻近新加坡，是世界航运的咽喉。该港口 1999 年 10 月竣工，全面投入运营，目前年吞吐量约为 900 万 TEU，是航运“老大”马士基在东南亚集装箱运输和转运业务的基地。除了马士基，法国达飞航运和中国的中海海运等，也使用该港口的集装箱转运服务。

特别值得一提的是，马来西亚拥有马六甲海峡，这对于发展马来西亚的海上航运业而言是极其重要的因素之一。从马六甲王朝的鼎盛时期开始，这个海峡就是连接东西方贸易的咽喉之地。据悉，途径该海域的海上交通运输量超过了苏伊士运河和巴拿马运河。统计数据显示，马六甲海峡的海上交通承载量是苏伊士运河的三倍多，是巴拿马运河的五倍多。①

由此可见，中马两国具备在港口建设及发展航运业等领域进行合作的有利条件。两国在该领域的合作既符合两国大力发展海洋经济的共同目标，也是两国增强互信、深化合作的大好平台。根据“一带一路”倡议，中国深入参与了在马来西亚的港口重建及其设施更新的工程。2016 年 7 月，时任马来西亚交通部长廖中莱表示，马中已经组建了一个“港口联盟”，连接马来西亚的六个港口和中国的十个港口。目前，中国正在帮助马来西亚在位于马六甲海峡的巴生、马六甲和凯里岛等港口，以及位于南海的关丹港进行港口重建并扩大服务范围。他说：“马来西亚交通部希望中国参与该港口建设计划，因为 70%—80% 航经马六甲海峡的船只的目的地是中国。”而位于马来半岛东海岸的关丹，其地位对中国海运贸易非常重要。廖中莱说，马来西亚交通部因此鼓励中国参与马六甲海峡沿岸 120 公里的港口建设。他指出，与中国的港口联盟将帮助马来西亚发展航运、物流和其他相关行业，以增加价值 1 万亿美元的“一带一路”贸易。② 此外，2016 年 10 月 31 日至 11 月 6 日，时任马来西亚总理纳吉布访华期间，中国国际电力集团同马来西亚 KAJ 发展有限公司签署了谅解备忘录，将投资 430 亿人民币，合作在马六甲州建设大型项目——马六甲深水补给码头

① Muhammad Hadi. 2013. “Malaysia Pusat Maritim yang Kompetitif”. *Dewan Ekonomi*, Disember：5－7. 穆罕默德·哈迪：《马来西亚成为具有竞争力的航运中心》，［马来西亚］《经济》2013 年 12 月，第 5—7 页。

② Johan Saravanamuttu, David Han, 2016, Malaysia-China Relations：A New Turn? No. 274－4 November, http：//www. rsis. edu. sg/wp－content/uploads/2016/11/CO16274. pdf（Jan. 15，2017）.

皇京港。[1] 皇京港地处马六甲海峡战略位置，由三个人造岛和一个自然岛屿组成，占地1366英亩。建成后将取代新加坡成为马六甲海峡沿岸的第一大港，功能涵盖旅游、货运、贸易等多个领域。整个项目计划在2025年完成。该项目的实施旨在落实“一带一路”合作倡议，提升“海上丝绸之路”的航运物流能力，对于中马在经济领域战略合作的升级，带动区域经济发展都具有深远意义。

2018年5月，随着马来西亚第14届大选落下帷幕，马哈蒂尔领导的希望联盟获胜执政。无论是大选前，还是胜选后，马哈蒂尔都曾明确表示，将对包含中资项目在内的外资项目进行严格审查。他说，希盟政府有权针对不平等合约提出意见，并重新商议部分条款。那么，中国已连续九年成为马来西亚最大的贸易伙伴，且连续两年成为其制造业最大投资国，中资项目势必成为希盟政府重新审核的重点，这可能包括大型港口建设项目以及东海岸铁路计划等等。不过，与此同时，马哈蒂尔也明确表态：“新政府将继续履行前任政府与中国达成的各项协议。”[2]

在中马两国政府以务实合作态度进行深入沟通之后，倍受关注的马来西亚东海岸铁路项目在2008年7月被宣布暂停后，于2019年4月第二届“一带一路”国际合作高峰论坛举行前夕得以重新启动，而马六甲皇京港项目在2018年10月陷入停滞状态后，也于2019年6月逐渐恢复工程建设。这两个大型项目的恢复有利于提高中国投资者对马来西亚的信心。

重回权力顶峰的马哈蒂尔在此前长期的执政中对发展对华合作一贯持务实态度，并对“一带一路”倡议表达了明确的支持态度。因此，我们应充分利用中马的传统友谊以及长期合作的良好关系，在新形势下，一方面尽快做好中国在马的各类项目被希盟政府重新审查的相关工作，另一方面与马方积极磋商，深入探讨，以务实态度做好相关工作。

---

① “Malaysia-China Bina Abad Asia”. 2016. *Utusan*, 2 Nov. http://www.utusan.com.my/berita/nasional/malaysiachinabinaabadasia1.402542.《马中共创亚洲新纪元》，［马来西亚］《马来西亚使者报》2016年11月2日。

② 刘栋：《马来西亚总理马哈蒂尔：新政府将遵守与中国签订的所有协议》，澎湃新闻，2018年5月18日，https://www.thepaper.cn/newsDetail_forward_2137613，访问日期：2018年5月19日16：20。

第三节　提升学术合作，在学术领域积累共识

对于中马两国而言，无论是在海洋环境保护、渔业资源开发、油气资源勘探与开采、海洋与海岸带管理等任何一个领域开展合作，都必须依赖于两国学界提供的智力支持。只有在科学研究和充分沟通的基础上进行的合作才具有可操作性和成果可预见性。因此，提升两国学界之间的学术合作，在学术领域积累共识具有非常重要的意义。

早从20世纪末开始，中国国家海洋局、海洋信息中心就开始与马来西亚科技创新部及其他海洋科学领域的智库机构进行联合研究项目。例如：双方于1999年开展了GIS联合研究项目和海洋资料信息交换工作；2003年，开展了海洋环境影响评价、海岸侵蚀领域的合作研究；2004年，以国家海洋局时任局长王曙光为团长的中国海洋代表团访问了马来西亚科技创新部，双方达成了多个领域开展合作的意向，包括海洋学研究、卫星遥感、生物技术、观测预报等。

为进一步增强中马两国在海洋科技领域的互信与合作，两国政府于2005年启动了两国政府间海洋科技合作协议的文本起草工作。2008年，文本内容经两国相关部门审核批准。2009年，《中华人民共和国政府与马来西亚政府海洋科技合作协议》正式签署，两国总理出席了签字仪式。该协议是中国与南海周边国家签署的第一个政府间海洋科技合作协议，两国将在政策立法、科学研究、技术研发、环境管理、执法监察、极地大洋等海洋领域的各个方面深入开展合作。此次协议的签署成为南海周边国家间开展互利合作的典范，为中马两国未来在海洋领域的合作向机制化、稳定化和长期化方向发展奠定了法律基础。①

根据《中马政府间海洋科技合作协议》，决定成立中马海洋科技合作联合委员会，并定期合作召开研讨会。经双方协商，第一届中马海洋科学研讨会于2010年3月9—10日在北京举行。以国家海洋局国际合作司司长张占海为团长的中方专家代表团和以马来西亚科技创新部副秘书长卡蒂嘉·尤素夫为团长的马方专家代表团出席了研讨会。研讨会上张占海司长

---

① 《中国—马来西亚海洋合作》，国家海洋局网站，2015年9月17日发布，http://www.soa.gov.cn/xw/ztbd/ztbd_2015/zdblh/sbhz/201509/t20150917_43082.html，访问日期：2016年10月30日。

做了题为《中马海洋科技合作回顾与展望》的主旨报告。双方专家围绕海洋可持续发展与海岸带综合管理、海洋生态健康与环境保护、海洋应对气候变化与防灾减灾、参加国际组织，以及重要国际计划中的合作等议题做了报告。研讨会拟定了28项合作建议，推荐中马海洋科技合作联委会讨论。

2010年3月11日，中马海洋科技合作联委会第一次会议在京召开。时任中国国家海洋局副局长陈连增与时任马来西亚科技创新部副部长法提拉·尤素夫出席了联委会。联委会在研讨会的基础上研究确定了未来两年中马海洋科技合作五项优先合作计划，包括：海洋与海岸带管理及技术支撑、生态系统与生物多样性研究、南海沉积物分布与评估、海洋预报模式开发与应用、东南亚海域的寒潮与季节性振荡及相互作用。联委会商定，在联委会下成立科学指导组，指导双边合作项目的实施。双方一致同意，每两年举办一次联委会和研讨会。

中马海洋科技合作联委会第二次会议于2013年11月19日，在吉隆坡举行，时任中国国家海洋局副局长陈连增与时任马来西亚科技创新部秘书长罗斯利共同主持了本次会议。双方就推动中马海洋科技务实合作达成五项共识：一是成立工作组启动五年规划的编制工作；二是选择1—2个项目申请中国—东盟海上合作基金支持；三是保持联委会的高规格，建立由联委会（部级）、科学指导委员会（司局级）和项目工作组（专家级）构成的三级合作管理机制促进项目实施；四是续签合作协议，深化海洋科技合作；五是继续加强在人员培训和能力建设方面的合作。

此外，中国国家海洋局第一海洋研究所还与马来西亚气象局进行了“浪—潮—流耦合预报模式”的合作运用，为了共同提升两国在海洋防灾减灾方面的能力和水平，马来西亚气象局对中国牵头建立的南海区域海啸预警和减灾系统表现出很大兴趣，希望与中国国家海洋局加强在数据资料共享、海啸浮标布放等领域的合作。①

除了中国国家海洋局与马来西亚科技创新部等官方机构牵头开展的两国在海洋科学、海洋研究领域的学术合作项目及相关活动之外，中马两国的其他一些高级研究机构及智库机构也积极进行接触并开展联合研究。

马来西亚海事研究院（MIMA）近年来举办了多次高级别的“南海论坛”，邀请了本区域以及来自东亚和欧美的许多知名专家学者参加论坛。从不同的角度对南海问题进行深入的探讨。例如2012年9月4—5日举办

---

① 《与马来西亚合作与交流》，中国南海网，http：//www.thesouthchinasea.org/2016-07/22/c_53580.htm，访问日期：2016年8月28日13：20。

的第二届南海论坛，议题是“地缘战略发展与争端管理前景”；① 2014 年 9 月 2—3 日举办的第三届南海论坛，议题是“在地缘战略变化的时代促进南海的可持续发展”；② 2015 年 9 月 8—9 日举办的第四届南海论坛，议题是“预防冲突与法律规则：重新评估 21 世纪南海难题”；③ 2016 年 8 月 29—30 日举办的第五届南海论坛，议题是“重塑南海海事议程”。④

2019 年 3 月 29—30 日，由中国南海研究院、清华大学国际战略与安全研究中心、中国—东南亚南海研究中心和博鳌论坛秘书处共同主办的博鳌亚洲论 2019 年年会南海主题分论坛成功举行。来自南海区域内外十多个国家和地区 40 多家研究机构、跨国企业的近百名代表应邀参加本次分论坛。本次分论坛以“亚太海上安全：合作、规则与秩序”为主题。与会代表围绕多个具体议题展开了深入交流和务实研讨，并达成了不少积极共识，提出了诸多建设性意见。

博鳌亚洲论坛年会南海主题分论坛自 2014 年创立以来，迄今已成功举办了六届。2014 年分论坛的主题为“南海：共赢与合作的创新思路”；2015 年分论坛的主题为“南海：双轨思路与合作共赢”；2016 年分论坛的主题为“南海：凝聚共识、深化互信、促进合作”；2017 年分论坛的主题为“‘21 世纪海上丝绸之路’建设和泛南海地区共同发展：新形势下的机遇与合作”；2018 年分论坛的主题为“‘21 世纪海上丝绸之路’与泛南海经济合作”。

南海分论坛旨在借助博鳌亚洲论坛这一高规格多边对话机制，为促进南海长治久安和地区持续繁荣、构建人类命运共同体凝聚智慧、汇聚共识、积聚力量，为区域内外有关南海和海洋问题研究专家学者互动交流搭建高端平台，促进有关各方凝聚共识与智慧、增进互信、推动合作，共谋南海和平稳定大计。⑤

2016 年 7 月 18 日，由中国社会科学院中国边疆研究所主办的南海问

---

① 2nd MIMA South China Sea Conference 2012，http：//www. mima. gov. my/v2/？ m = posts&c = shw_ details&id = 34（Jun 15，2016）.

② 3rd MIMA South China Sea Conference 2014，http：//www. mima. gov. my/v2/？ m = posts&c = shw_ details&id = 465（Jun 15，2016）.

③ 4th MIMA South China Sea Conference 2015，http：//www. mima. gov. my/v2/？ m = publications&c = shw_ details&id = 31（Jun 15，2016）.

④ 5th MIMA South China Sea Conference 2016，http：//www. mima. gov. my/v2/？ m = event&c = shw_ details&id = 53（Jun 15，2016）.

⑤ 《博鳌亚洲论坛 2019 年年会南海主题分论坛成功举办》，光明日报网，2019 年 4 月 2 日，http：// politics. gmw. cn/2019 - 04/02/content_ 32710094. htm，访问日期：2019 年 4 月 21 日 21：40。

题与区域合作发展高端智库学术研讨会在新加坡举行。来自新加坡、中国、印度、马来西亚、印度尼西亚、泰国等国家和地区的近30位专家学者，就南海争端的解决机制、途径以及南海区域合作发展进行了探讨。①

这些学术交流、学术合作活动，很好地推动了两国学界的交流，使双方在各个领域逐步达成一定的共识。希望在不久的将来，随着两国学界之间沟通与交流的不断推进，能够在中马之间进行智库交流机制的设计，进而启动该机制并逐步推进。这必将为中马南海争端的最终解决发挥智力支持的重要作用。

第四节　加强防务合作，建立多边安全合作机制

近年来，由于南海问题日渐“东盟化”，越南、菲律宾等国在南海问题上的强硬态度备受鼓励，屡屡采取违背《南海各方行为宣言》精神的单边举措。加之，域外势力介入南海问题的程度不断加深，局势有所扩大，导致了南海地区传统安全形势有“恶化”的潜在风险。

作为东南亚最重要区域组织的东盟，对内因秉持“不干涉内政”原则，无力限制越南、菲律宾等国违背《南海各方行为宣言》精神的行为；对外虽试图以多边安全机制来控制南海安全局势，但由于实力不济，在实质上也难以建立有效的对华战略。② 与此同时，由于地区互信机制的缺失，随着美、日、印、澳等域外势力在南海地区日渐扩大其军事影响力，中国在南海海域所面临的压力倍增。在此种情势下，需要寻求突破口。而在东盟南海争端国中，马来西亚为了捍卫其在南海大力开采油气资源的既得利益，始终致力于维护南海地区的稳定局势，因此是中国最应全力争取，应对危机的最佳选择。中马双方应进一步加强防务合作，推动共同巡航、联合军演，这些都将在区域安全问题的应对中起到示范作用，对南海问题的最终解决具有积极意义。

一、积极加强防务合作，力争设立高层“热线”

近年来，中国积极倡导并推动与东盟国家加强防务安全合作，探讨建

---

① 丁子、俞懿春、杨讴、张志文：《南海问题研讨会在新加坡举行》，人民网，2016年7月19日，http：//world. people. com. cn/n1/2016/0719/c1002 – 28564331. html，访问日期：2016年7月21日22：36。

② 葛红亮：《东盟在南海问题上的政策评析》，《外交评论》2012年第4期，第79页。

立防务直通电话，推进反恐、打击跨国犯罪、灾害管理等非传统安全领域的合作，共同维护地区和平安宁。2015 年 10 月，中方在北京举行的中国—东盟国防部长非正式会晤上，提出推进中国—东盟防务安全合作的五点倡议：共同把握好合作大方向；共同维护地区安全稳定；共同推进安全机制建设；共同深化防务领域务实合作；共同妥善处置争议管控风险。①

东盟国家国防部长对中方的倡议普遍给予了积极回应。2015 年，马来西亚是东盟轮值主席国，时任该国国防部长的希沙穆丁说，东盟与中国应在防务安全领域积极开展务实合作，以共同应对灾害事故、恐怖主义等挑战，共同维护地区安全稳定。

近几年来，马来西亚一直致力于和中国建立军事互通机制与合作关系。2014 年 5 月 31 日，恰值中马建交 40 周年，时任马来西亚总理纳吉布访华，马中两国签署联合公报，其中的重要内容包括：双方同意加强防务合作，增进两国防务部门间的友好、理解与协调。有关合作包括海军舰船互访、建立两军联络热线、人员培训、联合训练、高层交往与会议等。两国还签署国防科技工业领域合作谅解备忘录，同意本着平等互利的原则推进在国防科技工业领域的合作。②

为积极管控南海局势，马中两国在促进建立互信与合作方面达成了广泛共识。2014 年 1 月，针对外媒鼓吹的中国海军南海舰队驶抵曾母暗沙巡航并举行主权宣示仪式等举措会引起马来西亚不安的言论，马来西亚海军司令阿齐兹（ Aziz Jaafar）上将公开澄清，中国巡航活动并未入侵马方海域，是在国际海域举行的，给外媒以“一记响亮的耳光”。

为了增强地区互信，共同维护区域的稳定局势，马来西亚积极支持东盟与中国开展防务合作。2014 年 11 月 21 日，时任马来西亚国防部长希沙穆丁在第五届香山论坛上就地区安全架构表示，亚洲一荣俱荣，一损俱损，东盟应加强团结，支持中国与东盟之间的防务合作。希沙穆丁部长是在出席本届论坛以“地区安全架构：现状与前景”为主题的第二次全体会议时做上述表态的。在此次香山论坛的媒体采访环节，谈到中国—东盟关系及南海局势，希沙穆丁表示，支持中国国务委员兼国防部长常万全当天上午演讲中所提到的中国要加强与东盟国家的防务沟通。他指出，现在需要在东盟国家和大国之间建立清晰的沟通渠道。关于南海局势，他明确表

① 《中国—东盟国防部长非正式会晤在京举行》，新华网，2015 年 10 月 17 日，http：//news. xinhuanet. com/mil/2015 - 10/17/c_ 128328490. htm，访问日期：2016 年 11 月 4 日 23：50。

② 《中华人民共和国与马来西亚建立外交关系 40 周年联合公报》，中国外交部官网，2014 年 6 月 1 日，http：//www. fmprc. gov. cn/web/ziliao_ 674904/1179_ 674909/t1161309. shtml，访问日期：2016 年 7 月 23 日 16：50。

示，渲染紧张、诋毁无助于问题的解决，国家应该相互尊重。[①]

2015 年 8 月，第 48 届东盟外长会在吉隆坡召开，发表了联合公报。会议期间，印度尼西亚方面提议，在东盟与中国官方高层之间设立沟通热线以处理紧急态势。对此，中国外长王毅在出席此次系列外长会期间向记者介绍双方落实《南海各方行为宣言》进展情况时提供了更明确的信息："各方同意尽早就设立'中国—东盟应对紧急事态外交高官热线平台'和'中国—东盟海上搜救热线平台'达成一致，这对维护南海的和平稳定将产生直接和积极作用。"[②] 当然，有关"热线"的建立，双方仅仅是形成了一些原则性的意向，还有待进行深入的讨论。

2016 年 10 月 31 日至 11 月 6 日，时任马来西亚总理纳吉布访华。纳吉布此行与中国达成了多个领域的合作项目，其中最受西方关注的是中马两国实质性地强化了在防务方面的合作。两国重新签署了《防务谅解备忘录》，与此同时，马来西亚第一次从中国购买了四艘近海巡逻舰（LMS），其中两艘在中国制造，两艘于中国支持下在马来西亚制造。而此前马来西亚的军备来源都是美国和俄罗斯，这是首次从中国采购军备，强烈表明了两国军事合作的升级。中马两国还达成了一项广泛的海军合作协议，包括联合开发沿海巡逻舰艇。纳吉布前政治秘书、新加坡南洋理工大学拉惹勒南国际研究院高级研究学者胡逸山则指出，"事实上，过去 20 多年来，东南亚国家一直遵循军备来源、购买武器多元化的传统。马来西亚也曾向法国、俄罗斯采购发动机。此次向中国购买，使得马方军备来源更加多元化，也希望未来和中国在军事上能有更多的合作空间。"[③]

应该说，马来西亚首次从中国购买军舰，此举意义重大，因为武器的采购是两国安全互信关系的重要象征。到目前为止，马来西亚军队主要使用的是美国装备，特别是空军，美国和马来西亚一直在国防和安全事务上有着密切的合作。因此，中马此次签下的防务大单显得意义非同寻常。正如中国外交部副部长刘振民在此次中马总理会谈后向媒体表示，中国及马来西亚能在海军方面展开合作，显示双边关系已发展到重要的地步，标示着两国的互信水平达致很高的高度。

2017 年 1 月初，中国海军"长城"号潜艇和"长兴岛"号远洋打捞

---

① 《马来西亚防长：渲染紧张诋毁无助解决南海问题》，中国新闻网，2014 年 11 月 21 日，http：//www. chinanews. com/mil/2014/11 – 21/6801832. shtml，访问日期：2016 年 7 月 23 日 12：52。

② 杜旸：《中国南海危机管理的战略探析》，《当代世界》2015 年第 9 期，第 53 页。

③ 《马来西亚总理访华将坐中国高铁 军事合作达新高度》，搜狐新闻网，2016 年 10 月 31 日，http：//news. sohu. com/20161031/n471911105. shtml，访问日期：2016 年 11 月 5 日 21：10。

救生船停靠马来西亚哥打基那巴鲁港（Kota Kinabalu）进行休整和补给，这是中国潜艇首次访问马来西亚。哥打基那巴鲁海军军事基地面朝南海，具有重要战略位置，是美军核潜艇巡航西太平洋时的重要补给点，以往经常接待美国、日本、菲律宾等国海军的停靠访问。分析人士指出，中国潜艇停靠马来西亚海军基地，表明了中马之间具有较高的友好互信关系，同时也说明南中国海形势正在缓解。而澳大利亚悉尼洛伊国际政策研究所国际安全研究计划主任格雷厄姆（Euan Graham）在接受《华尔街日报》访问时则指出，潜艇的活动往往涉及隐形战事与侦察平台，性质敏感，此次访问显示，在马来西亚的同意下，中国潜艇可到南海的最南端水域活动，包括在有主权争议的南沙群岛附近。①

近年来，中国面对南海争端所持的开明态度以及在希盟政府上台之后所表示出的诚意与合作意愿，得到了马来西亚政府很好的反馈。我们应该以此为契机，以防务合作的不断加强为引导来开展各领域的积极对话和务实合作，以推动更多有利于南海争端最终得以妥善解决的有实质意义的合作项目的进行。

二、大力推动共同巡航与联合军演

南海素有“亚洲地中海”之称，它独特的海上枢纽地位使之成为世界最繁忙的海上通道之一。

（一）马六甲海峡—南海航线是中国的能源生命线

目前，向中国出口石油资源的国家75%位于中东和非洲，石油运输的80%通过苏伊士运河—印度洋—马六甲海峡进入中国南海区域。马六甲海峡—南海航线是中国国家能源和贸易安全的生命线。在中国通往国外的39条航线中，有21条通过南海的南沙群岛海域，外贸运输的60%也从南沙海域经过。另据测算，每天通过马六甲海峡的世界船只中近六成是中国的，其中五分之四左右是从中东和非洲等地进口原油的。② 因此，从能源安全的角度而言，马来西亚无疑是中国能源外交的重点。

当然，随着中国“一带一路”合作倡议的提出，尤其是“丝绸之路经济带”的建设，有助于打通陆上能源通道。因为该经济带所连接的中亚国

① 《中国潜艇首次停靠马国休整补给》，［新加坡］《联合早报》2017年1月8日，http://www.zaobao.com/special/report/politic/southchinasea/story20170108-710953，访问日期：2017年3月26日21:05。

② 赵海：《中国石油安全之南海地缘战略思考》，《中国国土资源经济》2010年8月，第29页。

家正处于全球油气资源核心地带的中心位置，是世界油气通道的桥梁。陆路油气通道的建设必将有助于打破中国油气进口长期以来对海上运输的严重依赖。目前，中国海陆油气通道建设初现规模，逐步形成海上、西南、西北及东北四条油气输送通道。陆路油气通道主要有中缅油气管道、中俄油气管道及中哈油气管道。①

但是，与此同时，我们必须认识到，从中国海外能源开发的重心以及陆路油气通道的建设规模等因素看，至少在2030年之前，进口石油的大部分仍需通过马六甲海峡，因为油源主要来自西亚、中东与非洲，而依据现有规划，中缅石油管线的年输送能力才2200万吨。② 因此，马六甲海峡—南海航线仍将在今后相当长一段时期内发挥中国能源运输主航道的重要作用。

（二）推动中马共同巡航

狭长的马六甲海峡是重要的能源生命线，但也是世界上最拥挤的航道之一，早在1990—1992年马六甲海峡与新加坡海峡之间的海域就被确认为世界上最大的海盗出没区。因这片海域充满了无数浅滩，为保证航行安全，船只来往时不得不减速，这就使得海盗以小快艇就可轻而易举地接近他们的攻击目标。但是，近十年来，自印度尼西亚、新加坡和马来西亚开始实施“共管”，联合打击海盗后，海盗攻击的焦点就转移到了南海海域。③ 而南海由于海域宽广，且涉及极其复杂的主权争端局势，沿岸各国开展联合巡航，针对海盗活动实现齐抓共管较难达成。

除了猖獗的海盗活动外，对南海地区安全构成威胁的，还有海上恐怖主义事件。“9·11”事件之后，由于获悉“伊斯兰祈祷团”与“基地”组织的东南亚海上恐怖网有联系，恐怖组织在东南亚海域的活动引起了美国的关注。整个东南亚地区被华盛顿方面视为“反恐战争的第二战线”。美国的安全触角开始集中于东南亚的海上地区，特别是与美国的国际贸易通道以及亚太战略紧密联系的南海海域。④

---

① 云飞：《借丝绸之路经济带破解“马六甲困局”》，《中国经济导报》2015年6月13日，http://www.ceh.com.cn/cjpd/2015/06/861109.shtml，访问日期：2016年7月28日10：17。

② 薛力：《“马六甲困境”内涵辨析与中国的应对》，《世界经济与政治》2010年第10期，第118页。

③ 李金明：《南海地区安全：打击海盗与反恐合作》，《南洋问题研究》2008年第3期，第10页。

④ 李金明：《南海地区安全：打击海盗与反恐合作》，《南洋问题研究》2008年第3期，第1页。

美国借此打着“打击恐怖主义”的旗号，意图介入马六甲海峡以及南海海域的海上防务。对此，相关的东南亚国家态度迥异。因为担心美国以“反恐”为名在马六甲海峡部署巡逻将损害其领土主权，马来西亚政府明确表示，没有任何恐怖威胁需要外国军队进入该国领土，相反，外国军队在东南亚海域的部署反而有可能刺激以打击西方利益为目标的恐怖组织袭击海峡。早在2004年6月，时任马来西亚国防部长的纳吉布就强调说：“美国在该地区的反恐部队将刺激伊斯兰极端分子的狂热行为。”①

然而，新加坡的立场和看法却与马来西亚截然不同。新加坡既不是南海声索国，也不是美国在该地区的条约盟友，但在其外交政策取向上，长期倾向于美国。其在南海问题上的核心立场是敦促美国承担维护地区秩序的义务，进而利用美国约束中国，制衡中国，增加中国的战略压力。这样的立场与新加坡自身的特点密切相关。

新加坡是全球最繁忙的港口之一，也是亚洲转口贸易最主要的枢纽之一。航运和贸易是其经济赖以生存的生命线。因此，新加坡一直把海盗与恐怖主义看作是对其国家安全的主要威胁。对于海域空间狭小的新加坡而言，马六甲海峡商业航道的畅通无阻至关重要。由于其对地区稳定和航道安全极其敏感，因此，坚决支持美国提出的“地区海上安全倡议”。新加坡准许美国军舰停靠其港口进行加油、修理和补给，准许美军飞机在航程中经停其港口。新美两国还签订了战略框架协议，进行反恐合作，开展联合军演。更为重要的是，美国已经取得了新加坡樟宜海军基地的使用权，此事对亚太地区战略形势的发展产生了深远影响。因为从樟宜基地向西出发，美国海军舰队可以在24小时内穿过马六甲海峡，进入印度洋、阿拉伯海到达海湾地区，向东则可以直接进入南海海域。这对于美军迅速在该地区进行军事部署起到了至关重要的作用。此外，为了配合美国“重返亚太”战略，新美两国从2012年开始每年举行战略安全政策对话；根据两国签署的安全合作协议，美国海军以轮驻形式在该国部署了四艘濒海战斗舰。2015年，新美两国签署了《加强国防合作协议》，进一步提升了两国的战略合作关系。这些做法引起了印尼和马来西亚的关注和不满。

为了维护马六甲海峡的安全，早在多年前，部分东盟成员国就已开始联合进行边界巡逻和海军联合演习以确保海域安全。从2004年7月开始，马、新、印尼三国在马六甲海峡合作巡逻以打击海盗。此后，针对美国提出派兵进入马六甲海峡以协助防务的提议，三国为了保持对海峡的主控

① Barrett Bingley, “Security Interests of the Influencing States: The Complexity of Malacca Straits”, *The Indonesian Quarterly*, Vol. 32, No. 4 (Fourth Quarter 2004), p. 380.

权，也是为了更加有效地打击走私、海盗活动和防止恐怖主义事件发生，决定以三国海上联合协调巡逻的方式，在海峡进行全年的海上巡逻。而此前这三个国家每年只进行四次巡逻。此外，三国海军司令部之间还建立了24小时热线，以电话联系的方式合作追踪、打击跨境海盗。[①] 另一个例子，印尼、马、新、泰等四国从2005年9月开始进行以支援海上共同巡逻为目的的“空中之眼”（Eye in the Sky）的空中监视合作项目，成果显著。马六甲海峡的海盗袭击在2005—2006年间明显减少。[②] 可见，维护南海地区安全的行之有效的办法之一即是周边国家进行防务合作。但是如果要对马六甲海峡保持24小时不间断的巡逻，必须要有巨大的财政支持才能维持。仅靠沿岸国家的财力难于应对，还需得到外部力量的支持与合作。因此，采用“负担分摊”的办法，即保卫马六甲海峡安全的财政开支由海峡沿岸国与海峡使用国共同分摊，如此才是切实可行的长久之计。[③]

为此，为了履行《联合国海洋法公约》为海峡使用国规定的义务，与马六甲海峡沿岸国家共同维护海峡的安全，中马两国签署了《中马海上合作谅解备忘录》，双方就如何开展相关海域的海上合作进行了磋商。中国将帮助海峡沿岸国进行能力建设、加强技术业务交流和人员培训，中国提出在不侵犯马六甲海峡沿岸国家主权的情况下，交换信息和派遣专家训练马来西亚海事人员，此种做法得到了马来西亚方面的认可；而中国向海峡沿岸国提供技术援助，以及为维护海峡安全所做出的其他努力也受到了印尼政府的欢迎。[④]

随着中国石油需求量大幅度增加，能源运输安全日益重要，马六甲海峡的安全对中国的战略意义日益凸显。中国应该更加积极地参与海峡航道安全的管理，与海峡沿岸三国进一步加强合作，如派员参与亚洲反海盗政

---

① “Indonesia, Malaysia, Singapore Launch Coordinated Patrol of Malacca Strait”, *The Jakarta Post*, July 20, 2004. 见张洁：《中国能源安全中的马六甲因素》，《国际政治研究》2006年第3期，第20—21页。

② Begi Hersutanto and Bantarto Bandoro, “Securing Malacca Strait”, *The Indonesian Quarterly*, Vol. 34, No. 3 (ThirdQuarter 2006), pp. 201. 见李金明：《南海地区安全：打击海盗与反恐合作》，《南洋问题研究》2008年第3期，第13—14页。

③ Begi Hersutanto and Bantarto Bandoro, “Securing Malacca Strait”, *The Indonesian Quarterly*, Vol. 34, No. 3 (ThirdQuarter 2006), pp. 199－200. 见李金明：《南海地区安全：打击海盗与反恐合作》，《南洋问题研究》2008年第3期，第13—14页。

④ 《磋商有成果，七月签文件，中马合作维护马六甲》，《大公报（菲律宾版）》2006年5月17日，第1版。见李金明：《南海地区安全：打击海盗与反恐合作》，《南洋问题研究》2008年第3期，第14页。

府间协议执行机构信息分享中心（ISC）① 的活动等。此外，在具体做法上，美国要求派驻军队的“硬做派”显然是行不通的，而日本为改善东南亚航运安全所采取的“软做法”则值得借鉴。如日本于20世纪70年代末参与了马六甲海峡勘测并编制统一的基准点航海图；② 2001年倡议签署《亚洲反海盗政府间协议》；2005年起持续为ISC提供资金支持；2006年向印度尼西亚提供三艘海上巡逻艇③以及提供“海上劫持警报与传播追踪系统”等④。这些做法都值得中国借鉴。

马来西亚海洋局执行署副署长，海军中将达图·艾哈迈德·普资·阿卜杜勒·卡哈尔（Datuk Ahmad Puzi Abdul Kahar）2013年2月对当地媒体表示，马来西亚周边海域，特别是在沙巴附近海域，马六甲海峡和整个柔佛—新加坡海域的犯罪率得到明显有效控制。数据显示，2009—2012年四年间，只在2011年发生了两起抢劫商船的事件，分别发生在南海海域和马六甲海峡。艾哈迈德·普资中将指出，马来西亚海洋局与邻国海洋管理机构之间的密切合作使周边海域得到有效管控。⑤ 马来西亚对与该海域邻国进行以维护航道安全为目的的防务合作及反恐合作是持欢迎态度的，因而，中马联合巡航也是有可行性的。

（三）开展中马联合军演

近几年来，在中方的提议下，中国与东盟国家在南海海域举行了“海上搜救、救灾联合演练”和“《海上意外相遇规则》联合训练”。2016年5

---

① 2004年11月11日，中国、孟加拉国、文莱、柬埔寨、印度、印度尼西亚、日本、韩国、老挝、马来西亚、缅甸、菲律宾、新加坡、斯里兰卡、泰国和越南等16个国家在东京签署了亚洲反海盗政府间协议——《反海盗及持械抢劫船只区域合作协定》（Re-CAAP）。依据协定，2006年9月29日在新加坡成立相应的执行机构信息分享中心（Information Sharing Center，简称ISC/Re-CAAP），其职责是：全天候提供最新的海上信息，为本区域各国政府力量打击海盗及海上恐怖分子提供帮助。见《亚洲反海盗政府间协议信息交换中心是什么组织?》，http://blog. sina. com. cn/s/blog_ 50b92d030100bdgm. html。

② 中国军事百科全书编审委员会：《中国军事百科全书——军事地理测绘气象》分册，北京：军事科学出版社，1997年第1版，第367页。

③ 《日向印尼提供3艘巡逻艇》，搜狐新闻网，2006年6月14日，http://news. sohu. com/20060614/n243723477. shtml，访问日期：2015年4月7日11：10。

④ 《警惕：日本染指马六甲海峡的野心与手段》，环球网，2010年1月27日，http://mil. huanqiu. com/world/2010 -01/701700. html，访问日期：2016年12月3日16：20。

⑤ Mohamad Shofi Mat Isa. 2013. “Kesiapsiagaan Maritim Malaysia”. *Utusan*, 13 Feb. http://ww1. utusan. com. my/utusan/Polis _ % 26 _ Tentera/20130213/te _ 01/Kesiapsiagaan - Maritim - Malaysia#ixzz3QSPcu Np6. 穆罕默德·索飞·马特·伊萨：《马来西亚海洋局已做好充分准备》，［马来西亚］《马来西亚使者报》2013年2月13日。

月 2—12 日，中国军队派舰参加了在文莱、新加坡以及两国之间海域举行的东盟防长扩大会海上安全与反恐联合演练。①

随着中马两国在各个领域合作的持续推进，两军也开始就开展有利于增强互信的联合军演进行磋商。2013 年 10 月，习主席访马，两国领导人宣布将中马双边关系提升至“全面战略伙伴关系”。三个星期后，时任马国防部长希沙穆丁正式访华，两国决定进行联合军演。此消息一经宣布，被视为意义重大，因为中马国防谅解备忘录签订近十年来，两国从未进行过实兵联合军演。2014 年 12 月 22 日，两国军队开展了“和平友谊—2014”联合桌面推演，就人道主义援助与救灾、联合搜救、联合解救被劫持船只以及联合护航等课目进行图上推演。至 2015 年 9 月 17—22 日，中马两国举行了名为“和平友谊—2015”首次实兵演习。

此次军演，中马双方有超过 2000 名士兵参加，马来西亚皇家军队及中国人民解放军的 28 型海陆空装备在此次军演中使用。这是中国与东盟国家举行的双边联合军演中规模最大的一次。此次演习，双方组建了联合特遣指挥所，带领两军陆、海、空精锐力量参演。此次军演的目的是加强两军防务交流合作，提高共同应对现实安全威胁、共同维护地区海上安全的能力，深化中马两国全面战略伙伴关系。②

虽然这次军演的主题确定为“应对非传统安全威胁即人道主义援助”，但最吸引关注的却是此次军演所潜藏的意义。军演地点选择在马六甲海峡或许是为了契合此次演习的主题，因为该地区的确面临着海盗威胁，以及海啸等自然灾害。

马六甲海峡对中国的经济发展具有命脉的意义，因为中国从中东进口的能源资源中有 80% 必须经过此海峡进行运输。中国希望通过展示自身的军事实力，以显示具有与美、日相当的保护此海域安全的能力。同时也希望向外界展示中马双方日益密切的国防关系。

“和平友谊—2016”中马联合军事演习于 2016 年 11 月 22 日在马来西亚雪兰莪州正式拉开帷幕。此次演习以“人道主义救援联合行动”为主题，分为参谋部演练和实兵演练两部分，演习于 25 日结束。双方投入总兵力约 300 人，其中中方 195 人，主要来自军委机关、南部战区机关和驻香港部队。

---

① 张军社：《中国是维护南海和平稳定的重要力量》，中国军网，2016 年 5 月 30 日，http：//www. 81. cn/jfjbmap/content/2016 - 05/30/content_ 146102. htm，访问日期：2016 年 11 月 4 日 23：30。

② 《中马首次联合军演举行 代号“和平友谊—2015”》，中国网，2015 年 9 月 17 日，http：//henan. china. com. cn/news/2015/0917/824789_ 4. shtml，访问时间：2016 年 10 月 4 日。

需要强调的是，对于中国在亚洲的崛起，是有一些质疑声音的。因此，从这个角度而言，中马之间在国防领域的合作应该被视为两国互相信任程度的提升，联合军演显然是两国增进互信最有效的途径之一。[①]

三、在建立多边安全合作机制中加强中马双边合作

为了化解南海争端，中国政府提出了“双轨思路”的倡导。中国外交部长王毅2014年8月在缅甸参加东亚合作系列外长会议，在会后记者会上宣告，中国和东盟已找到南海问题解决之道，即“双轨思路”。当年11月13日，中国国务院总理李克强在内比都出席第17次中国—东盟（10+1）领导人会议，在大会发言中再次向国际社会阐释了中国政府解决南海争端的新思路——“双轨思路”。在目前各国就南海问题提出的解决方案中，中国的“双轨思路”是最为平衡、务实与合理的行动方案。

2016年是中国—东盟建立对话关系25周年。中国和东盟已经积累了超越单纯经济合作，在各自相关的安全领域内进行合作以应对挑战的成功经验。例如，湄公河流域的联合反毒巡航与执法、打击中国和东盟国家间越境犯罪等等。面对东亚区域安全局势的新变化，中国与东盟之间的磋商与合作始终在不断发展，双方在如何稳定和增进地区安全秩序上一直存在着不断扩大的共同语言。2013年10月，李克强总理在文莱参加东亚峰会时，曾富有远见地提议建立和建设东亚多边安全合作机制，将提升中国和东盟的区域安全合作、增强彼此可协调的区域安全能力，列为中国与东盟关系建设的重要目标。

应该说，区域多边安全合作机制的建立，有助于有关各方有效管控和妥善处理具体争议，正是体现了南海沿岸各国维护区域和平与稳定的共同愿望，符合“双轨思路”的原则。与此同时，区域多边安全合作机制的建立，既能维持稳定的大局，又能构建一个有利于中国的地区国际环境。

以马六甲海峡多边安全合作机制的磋商与建立为例。除美国外，印度、日本、文莱、泰国、菲律宾等国都表示愿意参与相关合作。正如本书之前所分析，对于各国表现出来的“积极踊跃”参与海峡防务的态度，印尼、马、新三国持不同的看法。马来西亚和印尼出于维护自身国家主权独立的考虑，坚决反对外部军事力量直接进入海峡地区，但新加坡则明确表态欢迎美国驻军马六甲。与此同时，鉴于自身人力和物力有限，无法凭借

---

① Azmi Hassan. 2015. “Isyarat Tersirat Latihan ATM-PLA”. *Utusa*, 24 Sep. http://www.utusan.com.my/rencana/isyarat-tersirat-latihan-atm-pla-1.139514. 阿兹米·哈桑：《马中联合军演所隐藏的信号》，［马来西亚］《马来西亚使者报》2015年9月24日。

自身力量以确保海峡的安全，三国皆对与相关利益国进行合作表示欢迎。三国的基本策略是：欢迎各种外部力量的支持，以及提供各种形式的帮助，如提供资金援助和设备支持、训练人员、交换情报等；并使各域外力量相互形成制约以维持地区的平衡，这样不但可以减小自身对某一方的过度依赖，确保沿岸国的主导权，还能形成对己有利的格局：沿岸国在海峡事务中处于主导地位，利益国在海峡事务中发挥支持作用，共同确保石油运输通道的安全与畅通。[①]

面对此种格局，作为海峡使用国，中国在尊重沿岸国家主权的基础上，应充分表达自身对马六甲海峡安全局势的关切，并积极参与建立马六甲海峡海上安全合作机制。中国应充分利用中国—东盟“10 + 1”的合作机制以及与东盟在非传统安全领域的合作宣言，积极主动参与海峡通道的规划、建设与管理，提供资金及物资支持，进行情报交流等，通过合作实现共赢。[②]

整体而言，在讨论关于沿岸国与使用国针对海峡安全的合作时，无论是印尼、马、新三国的官方还是学界，对于美国、日本、印度等国参与的关注要远远多于对中国参与的关注。这主要是由两方面因素导致：一方面，美、日能够为海峡沿岸国提供强大的资金及技术支持，如卫星定位系统、船舶追踪系统与海上劫持警报等先进技术。另一方面，中国是南海争端国中综合国力，特别是整体军事力量最强的国家，面对中国，区域小国总是充满戒备心理。中国积极参与地区安全，周边国家往往抱有疑虑和恐慌。它们既害怕中国一家独大，更惧怕中美之间达成妥协，这样周边国家将沦为“战略俘虏”和“抵押品”，因此它们不放过一切机会强调行动自主，甚至敢于煽风点火、试图拉美国下水，但反过来，又担心美国过度介入区域事务，损害它们的主权利益。马六甲问题是如此，南海问题也是如此。

面对这样的情势，中国可以利用海峡沿岸国的“大国平衡”战略，争取在地区安全问题上获得更大的发言权并发挥积极作用，通过主导建设或积极参与多边安全合作机制，遏制美国在马六甲海峡、南海地区以及整个东南亚地区不断扩大其军事影响力的趋势。[③] 与此同时，中国应该以国际共识、对话机制和多边协议打消与南海争端国之间的敌意，寻找合作机会，实现与各个地区国家的良性互动，缓解彼此间的猜疑和压力。在此当

① 张洁：《中国能源安全中的马六甲因素》，《国际政治研究》2006 年第 3 期，第 24—25 页。
② 张洁：《中国能源安全中的马六甲因素》，《国际政治研究》2006 年第 3 期，第 25 页。
③ 张洁：《中国能源安全中的马六甲因素》，《国际政治研究》2006 年第 3 期，第 26 页。

中，中国军方可在这几方面发挥重要作用：提升海军执行跨区域非传统安全任务的能力，特别是推行海军外交、参与多国海上联合行动、实施人道主义援助和救灾等方面的能力，应当在海军的发展规划中占据一席之地。①

还有一点需要努力，即尽量建立由中国主导的多边安全合作机制。长期以来，由东盟所主导建立的一系列地区安全机制，一方面既给了南海问题当事国推动以多边方式与中国进行谈判的机会，也给了中国进一步阐明立场的平台，为南海争端国提供了协商渠道以缓和南海紧张局势，共同维护地区和平。但另一方面，也为美国为首的域外国家介入南海争端创造了条件，从而使中国不得不在南海问题上面临来自东盟及其部分成员国和区域外大国多方的压力。为此，中国需要进一步思考如何利用东盟所主导的多边机制以缓解南海战略压力这一问题。除继续积极参与东盟多边机制外，中国应针对东盟在南海问题上所产生的消极影响及政策风险推出有效的反制措施，切实维护中国在南海的主权与海洋利益。② 中国更应积极建立以我为主的区域安全合作机制，与南海沿岸各国积极开展联合巡逻、联合护航、联合搜救等工作，可以以中马之间长期有效的双边安全合作为突破口，进而将沿岸各国纷纷拉入。在此过程中，中国和马来西亚，作为涉及南海争端的两个国家，联手推动地区多边安全合作机制的建立和完善，也必将有利于中马双边安全合作的进一步深化。

---

① 刘怡：《南海之上：中国海洋转型的考验与前途》，《三联生活周刊》2016 年第 32 期，第 43 页。

② 葛红亮：《东盟在南海问题上的政策评析》，《外交评论》2012 年第 4 期，第 80 页。

结　　论

进入21世纪以来，随着国家实力持续增强，海外利益大幅拓展，中国正处在从“以陆为主”向“陆海并重”转变的关键时期。改革开放40年来，中国经济社会已经形成了开放型的基本格局，海洋在国家经济发展格局和对外开放中的作用更加重要，在国际竞争中的战略地位也明显上升。十八大提出了“建设海洋强国”的宏伟目标，是党和政府审时度势做出的历史性战略选择。“海洋强国”的具体目标是，到21世纪中叶，把中国建设成为海洋经济发达、海洋生态良好、海洋文化先进、海洋维权有力、海洋安全秩序稳定，在各涉海领域都拥有强大综合实力的海洋强国。①

在国务院于2017年1月发布的《全国国土规划纲要（2016—2030年)》（国发〔2017〕3号文件）中明确提出：应在促进陆域国土纵深开发的同时，充分发挥海洋国土作为经济空间、战略通道、资源基地、安全屏障的重要作用，扩大内陆地区分享海洋经济发展效益的范围，加强陆地与海洋在发展定位、产业布局、资源开发、环境保护和防灾减灾等方面的协同共治，构建良性互动的陆海统筹开发格局，提高海洋资源开发能力，加快建设海洋强国。②

应该说，“建设海洋强国”是中国中长期发展的宏伟目标之一，而只有不断提高管控海洋、开发利用海洋、保护海洋的综合能力，才能最终实现这一目标。在此目标下，南海争端的解决无疑是我们实现“海洋强国”梦想的工作重点之一。

因此，可以说维护中国在南海的合法权益意义重大。南海是转型中的中国进入开阔大洋的必经之路，掌控这一海域，将使我们得以拓展在西太平洋的防御纵深，从而最大限度地保障中国最具经济活力的东部地区的安全。南海也是中国进口战略性原材料，尤其是油气资源的关键性地理通

---

① 孙书贤：《海洋权益形势与强国战略》，2015年10月20日，北京外国语大学讲座。

② 《国务院关于印发全国国土规划纲要（2016—2030年）的通知》，中华人民共和国中央人民政府官网，2017年2月4日发布，http：//www. gov. cn/zhengce/content/2017－02/04/content_5165309. htm，访问日期：2017年3月19日10：45。

道。保卫南海海域的安全即是保卫对国家战略至关重要的能源生命线及海上交通线的安全，从而使中国经济获得持续发展的动力。①

一、全面升级中国—东盟关系

2016 年 7 月 17 日，以“共同安全秩序：合作、包容、开放”为主题的第五届世界和平论坛在北京闭幕。该论坛创建于 2012 年，是非官方的高级别国际安全论坛，由清华大学主办、中国外交学会协办。此次论坛结束后，世界和平论坛秘书长、清华大学国际关系研究院院长阎学通接受了澎湃新闻的专访。阎学通指出，大国崛起是一个国家先成为地区强国，再成为全球性强国的过程。美、苏在世界舞台上崛起的历史即是很好的例证。因此，中国要实现崛起，就必须将周边外交作为中国整体外交格局中的首要重点。如果现在中国不能和周边国家改善关系，那中国恐怕也崛起不了，与周边国家改善关系是中国崛起的必要条件。② 而东南亚正是中国周边外交的重中之重。

多年来，中国不断拓展、深化与东盟国家在各个领域的务实合作。到目前为止，东盟“10 + 1”已涵盖了农业、投资、文化、能源、交通、信息和通信技术、人力资源开发、公共健康、旅游、环境和湄公河开发等各个领域，取得了丰硕的成果。

同处亚洲，且山水相连，加上“一带一路”合作倡议的提出，使中国与东南亚国家拥有深化合作的历史性机遇和现实基础。但不可否认的是双边合作也面临着诸多的挑战。无法回避的现状是长久以来，中国与东南亚各国在经济和文化交往不断增进的同时，彼此间的历史和现实矛盾也在不断地累积。目前双边关系所面临的最主要的障碍是东南亚国家对中国崛起的现状心存疑虑，特别是几个与中国存在着领土争端的国家，更是对中国持有战略戒备。③

为全面升级中国—东盟关系，经双方共同努力，2010 年中国—东盟自贸区建成。该自贸区的建立有助于增进双方的政治互信，加深双方的经济依赖，提升中国在东南亚地区的影响力，在维护地区稳定和繁荣方面也发挥着积极作用。中国—东盟双方于 2015 年就自贸区升级版建设达成协议，

---

① 刘怡：《南海博弈 经略海洋与崛起之道》，《三联生活周刊》2016 年第 32 期，第 32 页。

② 郑怡雯：《专访阎学通：南海仲裁案前后不会有两个不同格局》，澎湃新闻，2016 年 7 月 19 日，http://www.thepaper.cn/newsDetail_forward_1500715，访问日期：2016 年 7 月 22 日 22：20。

③ 苏莹莹：《中国文化在马来西亚的传播与传承》，《中国高校社会科学》2015 年第 6 期，第 102 页。

双方将以更大的开放市场来密切双边合作关系，实现各国经济、贸易及综合国力的共同增长。这是双方的合作进程中最具标志性意义的成果。①

随着中国“一带一路”合作倡议的提出以及涉及七大合作领域（政治、经贸、金融、社会人文、安全、互联互通、海上合作）的中国—东盟“2 +7 合作框架”的确定，近几年来，中国与东盟友好关系和经贸合作进入了一个新的发展阶段，并对区域和平稳定以及整体经济的增长都发挥了积极的作用。

《泰国民意报》于 2014 年 11 月 12 日刊登了李克强总理的署名文章《携手开创中国—东盟关系美好未来》。文章指出，中国与部分东盟国家在南海问题上存在的分歧不应该影响地区稳定和双边总体关系，更不会影响到南海的航行自由和安全。2014 年以来，中国—东盟双方就南海问题进行了有效沟通与对话，达成了很多重要共识。中国明确提出以不同方式应对具体争议和南海海域整体局势的“双轨思路”。只要始终坚持正确的轨道，保持对话磋商势头，加强海上务实合作，中国完全有信心、也有能力处理好南海问题。② 在此基础上，《落实中国—东盟面向和平与繁荣的战略伙伴关系联合宣言行动计划（2016—2020）》于 2015 年年底第十八次中国—东盟（10 +1）领导人会议上通过，明确了今后五年双方合作的重点内容。

2017 年 3 月 8 日，中国外交部长王毅在两会记者会上透露，中国—东盟联合工作组于 2 月底就 COC 的磋商取得了非常明显的进展，已经形成了 COC 框架的第一份草案。中国和东盟国家都对此感到非常满意。这是双方共同努力的结果，双方会倍加珍惜，共同维护。

二、大力发展中马关系

近年来中马两国关系发展良好，政治互信不断增进，发展战略深度对接，务实合作广泛拓展。两国在各个领域的友好交流与务实合作都取得了积极成果。这些积极成果为中马南海争端的解决创造了良好的环境，奠定了坚实的基础。与此同时，我们仍应清醒地认识到南海是一盘大棋局，利益相关各方的博弈还是一个长期的复杂过程。中马两国关系的发展，前景整体向好，但曲折与反复无可避免。

相比较于菲律宾和越南，马来西亚在南海问题上态度总体低调温和，

① 祁怀高：《中国崛起背景下的周边安全与周边外交》，北京：中华书局，2014 年第 1 版，第 232 页。

② 《李克强：2015 年底完成中国—东盟自贸区升级版》，人民网，2014 年 11 月 12 日，http：//money. 163. com/14/1112/19/AASFQMK600254IU3. html，访问日期：2016 年 8 月 28 日 11：20。

在中国运筹南海问题的布局中具有特殊重要地位，是维系南海战略平衡的重要力量。作为南海议题上的一个“低调务实者”，马来西亚并不把南海议题置于中马对话与合作的优先议程，而更加注重中马在更多领域的务实合作；也并不把南海议题视为中国—东盟关系的全部，而更加注重推进中国—东盟务实对话与合作的开展。

但是，近些年马来西亚的“低调务实”也呈现出动态性的变化。特别是中国加强南海维权力度与开展大规模岛礁建设后，马来西亚和东南亚其他南海争端方一样，对华忧虑加深。在大力发展对华关系的同时，马来西亚也努力保持与美国的良好关系。其前总理纳吉布努力推动 TPP 在马来西亚获得通过。随着美国增加在南海争议地区的活动，他默许美国海军 P－8 型飞机从马来西亚领土起飞，开展监视飞行。如同越南的金兰湾一样，马来西亚位于沙巴的军舰港口对中美两国军舰都持有欢迎态度。[①] 因此，一旦马来西亚在南海问题上的立场发生重大逆转，将使天平倒向不利于中国的一面。因此，马来西亚是中国南海问题上必须拉住、稳住的对象。我们应密切关注该国在南海问题上的动向，以两手对两面，妥善应对。

为充分发挥马来西亚在南海问题等涉中国—东盟关系问题上的积极作用，近两年来，中国大力发展与马来西亚的双边关系。2016 年 10 月 31 日至 11 月 6 日，应中国国务院总理李克强邀请，时任马来西亚总理纳吉布对中国进行了正式访问。马来亚大学中国研究所副所长饶兆斌 10 月 30 日接受《东方日报》专访时指出，纳吉布此次访华象征性意义要更胜于政策性意义。他认为，充满争议的“南海仲裁案”结果 7 月出炉后，东盟多国领导人陆续到访中国。这或许说明，东盟国家决定不在南海问题上和中国对抗，而是以务实合作的精神来加强双边关系。

在近两年中马关系持续升温的态势下，其国内部分资深专家也分析道，马来西亚正致力于与中国建立更加紧密的联系，但并不意味着马来西亚正在远离美国。正如马来西亚学者卓汉·萨拉瓦纳木图所指出的，马来西亚在“一带一路”框架下对中国的明显倾向也是对美国的刺激，敦促其维持对东南亚的已有承诺。这可视为是对新一任美国总统发出信号，如果美国在亚洲不能继续发挥“经济再平衡”的作用，美国可能失去“朋友们”的支持，（这些朋友）将转而支持中国。然而，这绝不意味着马来西亚偏离美国。在经济上更接近中国是马来西亚政府扩大经济空间和促进经济增长的务实举动。只要美国继续履行其对东南亚的承诺，马来西亚也将

① 《最近中国的几场外交让美国很上火》，中国网，2016 年 11 月 5 日，http://henan.china.com.cn/life/2016/1105/3656571_6.shtml，访问日期：2016 年 11 月 5 日 12：15。

增进与美国的联系以维护地区和平与发展。[①]

而2018年5月“希盟”政府的上台执政也给中马南海议题带来一些不确定因素。在大选前，马哈蒂尔曾表示：“一旦当选，将重启南海岛礁权利的谈判。”[②] 从整体形势来分析，笔者认为，这样的表态在更大程度上是“竞选政治”使然。“南海仲裁案”后，南海的整体局势趋缓，而作为南海油气资源开采的最大获利者，从自身的经济和安全考量，马来西亚长期以来一直致力于维护南海区域的稳定局势。在南海问题上挑起新事端显然不符合其国的整体利益。对于执政经验丰富的马哈蒂尔总理而言，“希盟”执政初始，当务之急是平稳组阁，保持国民经济的良好发展，兑现在大选中对人民的承诺。在这种情况下，贸然挑起中马南海摩擦显然是不明智的。因此，在新政府执政的大背景下，我们应密切关注马来西亚内政、外交的最新发展，积极开展与新政府的各领域交往，谨慎应对该国国内部分不友好声音，努力维持马来西亚历届政府长期实施的对待南海议题的“安静外交”政策。

此外，我们要牢牢抓住马来西亚对南海油气资源开采毫不放松的核心立场，想方设法积极推进中马两国共同开发油气资源。但与此同时，我们也应该清楚地认识到，共同开发终归只是一段时期内为避免冲突、顾全大局的权宜之计，南海争议最终仍需通过划界谈判来解决。美国著名的海洋政策学者马克·瓦伦西亚在其专著《中国与南海争端》一书中指出：“在南海争端中，共同开发可能是建立信任的有效措施，它可使该地区非军事化。但是，这些声索者是国家，而不是石油公司。当涉及领土问题时，国家必须做长期和多方面的考虑。因此，声索国能否因分享到石油而轻易放弃争议值得怀疑。”[③] 因此，从长远利益着想，在积极促进同包括马来西亚在内的东盟各声索国进行共同开发的同时，我们也要从各个方面推动相关工作的进行，争取取得突破性进展，为今后的划界谈判做好充分准备。[④]

三、以新海丝合作倡议为契机，寻求突破口

在传统友谊的基础上发展起来的中马关系当前正处于历史最高水平，

---

① Johan Saravanamuttu, David Han, 2016, Malaysia-China Relations: A New Turn? No. 274 – 4 November, http://www.rsis.edu.sg/wp–content/uploads/2016/11/CO16274.pdf (Jan. 15, 2017).

② 《马哈蒂尔不太可能做中马关系的颠覆者》，《环球时报》2018年5月10日，http://opinion.huanqiu.com/editorial/2018–05/12008080.html，访问日期：2018年5月11日11：15。

③ Mark J. Valencia, 1995, China and the South China Sea Disputes, Oxford University Press Inc., New York, p. 11.

④ 李金明：《中国南海疆域研究》，哈尔滨：黑龙江教育出版社，2014年第1版，第277页。

互信共存、互利共赢的理念在两国从官方到民间都达成了共识。我们应抓住这一有利时期，不断拓宽两国的合作空间。

地处亚洲东南部十字路口区域的东南亚地区是“21 世纪海上丝绸之路”的必经之地，是新海丝绸之路战略的首要发展目标。在“一带一路”倡议涉及的所有地区板块当中，东南亚是中国经营得最好、最有利的地区，而扼马六甲海峡战略要地的马来西亚更是新海丝路上的重要节点。自“一带一路”倡议于2013 年提出以来，“命运共同体”意识在许多共建国家落地生根。对于“一带一路”合作倡议，尤其是“21 世纪海上丝绸之路”的建设规划，马来西亚的政府及商界基本都持积极欢迎的态度。纳吉布的前政治秘书、新加坡南洋理工大学胡逸山教授指出，由于地理位置以及两国自建交以来日趋密切的双边关系，中马两国的海运往来早已颇为频繁。现在借“21 世纪海上丝绸之路”建设的契机，双方的合作可将经贸提升、多元文化、教研合作、安全互动等四方面做为起点。[①] 时任马来西亚交通部长廖中莱 2016 年 9 月 3 日在“马来西亚—中国商业对话”活动中高度评价了“一带一路”倡议。他认为，马来西亚应该成为“中国通往东盟的门户”，也是囊括亚洲、欧洲和非洲 65 个国家的“一带一路”倡议的重要纽带。

与此同时，习近平主席于 2013 年 10 月出访印尼时，提出了筹建亚洲基础设施投资银行的倡议。马来西亚积极响应，成为 50 多个成员国中首批签约的创始成员国之一。时任马来西亚总理纳吉布 2015 年 3 月在参加博鳌亚洲论坛时高度赞扬了亚投行，认为其建立增加了亚洲的话语权，有利于促进亚洲经济的繁荣发展。马来亚银行首席经济学家苏海米认为，马来西亚加入亚投行后，会为其国基础设施的发展提供新的资金来源，同时又将促进中国与东盟的互联互通，带动整个区域的经济增长。

2017 年 5 月中旬，时任马来西亚总理纳吉布赴京出席了“一带一路”国际合作高峰论坛。中马领导人亲自见证了两国多家企业于当月 13 日签署与交换了九项涵盖建设、农业、证券交易所、基础设施和港口合作等领域，总值 72. 2 亿美元的谅解备忘录，其中包括备受关注的将建于柔佛的“机器人未来城市”计划。[②] “一带一路”国际合作高峰论坛结束后，纳吉

① 胡逸山：《“海上丝路”拓宽中马合作空间》，《环球时报》2015 年 1 月 19 日，环球网，http：//opinion. huanqiu. com/opinion_ world/2015 – 01/5433593. html，访问日期：2016 年 11 月 30 日 14：25。

② 《送 43 个榴梿象征建交 43 年 纳吉访华展开“榴梿外交”》，［新加坡］《联合早报》2017 年 5 月 15 日，http：//beltandroad. zaobao. com/beltandroad/news/story20170515 – 760140，访问日期：2017 年 5 月 16 日 7：40。

布总理举行赴华与会成果总结新闻发布会，表示此次高峰论坛达成明显成效。在当前不确定的国际经济形势下，“一带一路”可以成为刺激建设发展与国家收入的新动力，激发产业发展，增加就业机会，促进人文相通。未来两年，马方将善用“一带一路”提供的各项资金便利，实施各项利民计划。他对“一带一路”倡议的未来充满信心。①

2019年恰值中马建交45周年，4月25—27日，第二届“一带一路”国际合作高峰论坛在北京举行，马哈蒂尔总理应邀出席。这是马哈蒂尔阁下自2018年5月就任总理以来第二次访华，也是他本人的第九度访华。马总理此行可以说是成果丰硕：中国将在2019—2023年五年内，向马来西亚购买总价值约74亿人民币的棕榈油；中国交通建设集团有限公司与马来西亚投资促进局签署了关于加强东海岸铁路产业园、基础设施、物流中心以及沿线开发合作的谅解备忘录。马哈蒂尔总理一行还参观了华为的研发中心以及中国人工智能公司，显示了新一届政府对中国各领域发展的高度重视以及加强中马合作的友善态度。

在中马凭借“一带一路”合作倡议不断加强各领域合作的同时，我们也清楚地看到，面对过去一度不断升级的南海紧张局势，相比于菲律宾和越南，马来西亚政府始终保持了比较冷静克制的态度。从20世纪末至今，该国历届政府始终秉持以维护地区安全、获取经济利益为核心的南海政策，以冷静克制的态度应对南海争端。面对中马南海争端，两国都颇有默契地选择了防止事态扩大，避免冲突发生的低调的处理方法，尽量不影响两国之间更全面的双边关系。

有鉴于此，中国应积极考虑如何充分发挥“马来西亚因素”的积极作用，使其成为中国智慧应对南海困局的突破口，使其成为中国与东盟国家建立高度的政治互信，达成深度的战略和解的典范。② 那么，在搁置主权争端的大前提下，中国对马来西亚应该进一步加强政治互信，推进经贸合作，深化安全合作，并利用中华文化在马来西亚的深厚积淀，以文化外交为有力杠杆，为两国在“一带一路”、亚投行等领域的战略合作创造有利的舆论环境，以春风化雨、润物无声的方式着力于中国在马来西亚乃至于整个东南亚地区的软实力建设。

就具体着力点而言，其一，我们应坚持习近平主席就如何开展周边外

---

① 《马来西亚总理纳吉布出席“一带一路”国际合作高峰论坛》，中华人民共和国驻马来西亚大使馆官网，2017年5月18日，http：//www. fmprc. gov. cn/ce/cemy/chn/zgxw/t1463123. htm，访问日期：2017年5月21日20：05。

② 苏莹莹：《在应对南海困局中发挥马来西亚因素的积极作用》，《海交史研究》2014年第1期，第33页。

交所提出的“亲、诚、惠、容”的战略理念，以契合马来西亚主流民族价值观的宣传方式，对“新海丝”战略进行现代化解读，深化文化层面的沟通交流，努力消除马来西亚部分政治精英对我们的顾虑。其二，要大力推进两国间的人文交流和民间交往，联合打造文化教育合作领域的新亮点。我们不仅可以向马来西亚朋友传播像中国饮食、武术、电影这样的通俗文化，只要方法得当，更应该向他们传播中华的优秀文化和高雅艺术。例如，举办“中国文化节”“文化年”等活动以及建立“文化中心”等方式，增强中华文化在马来西亚传播的有效性和针对性。其三，两国的学界应深入钻研儒家文化与伊斯兰文明的共通性，立足于两大文明间的深厚关系，大力发展回儒比较研究，共促两大文明视域下的“回儒对话”，发挥文化的纽带作用，加强共识，提升彼此的亲近感。其四，利用马来西亚华人作为该国第二大民族的优势，借助当地华商雄厚的经济实力、成熟的生产营销模式、广泛的政界商界人脉以及沟通中外的独特优势，积极发挥华人在深化两国战略合作中的独特作用。其五，研商建立中马两国之间文化交流的长远渠道与有效机制，使两国人民对彼此的文化真正地理解、认同和相互接受。①

此外，在与马来西亚大力发展政治、经济、文化关系的大背景下，我们应该对解决中马南海争端的可行性路径进行全面的设计。依据“由易到难、循序渐进”的原则，可以从两个层面进行相关路径的设计。其一，大力开展两国在低敏感领域的合作，同时加强在风险管控方面的积极沟通。就中马双边关系的维护来说，马来西亚国内政局的不稳定以及域外大国势力的不断介入是两国管控风险、治理分歧所应重点考虑的因素。其二，敢于突破，努力尝试通过外交途径来解决领土争端和海洋划界。鉴于我们已经与越南成功地进行了北部湾的划界，且目前正在推进中韩划界的讨论，在统筹权衡，全局考量政治诉求与经济利益两方面因素的基础上，中马南海争端的解决是有望实现的。

就现阶段而言，中国一方面应统筹有关涉及马来西亚的海上行动，在坚定维权、加强管控的同时，做到张弛有度，在确保中马双方在南沙无人岛礁上不派驻新的军队、不建设新增设施的基础上，进一步同马来西亚就双方妥善管控争议达成共识。要求马方不得干涉中国在南沙南部海域的正常渔业生产和科考活动，同时可适当把握中国在该海域的渔业、科考活动的节奏和力度。另一方面，要积极开展双方的海上务实合作，推动马方尽

---

① 苏莹莹：《中国文化在马来西亚的传播与传承》，《中国高校社会科学》2015 年第 6 期，第 102 页。

快与中国建立海洋事务磋商机制，管控分歧、推动合作，适时探讨两国共同开发，充分利用中国—东盟海上合作基金，开展气象预测、地震海啸防灾减灾等低敏感领域的海上合作。

总而言之，针对马来西亚南海政策的可争取性，中国应多领域、多渠道推动与马来西亚利益分享、互利共赢局面的发展，尽力稳住其认同中国的双边解决南海问题、反对南海问题多边化谈判，以及反对域外国家直接介入南海争端的重要立场。应持续密切关注，正确把握马来西亚南海政策的最新动向，辨析其政策转变及未来趋势，进而通过努力来影响其政策走向，对中国妥善处理中马双边关系，有效管控南海复杂局势有着积极的意义。

四、结语

正如中国学者朱锋所指出的，今天的南海问题已经分成了四个层次：最高的层次是中美之间在西太平洋的海上影响力的竞争；第二个层次是日本、澳大利亚等国在南海的插手，这是地区性安全秩序、安全规则之争；第三个层次关系到中国和东盟的关系；第四个层次才是中国与各“主权声索国”之间的关系。[①] 中马南海争端的解决将从第四个层次推动第三个层次问题的解决。而后两个层次的矛盾解决了，中国才能更好地处理更高层次的问题。

当前，中国南海岛礁扩建活动基本完成，黄岩岛海域相对平静。加之，中菲关系明显改善，中马关系持续加强，这些都会在一定程度上影响越南的南海政策，使其转向保持克制。南海局势基本趋于平稳，南海争议问题处于可控范围。

目前，“南海行为准则”谈判的加速将为增进政治互信、强化海上危机管控、约束有关声索国在南海的单边活动，促进地区形势维持相对稳定获得制度性的保证。与此同时，随着南沙岛礁建设进入设施建设的新阶段，中国对南海形势的引导和塑造能力正在稳步提升。特别是利用所建设施向国际社会提供公共产品、管控海上潜在危机、推进南海海上务实合作，维持地区形势持续向好发展的能力将是其他国家所望尘莫及的。[②] 中国应充分把握目前的较好时机，全力推进中马各领域合作，争取中马南海

---

① 徐菁菁：《南海棋局：小国博弈与战略选择》，《三联生活周刊》2016 年第 32 期，第 77 页。

② 吴士存：《南海局势趋缓还是趋紧?》，参考消息网，2017 年 1 月 6 日，http：//www. cankaoxiaoxi. com/china/20170106/1586107. shtml，访问日期：2017 年 3 月 20 日 20：50。

争端的早日破题。

展望未来，中马两国在积极开展、全力推进基础设施、双边经贸、金融拓展、文化交流、外交防务等领域的合作的同时，还应积极促进中马文化的交流互鉴，和谐共生，为双边关系的持续健康发展创造良好的文化氛围。在此背景下，理智应对南海争端，积极探索解决路径，勇于开展资源联合开发，大力推进海洋事务合作，发展两国的海洋经济。中马双方唯有放眼大局，不断努力经营，才能借助“新海丝”的广阔平台，携手共赢，继续为本区域带来繁荣与稳定。

附　件

附件 1　《马来西亚大陆架法》
（1966 年—英文；1972 年修订—中文）

【英文】

MALAYSIA
Act of Parliament
No. 57 of 1966
CONTINENTAL SHELF ACT, 1966

An Act to make provisions as to the exploration and exploitation of the continental shelf adjacent to the States of Malaya and for matters connected therewith.

[28th July, 1966.]

BE IT ENACTED by the Duli Yang Maha Mulia Seri Paduka Baginda Yang di-Pertuan Agong with the advice and consent of the Dewan Negara and Dewan Rakyat in Parliament assembled, and by the authority of the same, as follows:

1. (1) This Act may be cited as the Continental Shelf Act, 1966.

(2) This Act shall apply only to the States of Malaya.

2. In this Act, unless the context otherwise requires—

"continental shelf" means the sea-bed and subsoil of those submarine areas adjacent to the coast of the States of Malaya but beyond the limits of the territorial waters adjacent ot those States, the surface of which lies at a depth no greater than 200 metres below the surface of the sea, or, where the depth of the superadjacent waters admits of the exploitation of the natural resources of the said areas, at any greater depth:

Provided that in the case of the west coast of the States of Malaya the extent of the continental shelf shall be determined in accordance with Article 6 of the Geneva Convention on the Continental Shelf (1958) set out in the Schedule to this Act; "Minister" means the Minister charged with the responsibility for lands and mines; "natural resources" means—

(a) the mineral and other natural non-living resources of the sea-bed and subsoil; and

(b) living organisms belonging to sedentary species, that is to say, organisms which, at the harvestable stage, either are immobile on or under the sea-bed or are unable to move except in constant physical contact with the sea-bed or the subsoil;

"petroleum" includes any mineral oil or relative hydro-carbon and natural gas existing in its natural condition in strata, but does not include coal or bituminous shales or other stratified deposits from which oils can be extracted by destructive distillation.

3. All rights with respect to the continental shelf and its natural resources for the purpose of exploring the shelf and exploiting those resources are hereby vested in the Federation and exercisable by the Government of the Federation.

4. (1) No person shall explore, prospect or bore for or carry on any operations for the getting of petroleum in the sea-bed or subsoil of the continental shelf except in pursuance of a licence issued, or by virtue of a petroleum agreement entered into, under the provisions of the Petroleum Mining Act, 1966 ; and the provisions of this Act shall apply in all respecs to the exploration, prospecting and mining for petroleum in thc sea-bed or subsoil of the continental shelf.

(2) For the purpose of the following subsections, the expression "minerals" shall be construed as to mean minerals other than petroleum.

(3) No person shall explore, prospect or bore for or carry on any operations for the getting of minerals in the sea-bed or subsoil of the continental shelf except in pursuance of a licence issued under the provisions of the following sub-sections.

(4) The Minister may from time to time, on an application made in that behalf grant to any person a licence authorising such person to explore, prospect, bore and mine for and to carry on operations for the getting of minerals

of any specified kind in any specified area of the continental shelf.

(5) Every application for a licence and every licence granted under subsection (4) shall be in such forms and subject to the payment of such fees and other payments as may be prescribed by the Minister and be subject to such conditions as the Minister, when granting the licence, thinks fit to impose in the circumstances of each case, including, but without limiting the generality of the foregoing provisions of this section, conditions requiring the licensee—

(a) to comply with such conditions as to safety as are specified in the licence;

(b) to pay to the Government or the Federation in respect of any minerals recovered by the licensee from thc continental shelf such royalties as are specified in the licence.

(6) The grant of a licence under subsection (4) shall in every case be in the absolute discretion of the Minister and any number of such licences may be granted to the same person; and every licence may be so granted as to bc enjoyed by the licensee thereof in common with other licensees to whom licences under subsection (4) may have been granted or may hereafter be granted.

(7) Any person who explores, prospects, bores or mines for, or carries on operations for the recovery of any minerals in the sea-bed or subsoil of the continental shelf otherwise than pursuant to a licence under subsection (4) and in accordance with the conditions of the licence (not being a condition relating to the payment of royalties to the Government of the Federation) commits an offence, and shall on conviction be liable to a term of imprisonment not exceeding two years or to a fine not exceeding twenty thousand dollars or to both such imprisonment and fine, and all machinery, tools, plant, buildings and other property together with any minerals or other products which may be found upon or proved to have been obtained from the area of the continental shelf so unlawfully explored, prospected of mined shall be liable to forfeiture.

5. (1) Subject to the provisions of this Act, for the purposes of this Act and of every other written law (whether passed before or after the passing of this Act) for the time being in force in the Federation—

(a) every act or omission which takes place on or under or above, or any waters within five hundr ed metres of, any installation or device (whether temporary or permanent) constructed, erected, placed, or used in, on, or above the continental shelf in connection with the exploration of the continental shelf or the exploitation of its natural resources shall be deemed to take place in the Federation ; and

(b) every such installation or device or any waters within five hundred metres of such installation or device shall be deemed to be situated in the Federation, and for the purpose of jurisdiction shall be deemed to be situated in that part of the Federation above high water mark at ordinary spring tides which is nearest to that installation or device; and

(c) every Court in the Federation which would have jurisdiction (whether civil or criminal) in respect of that act or omission if it had taken place in the Federation shall have jurisdiction accordingly ; and

(d) every power of arrest or of entry or search or seizure or other power that could be exercised under any written law (whether passed before or after the passing of this Act) in respect of any such act or omission or suspected act or omission if it had taken place or was suspected to have taken place in the Federation may be exercised on or in respect of any such installation or device or any waters within five hundred metres thereof as if the installation or device or such waters were in the Fcderation ; and

(e) without limiting the provisions of thc Customs Ordinance, 1952, every installation or device, and any materials or parts used in the construction of an installation or device, which are brought into the waters above the continental shelf from parts beyond the seas shall be deemed to have been imported into the Federation at the time when the installation or device is constructed, erected, or placed in, on, or above the continental shelf in connection with the exploration of the continental shelf or the exploitation of its natural resources.

(2) The Yang di-Pertuan Agong may from time to time, by order—

(a) modify or exclude any of the provisions of any written law (whether passed before or after the passing of this Act) to such extent as may be necessary for the purpose of giving full effect to the provisions of subsection (1) of this section.

(b) declare that the provisions of any written law (whether passed before or after the passing of this Act), with such modifications or exceptions as he thinks fit, shall apply with respect to the continental shelf or any specified part thereof, or to acts or omissions taking place in, on, or above the continental shelf or any specified part thereof, in connection with the exploration of the continental shelf or of that part or the exploitation of its natural resources, and thereupon the provisions of that written law, with such modifications and exceptions, shall apply as if the continental shelf or that part thereof were within the Federation.

(3) Nothing in this section shall limit the provisions of any written law relating to the liability of persons in respect of acts done or omitted beyond the Federation or the jurisdiction of any Court in the Federation under any such written law.

(4) Notwithstanding anything in any other written law, proceedings for the trial and punishment of any person charged with having committed an offence in respect of which the Courts in the Federation have jurisdiction by virtue only of this section shall not be instituted in any Court except with the consent of the Public Prosecutor:

Provided that a person so charged may be arrested or a warrant for his arrest may be issued and executed, and nay such person may be remanded in custody or on bail, notwithstanding that the consent of the Public Prosecutor to the institution of a prosecution for the offence has not been obtained, but that case shall not be further prosecuted until that consent, has been obtained.

(5) In this section the term "device" includes any ship, floating platform, or aircraft thai is used in connection with any installation or device.

6. (1) The Yang di-Pertuan Agong may from time to time make regulations for all or any of the following purposes—

(a) regulating the construction, erection, or use of installations or devices in, on, or above the continental shelf, or any specified part thereof, in connection with the exploration of the shelf or that part thereof or the exploitation of its natural resources;

(b) prohibiting the construction, erection, placing, or use of installations or devices in, on, or above the continental shelf in places where they could cause interference with the use of recognised sea lanes essential to coastwise or international navigation;

(c) establishing safety zones, extending to a distance not exceeding five hundred metres measured from each point of the outer edge of the installation or device, around any such installation or devices in, on, or above the continental shelf;

(d) prescribing such measures as he considers necessary in any such safety for the protection of the installation or device with respect to which the safety zone is established;

(e) regulating or prohibiting the entry of ships into such safety zone;

(f) prescribing measures to be taken in any such safty zone for the protection of the living resources of the sea and thc natural resources of the continental shelf from harmful agents;

(g) prescribing the notice to be given of the construction, erection, or placing of installations or devices in, on, or above the continental shelf;

(h) prescribing the permanent means to be installed for the purpose of giving warning to shipping and aircraft of the presence of installations or devices in, on, or above the continental shelf;

(i) providing for the removal of installations or devices constructed, erected, or placed in, on or above the continental shelf which have been abandoned or become disused;

(j) prohibiting or restricting any exploration of the continental shelf or any specified part thereof or any exploitation of its natural resources which in the opinion of the Yang di-Pertuan Agong could result in an unjustifiable interference with navigation, fishing, or the conservation of the living resources of the sea, or could interfere with national defence or with oceanographic or other scientific research or with submarine cables or pipelines;

(k) providing for such matters as are necessary for giving full effect to the provisions of this Act and for the due administration thereof;

(2) prescribing penalties for breaches of the regulations, not exceeding five thousand dollars.

(3) In this section the term "continental shelf" includes the sea-bed and subsoil of the submarine areas within the limits of the territorial waters adjacent to the States of Malaya:

Provided that nothing in this section shall affect the rights and powers of the State Authority under the National Land Code or any other written law in respect of areas within the limits of the territorial waters of the State.

【中文】

马来西亚大陆架法
(1966年7月28日生效，1972年修正)①

第一条

(1) 本法称为1966年大陆架法。

(2) 略

第二条 在本法，除非另有规定：

“大陆架”意指邻接马来西亚海岸且位在马来西亚领海界限之外海底区域的海床和底土，其海水深度在水深二百公尺以内，或者，上覆水域之深度允许在前述的区域的更大深度进行天然资源之勘探；

“自然资源”意指：

(a) 海底及底土之矿物和其他天然的非生物资源；

(b) 属于亚种的生物有机体，即在收获阶段，它是停止不动或在海床底下，除非经常与海床或底土作物理接触，否则是不能移动的；

“石油”包括存在土层中自然状态的矿油或相对的碳氢化合物与天然瓦斯，但不包括煤或沥青质的页岩或其他从干馏法提炼出石油的矿物质。

第三条 所有有关于大陆架之勘探及大陆架天然资源之开发的权力在于马来西亚，应由联邦政府行使。

第四条

(1) 除非依据1966年石油矿法之规定，禁止在大陆架之海床或底土探勘、调查、钻孔或执行获取石油之行为。

(2) 基于以下各款之规定，“矿物”是指石油之外的矿物。

(3) 除非依据以下各款发出的执照，禁止大陆架之海底或底土探勘、调查、钻孔或执行获取矿物之行为。

(4) 部长在申请时随时发出执照，授权在大陆架之特定地区探勘、调查、钻孔、挖掘及执行获取矿物之行为。

(5) 依据第(4)款申请执照及执照之许可，应缴交部长所定的格式表件及费用，部长在颁给执照时得依个案考量，在不限制本条前述规定之一般原则之情况下，得规定下述取得执照之条件：

(a) 须符合执照所规定的安全之条件；

---

① 资料来源：吴士存：《南海问题文献汇编》，海口：海南出版社，2001年版，第281—285页。

（b）取得执照者在大陆架获取矿物，他付款给联邦政府，该采矿权费徐规定在执照中。

（6）依第（4）款发给执照应由部长全权负责，得发给同一人数项执照；每一项执照之给予应让取得执照者享有使其与其他依据第（4）款已取得执照或可能日后取得执照者相同之权利。

（7）除了依据第（4）款取得执照及依据执照之条件（不是与支付联邦政府采矿权费之条件有关）外，任何人在大陆架之海底或底土探勘、调查、钻孔、挖掘及执行获取矿物之行为，应属违法，在定罪后，应处以二万元以下罚款或两年以下徒刑，或二者并罚；在大陆架非法探勘、调查或挖掘所使用之所有机器、工具、工厂、建筑物及其他财产，以及所得之矿物或其他产品，应加以没收。

第五条

（1）除本法及其他成文法（无论在本法通过之前或之后制定者）另有规定外，目前以下诸项在马来西亚视为有效：

（a）在五百公尺水深之任何水域之上或之下的每一作为或不作为、在大陆架上为了探勘而建筑、树立、放置或使用之任何设施或设计（无论是临时的或永久的）、或大陆架进行天然资源之开采，应被视为发生在马来西亚；

（b）如前述，每一项设施或设计，以及设施或设计在五百公尺水深内至任何水域，应被视为位在马来西亚，基于管辖权之目的，应被视为马来西亚在最接近该设施或设计之子午潮（按：指新月后形成的潮水）时高水位线以上的部分；

（c）在马来西亚之每一法庭，如对发生于马来西亚之作为或不作为有管辖权（无论为民事或刑事）时，则一样有管辖权。

（d）依成文法（无论在本法通过之前或之后制定者）每一逮捕权、进人权、搜寻权、逮捕权或其他权力，其作为或不作为、可疑的作为或不作为，如其发生或被怀疑发生于马来西亚，得施行于该项设施或设计或任何在五百公尺水深内之水域，就如同该设施或设计或水域系在马来西亚一样。

（e）在不违反 1967 年海关法之规定的情况下，在大陆架上为了探勘而建筑、树立、放置设施或设计，或在大陆架开采天然资源，则每一项设施或设计，以及用以建筑设施或设计之任何物质或部件，在从海外运至大陆架上之水域时，应被视为进口。

（2）最高元首得随时下令处理下列诸事项：

（a）修改或排除成文法（无论在本法通过之前或之后制定者）之任何

规定，以使第（1）款生效；

（b）宣布任何成文法（无论在本法通过之前或之后制定者）之规定，在经其修改或排除后，应适用于与大陆架或其任何特定部分有关的事项，或适用于在大陆架或其任何特定部分发生之作为或不作为，如与大陆架或其特定部分之探勘或天然资源之开采有关，因此，该成文法之规定以及其修改和排除部分之应用，应将大陆架或其特定部分视同在马来西亚之内一样。

（3）本条不应对有关任何人在马来西亚之外之作为或不作为所应负责任做出成文法之限制规定，或不应限制任何法庭依据任何成文法在马来西亚之管辖权。

（4）尽管任何其他成文法有规定，但马来西亚的法庭如仅依本条而有管辖权，则任何人被指控而进行之审判程序及惩罚，不应在任何法庭开始，除非获得检察官之同意；

假如受起诉者可能被逮捕或其逮捕令可能发出及执行，该人可能还押拘禁或保释出狱，则在未获检查官同意之前，不得开始起诉该名罪犯。

（5）本条“设计”一词，包括与设施或设计之使用有关的任何船只、浮动平台或航空器。

第六条

（1）最高元首得为下列诸原因而制定条例：

（a）为规范在大陆架或其特定部分上为了探勘而建筑、树立、使用设施或设计，或在大陆架开采天然资源；

（b）禁止在大陆架建筑、树立、放置、或使用设施或设计，如其地点可能干涉对沿岸航行或国际航行非常重要的海线；

（c）设立安全区，延伸到设施或设计最外缘突出点不超过五百公尺之距离，而此设施或设计系位在大陆架上；

（d）他认为有必要在安全区保护设施或设计，而此与安全区之设立有关，可下令制定办法；

（e）规范或禁止船只进人安全区；

（f）为保护海中生物资源及大陆架之天然资源，以避免受损害，可制定办法在安全区中施行；

（g）制定有关在大陆架建筑、树立、放置设施或设计之通告；

（h）设立一个永久的办法，以警告在大陆架上之设施或设计活动的船只和航空器；

（i）在大陆架上建筑、树立或放置之设施或设计，如已废弃不用，应加以移除；

（j）最高元首认为在大陆架或其特定部分之探勘或其天然资源之开采，可能造成不合理的干预航行、渔捕、或海中生物资源之维护，或可能干预国防，或可能干预海洋或其他科学之研究，或可能干预海中电线或电缆，应加以禁止或限制；

（k）为使本法充分有效及维护正当行政程序，应采取必要的措施。

（2）制定罚则，对违反规定者处以五千元以下罚款；

（3）本条“大陆架”一词，包括在马来西亚各州领海界限内海中区域之海床或底土；

本条之规定将不影响各州当局依适当的陆地法律或任何其他成文法在各州领海界限内的区域行使的权利和权力。

第七条

（1）为了探勘、调查或挖掘在大陆架上除了石油之外的矿物，任何依据在 1969 年 11 月 8 日以前在沙巴和砂劳越施行的成文法所发出的调查执照、采矿租约或协议，应根据第（2）、（3）、（4）款之规定继续有效。

（2）根据第（1）款之规定，所有赋予沙巴和砂劳越政府有关调查执照、采矿租约或协议的责任和义务之权利，就属于联邦政府所有，且应由联邦政府负责。

（3）第（1）款有关调查执照、采矿租约或协议之规定，应依本法之规定解释。

（4）最高元首得在 1972 年 12 月 31 日以前任一时间他认为必要或方便时，下令制定过渡或保留条款。

附件 2 《1969 年第七号紧急法令》及其附录（英文、中文）

【英文】

LAW OF MALAYSIA
Ordinance 7
EMERGENCY（ESSENTIAL POWERS）ORDINANCE，No. 7 1969

An Ordinance promulgated by the Yang di-Pertuan Agongunder Article 150（2）of the Constitution.

WHEREAS by reason of the existence of a grave emergency threatening the security of Malaysia，a Proclamation of Emergency has been issued by the Yang di-Pertuan Agong under Article 150 of the Constitution.

AND WHEREAS Parliament was dissolved on the twentieth day of March，1969，and elections to the new Dewan Rakyat have not been completed.

AND WHEREAS the Yang di-Pertuan Agong is satisfied that immediate action is required for an Ordinance to be promulgated for the delimitation of the territorial waters of Malaysia.

IT IS HEREBY ENACTED by the Duli Yang Maha Mulia Seri Paduka Baginda Yang di-Pertuan Agong pursuant to Clause（2）of Article 150 of the Constitution as follows：

1. This Ordinance may be cited as the Emergency（Essential Powers）Ordinance，No. 7 1969.

2. This Ordinance shall apply throughout Malaysia.

3.（1）It is hereby declared that the breadth of the territorial waters of Malaysia shall be twelve nautical miles and such breadth shall be measured in accordance withArticles 3，4，6，7，8，9，10，11，12 and 13 of the Geneva Convention on the Territorial Sea and the Contiguous Zone（1958），which Articles are set out in the Schedule hereto.

（2）In applying the aforesaid Articles，the expression “territorial sea” occurring therein shall be construed as "territorial sea" .

4. (1) Except as provided in sub-section (2), any reference occuring in any written law to territorial waters shall in so far as such reference affect federal law be construed subject to the provisions of this Odinance.

(2) For the purposes of the Continental Shelf Act, 1966, the Petroleum Mining Act, 1966, the National Land Code and any written law relating to land in force in Sabah and Sarawak, any reference to territorial be construed as a reference to such part of the sea adjacent to the coast thereof not exceeding three nautical miles measured from the low-water mark.

5. (1) So soon hereafter as may be possible or thereafter from time to time as he may consider necessary the Yang di-Pertuan Agong shall cause to be published a large-scale map indicating the low water marks, the baselines, the outer limits and the areas of the territorial waters of Malaysia.

(2) A copy of such map shall be published in the Gazette for general information.

6. The Yang di-Pertuan Agong shall, pursuant to any agreement entered into between Malaysia and another coastal State, by order modify the areas of the territorial waters of Malaysia, and any modification so made shall be indicated in a large-scale map and a copy thereof shall be published in the Gazettee for general information.

7. In any proceedings before any court in Malaysia if question arises as to whether an act or omission has taken place within or without the territorial waters of Malaysia, a certificate to that effect purported to be signed by or on behalf of the Minister charged with the responsibility for external affairs shall be received in evidence and shall be prima facie proof of the facts stated therein.

【中文】

紧急（基本权力）法令第七号
（1969 年）①

……

第二条 本法令将适用于全马来西亚。

第三条

（1）马来西亚领水宽度应为 12 海里，除了马六甲海峡、苏禄海和西里伯斯海之外，该宽度应依据日内瓦有关领海及邻接区公约（1958 年）第 3、4、6、7、8、9、10、11、12、13 条之规定测量之。

（2）在适用前述条款时，"领海"一词应被解释为"领水"。

第四条

（1）除了第（2）款之规定外，在任何成文法中提及的领水，如其影响联邦法律，应依本法令之规定加以解释。

（2）基于 1966 年大陆架法、1966 年石油矿法以及国有土地法和在沙巴和越实施的有关土地之法律之目的，这些法律中提及的领水，如其与领土有关，应被解释为从海岸低潮高地量起不超过三海里之海洋地区。

第五条

（1）最高元首如认为有必要，得随时公布大比例尺地图，上标示低潮高地线、基线、最外缘界限及马来西亚领水区域。

（2）应在官报公布出版该地图之拷贝，以广为周知。

第六条 最高元首应依据马国与其他沿岸国签订的协议下令修改马来西亚领水之区域；任何修改均应标示在大比例尺地图上，应在官报公布出版该地图之拷贝，以广为周知。

第七条 在马来西亚任何法庭提起诉讼程序者，假如发生一项作为或不作为是否发生在马来西亚领水之内或之外的问题，则由外交部长签署的证明文件或由其代理人签署的证明文件，应被接受为证据以及作为陈述事实的初步证据。

---

① 资料来源：吴士存：《南海问题文献汇编》，海口：海南出版社，2001 年版，第 286—287 页。

附件 3 《关于马来西亚大陆架新地图的声明》（1979 年—马文、英文、中文）

【马文】

MALAYSIA
Warta Kerajaan
SERI PADUKA BAGINDA
DITERBITKAN DENGAN KUASA
HIS MAJESTY'S GOVERNMENT GAZETTE
PUBLISHED BY AUTHORITY

Jil. 23 No. 26	21hb Disember 1979	TAMBAHAN No. 1

PEMBERITAHU MENGENAI PETA BARU PELANTAR BENUA MALAYSIA

No. 5745.

Adalah diberitahu bahawa suatu peta baru yang menandakan sempadan Pelantar Benua Malaysia telah disiarkan dan ada dalam simpanan Ketua Pengarah Pemetaan Negara, Pejabat Pengarah Pemetaan Negara Malaysia. Peta ini diterbitkan sebagai Lembaran I dan II.

Bertarikh pada 2lhb Disember 1979.

[PN. (G) 60.]

TAN SRI DATO' HAJI ABDUL KADIR BIN YUSUF,
Menteri Kemajuan Tanah dan Kemajuan Wilayah

【英文】

NOTIFICATION OF A NEW MAP OF THE CONTINENTAL SHELF OF MALAYSIA

It is notified that a new map defining the boundary of the Continental Shelf of Malaysia has been published and deposited with the Director General of National Mapping. Directorate of National Mapping Malaysia. This Map is produced as Sheets I and II.

Dated the 21st December 1979.

[PN. (G) 60.]

TAN SRI DATO' HAJI ABDUL KADIR BIN YUSUF,
Minister of land and Regional Development

【中文】

关于马来西亚大陆架新地图的声明

在此声明界定马来西亚大陆架边界的新地图已经出版，并存放在马来西亚国家地图测绘局局长处。此地图以第一页、第二页的形式被出版。

日期：1979 年 12 月 21 日。

丹斯里·达图·哈吉·阿卜杜勒·卡迪尔·宾·尤索夫
（TAN SRI DATO' HAJI ABDUL KADIR BIN YUSUF）
土地与领土发展部部长

附件 4 《1980 年最高元首声明》（英文、中文）

【马文】

MALAYSIA
Warta Kerajaan
SERI PADUKA BAGINDA
DITERBITKAN DENGAN KUASA
HIS MAJESTY'S GOVERNMENT GAZETTE
PUBLISHED BY AUTHORITY

Jil. 24 No. 9	25hb April 1980	TAMBAHAN No. 25 PERUNDANGAN（A）

P. U.（A）115.

PROCLAMATION

BY HIS MAJESTY THE YANG DI-PERTUAN AGONG BY THE GRACE OF ALLAH

OF THE STATES AND TERRITORIES OF MALAYSIA, SUPREME HEAD

SULTAN AHMAD SHAH

Yang di-Pertuan Agong

WHEREAS international law and practice now recognise that a coastal state may establish an exclusive economic. zone in an area beyond and adjacent to the territorial waters up to a distance of 200 nautical miles from the baselines from which the breadth of the territorial waters is measured.

WHEREAS a coastal state has, in the exclusive economic zone

（a） sovereign rights, for the purpose or exploring and exploiting, conserving and managing the natural resources, whether living or non-living, of the sea-bed and subsoil and the superjacent waters, and with regard to other activities for the economic exploration and exploitation of the zone, such as the production of energy from the water, current and winds;

(b) jurisdiction with regard to

(i) the establishment and use of artificial islands, installations and structures;

(ii) marine scientific research;

(iii) the preservation of the marine environment;

(c) other rights and duties as may be prescribed from time to time;

WHEREAS, without prejudice to the exercise of her sovereign rights over the natural resources in the sea-bed or subsoil of her continental shelf, jt is necessary that Malaysia should claim sovereign rights and exercise jurisdiction as aforesaid;

AND WHEREAS a number of States have taken action in pursuance of the existing law and practice and have made declarations in regard to their exclusive economic zones;

NOW THEREFORE WE, Sultan Haji Ahmad Shah Al-Musta'in Billah A1-Marhum Sultan Abu Bakar Ri'Ayatuddin Al-Mu'Adzam Shah by the Grace of Allah Yang di-Pertuan Agong of the States and territories of Malaysia, hereby declare and proclaim that the Federation of Malaysia shall have—

(a) sovereign rights, for the purpose of exploring and exploiting, conserving and managing the natural resources, whether living or non-living, of the sea-bed and subsoil and the superjacent waters, and with regard to other activities for the economic exploitation and exploration of the zone, such as the production of energy from the water currents and winds;

(b) jurisdiction wjth regard to—

(i) the establishment and use of artificial islands, installations and structures;

(ii) marine scientific research;

(iii) the preservation of the marine environment;

in the exclusive economic zone which is hereby established and that such exclusive economic zone shall extend to 200 nautical miles from the baselines from which the breadth of the territorial waters is measured.

GIVEN at Our Istana Negara in Our Federal Capital of Kuala Lumpur, this twenty-fifth day of April, one thousand nine hundred and eighty.

By His Majesty's Command.

DATO' HUSSEIN ONN

Prime Minister

【中文】

马来西亚最高元首阿马德沙苏丹声明
（1980年4月25日）[①]

最高元首阿马德沙苏丹

鉴于国际法及惯例现在承认沿岸国可以从其测算领海宽度之基线往外海延伸200海里，将其领海及相邻海域划为其专属经济区。

鉴于沿岸国在专属经济区拥有：

（1）主权权利，以探勘和开发、维护和管理在海床、底土和海面上的生物或非生物等天然资源，以及在该区域的经济探勘和开发的其他活动，诸如从水、潮流和风生产能源；

（2）关于下述的管辖权：

（i）人工岛、设施和结构之设立和使用；

（ii）海洋科学研究；

（iii）海洋环境之维护；

（3）随时规定的权利和义务：

鉴于不使马来西亚对于其大陆架之海床或底土运用主权权利受侵害，马来西亚有必要宣布前述的主权权利及行使管辖权；

鉴于许多国家已依照现行法律和实践而采取行动，并宣布其专属经济区；

兹本人阿马德沙苏丹（Sultan Haji Ahmad Shah AlMusta' in Billah Ibni Almarhum Sultan Abu Bakar Ri'ayatuddin AlMu' Adzam Shah）以马来西亚国家最高元首之名宣布及宣称马来西亚联邦将拥有：

（1）主权权利，以探勘和开发、维护和管理在海床、底土和海面上的

① 资料来源：吴士存：《南海问题文献汇编》，海口：海南出版社，2001年版，第292—293页。

生物或非生物等天然资源，以及在该区域的经济探勘和开发的其他活动，诸如从水、潮流和风生产能源；

（2）关于下述的管辖权：

（i）人工岛、设施和结构之设立和使用；

（ii）海洋科学研究；

（iii）国海洋环境之维护；

马来西亚将设立专属经济区，而该专属经济区将从测算领海宽度之基线延伸200海里之区域。

1980年4月25日于马来西亚联邦首都吉隆坡宣布。

奉陛下之令

总理胡笙翁

（Dato Hussein Onn）

附件5 《马来西亚专属经济区法》（中文）

马来西亚专属经济区法

（1984年）①

本法系关于马来西亚专属经济区及大陆架的某一层面，对在该专属经济区及大陆架之活动及相关的问题加以规范。

第一部分 序论

短标题，应用及开头语

第一条

（1）本法案称为一九八四年专属经济区法，将适用于马来西亚的专属经济区。

---

① 资料来源：吴士存：《南海问题文献汇编》，海口：海南出版社，2001年版，第294—308页。

（2）本法案关于大陆架之规定，应加上而非减损 1966 年大陆架法之规定。

（3）本法之规定如与现行成文法律之规定有所抵触，本法之规定将取代有所抵触的法律，后者将被解释为被取代。

（4）与本法没有抵触之任何现行成文法律乡将继续有效。

（5）本法将在最高元首在官报指定的公布日生效，最高元首可就本法在不同时期适用于不同的专属经济区和大陆架的区域的不同规定，指定不同的公布日，且在公布日生效。

解　释

第二条　在本法，除条文前后文需要，“现行成文法律”指任何成文法：

（a）它依据第四十二条或其他特别规定颁令适用于专属经济区、大陆架或二者的案子；或

（b）依据一九六六年大陆架法之规定适用于大陆架，以及包括一九六六年大陆架法；

“有权官员”意指一九六三年渔业法第二条所界定的渔业官员，一九五二年商业船运条例第二条所界定的港口官员，官阶在一九六七年警察法第二条所界定的警官以上的警官，一九六七年海关法第二条所界定的海关官员，一九七二年武装部队法第二条所界定的武装部队军官，任何公职官员，不管其职级，负责管理属于政府之船舶的官员，或依第三卜九条被任命为有权官员的其他人；

“大陆架”意指依一九六六年大陆架法第二条所界定的马来西亚大陆架；

“总局长”意指一九七四年环境品质法第二条所 界定的环境品质总局长；

“倾倒”意指：

（a）从船舶、飞机、海中平台或任何人工构造向海中蓄意抛弃废弃物或其他东西；或

（b）任何蓄意在海中抛弃船舶、飞机或其他人工构造。但“倾倒”不包含下述情况：

（i）船舶、飞机、海中平台或其它人工构造及其设备因正常运作所发生的废弃物或其他东西之抛弃，除非由该船舶、飞机、海中平台或其他人工构造运送的废弃物或其他东西，系因为其目的是为了抛弃该东西，或系

因为在该等船舶、飞机、海中平台或构造上处理这些废弃物或其他东西所造成的等之外；或

(ii) 除了抛弃之目的之外，为了其他目的而对东西进行处置，而此一处置不违反本法、任何现行的成文法或国际法之目的；

“专属经济区”或“区”意指依据第三条所决定的马来西亚专属经济区；

“政府”意指马来西亚政府，包括依据一九六九年部长职能法之命令负起依该法应负起之相关责任的任何部长，以及任何临时行使该部长职能的其他部长；

“马来西亚捕鱼水域”意指包含马来西亚内水、领海及专属经济区之所有水域，马来西亚在这些水域行使捕鱼的主权和专属权利；

“海上意外事件”意指船舶碰撞、搁浅或其他航行意外，或登上船舶发生之意外，或因外力造成物质损害，或对船舶或船货紧急威胁使其物质受损；

“主人”，与船舶有关，包括目前控制或负责船舶的每一个人（除了一九五二年商业船运条例第二条所界定的水手或港口官员之外），或依法担任主人的人；

“混合合成油”意指：

(a) 将油容积的一百份量与一百万份量之混合油相混合；

(b) 由负责环境的部长基于本法之目的在官报上发布命令规定成为混合合成油之混合量；

“石油”意指：

(a) 原油、柴油、燃料油或润滑油；

(b) 由负责环境的部长基于本法之目的在官报发布命令称为石油的任何其他石油；

“所有人”，与船舶有关，意指任何人或团体，无论是否为法人，船舶属其所有，包括船舶的任何注册者、准注册者（subcharter）、租赁者或准租赁者；

“污染物”意指任何倾倒海中足以危害人体健康或损害海中或其他海洋生活中的生命资源的东西，或损害生活舒适的东西，或干涉其他合法使用海洋之物质，以及在不限制前述之通则之情形下，包括由负责环境的部长基于本法之目的在官报发布命令称为污染物之任何物质。

“国家”应包含依国际法赋予之国家意义；

“领海”意指依据紧急（基本权力）条例（第7/1969号）所决定的马来西亚领海；

“本法”包括依本法所制定的条例及其他辅助立法，以及依本法或其他该条例或其他辅助立法所制定的办法；

“船舶”包括每一种船，或浮动的或潜航的器具或构造；

“废弃物”包括：

（a）在海洋环境中卸下、放出、储放或倾倒任何东西，无论是液体、固体、气体或放射性的，其数量足以改变环境；或

（b）由负责环境的部长基于本法之目的在官报发布命令称为废弃物的任何东西。

第二部分　专属经济区
马来西亚专属经济区

第三条

（1）马来西亚专属经济区，如最高元首以（A）115/80 号法令所公布的，是指昌来西亚领海之外及邻接的区域，依第（2）款及第（4）款之规定，它从测算领海宽度的基线起算二百海里的距离。

（2）马来西亚与相邻或相向的邻国有正在执行的协议时，则关于划分两国专属经济区之问题，将依据该协议之规定来决定。

（3）最高元首得将专属经济区之疆界随时以地图或图表公布之。

（4）依国际法、国家实践或依第（2）款之协议，最高元首认为有必要，到他得在官报发布命令改变依据第（1）决定的专属经济区之疆界。

第四条　在专属经济区马来西亚享有下述权利：

（1）在海床、底土及上覆水域从事探勘、开采、维护、管理自然资源，无论是生物或非生物资源之主权权利，以及在该区域从事经济探勘和开发之其他活动，如从海水、潮流及风生产能源等之主权权利；

（2）关于以下事项的管辖权。

（i）建立及使用人工岛、设施和构造；

（ii）海洋科学研究；

（iii）保护及维护海洋环境；或

（3）依国际法规定的其他权利和义务。

第五条　除了依据本法规定之授权或任何现行成文法律之外，禁止在专属经济区或大陆架从事下述行为：

（1）探勘或开发任何生物或非生物自然资源；

（2）执行任何搜寻、挖掘或钻探活动；

（3）进行任何海洋科学研究；

（4）设立或授权及规范有关下述事项的建立、营运及使用：

（i）任何人工岛；

（ii）基于第四条所规定的目的或其他经济目的设立的设施或构造；或

（iii）可能干涉马来西亚在专属经济区或大陆架行使权利的设施或构造。

第三部分 捕鱼权

第六条 构成马来西亚专属经济区的海域将构成马亚西亚捕鱼水域之一部分。

第七条 负责捕鱼权的部长也将负责在专属经济区的捕鱼权。

第八条 除本法另有规定外，任何与捕鱼权有关的成文法律将适用于专属经济区及大陆架，亦可依第四十二条之规定以命令做必要的修改或例外规定。

第四部分 保护及维护海洋环境

第九条 马来西亚拥有依据其环境政策探勘其专属经济区之自然资源之主权权利，亦有责任保护及维护其在该区域的海洋环境。

第十条

（1）假如任何石油、混合合成油或污染物被从船只、陆基设施、设计或航空器卸下或排放或倾倒人专属经济区，则：

（a）船只的所有人或主人，假如该卸下或排放是从船上为之的话；

（b）陆地所在地的所有人或持有人，假如该卸下或排放是从陆地为之的话；

（c）所有人或负责设施或设计的人，假如该卸下或排放是从航空器为之的话，违犯法律者，将处以一百万元马币以下的罚款。

（2）除第（1）款提及的诸人之外，一个人因作为或不作为而卸下或排放污染物，则该人也因违犯法律将处以一百万元马币以下的罚款。

（3）第（2）款不能作为解决或消除违反第（1）款所负的刑责。

（4）虽然本条有所规定，但废弃物或其他东西之倾倒得经总局长之许可及其所定的条件而为之。

第十一条 因违反第十条而被起诉者，可提出该条第（1）款提及的物质之卸下或排放是为了确保船只、陆上地点、设施、设计或航空器等之安全，或为了拯救生命之目的等理由作为免除刑责之证据，但依本条提出之辩论，假如法庭认为卸下或排放为合法目的所不必要或依情况为不合理的步骤，则其辩论理由不能免责。

第十二条

（1）假如任何石油、混合合成油或污染物被从船只、陆基设施、设计或航空器卸下或排放或倾倒人专属经济区，则船只的所有人或主人、陆上所在地地点的所有人或持有人、设施之所有人或设计人，或航空器之所有人或驾驶员，应立即报告总局长发生该等卸下或排放之情形。

（2）任何违反本条者，应处以一万元马币以下之罚款。

第十三条

（1）政府得制定保证马来西亚海岸线或任何区块之环境或相关利益，包括捕鱼，等所必需的办法，以防止因海洋意外事件或与该意外事件有关的行为（足以造成重大危害后果）所造成的污染或污染威胁。

（2）第（1）款所制定的办法应与实际的或威胁损害海岸线或区块的环境或相关的利益，包括捕鱼，等相平衡。

第十四条

（1）马来西亚之海岸线或任何区块之环境或相关利益，包括在专属经济区之捕鱼，受到第十条所提及的任何物质之卸下或排放而遭到损害或威胁受损害，总局长得发出指示或采取必要的行动以消除、驱散、破坏或缓和减轻危害或危害之威胁。

（2）不遵照第（1）款总局长之指示者，应处以一万元马币以下之罚款。

（3）船只之所有人和主人、陆上所在地地点的所有人或持有人、设施之所有人或设计人，或航空器之所有人或驾驶员，如违反第十条之禁止物质之卸下或排放之规定，应共同或分别负担因第（1）款所采取之必要的行动以消除、驱散、破坏或缓和减轻危害或危害之威胁所花的成本及支出，该成本及支出应首先课责处分上述诸人之财产或利益。

（4）除了第（3）款提及的诸人之外，一个人因作为或不作为而引起卸下或排放，则该人也应与第（3）款所提及的诸人共同或分别负担因第（1）款所采取之必要的行动以消除、驱散、破坏或缓和减轻危害或危害之威胁所花的成本及支出，该成本及支出应首先课责处分此人之财产或利益。

第十五条

（1）总局长得拘留违反第十四条第（1）款卸下或排放石油、混合合成油或污染物之任何船只。

（2）如船只所有人向政府缴交一笔钱或依总局长之意见恢复安全，而该笔钱足以支付执行消除、驱散、破坏或缓和减轻因该卸下或排放所造成之危害或危害之威胁所花的成本及支出时，总局长得释放依第（1）款拘留的船只。

（3）如已遭拘留之船只在未经第（2）款之规定释放之前径行出海，则船只之所有人或主人或任何让船只出海之人，应处以一百万元马币以下罚款。

（4）该船只之所有人或主人或任何违反本条例规定者，如不能付出罚款或第十四条第（1）款规定的执行行动所需的成本及支出，则法庭在经总局长之申请后，得下令出售该船只，以出售所得抵偿罚款及成本和支出。

第五部分 海洋科学研究

第十六条

（1）在未获“马来西亚”政府明示同意及受到政府所提出的条件之限制下，不可在专属经济区或大陆架进行任何海洋科学研究。

（2）除了第十七条之外，“马来西亚”政府应同意由任何国家或有权的国际组织为了和平目的及促进海洋环境之科学知识所进行的海洋科学研究。

第十七条 如政府有理由相信由任何国家或有权的国际组织在专属经济区或大陆架进行任何海洋科学研究有下述情况，得不同意其进行研究。

（1）对于探勘和开发生物或非生物之自然资源有直接重要性者；

（2）涉及钻探大陆架、使用爆炸物或引进污染物污染海洋环境；

（3）涉及建筑、营运或使用人工岛、设施或构造物；

（4）依照第十八条关于计划之本质和目标之资讯传递不正确，或者假如研究国或有权的国际组织根据以前的研究计划对马来西亚负有特殊的义务；

（5）可能干预马来西亚行使依本法、任何有效的成文法或国际法所赋予的主权权利和管辖权时所采取的行动。

第十八条 任何国家或有权的国际组织有意在专属经济区或大陆架从事海洋科学研究，应在预定进行海洋科学研究开始日至少 6 个月前向“马来西亚”政府提出申请，内容包含：

（1）计划之本质和目标；

（2）使用的方法和计划，包括船舶之名字、吨位数、类型和级别，以及科学设备一览表；

（3）计划执行之确切地区；

（4）研究船预期初抵日和最后离开日，或者设备布置和撤离日；

（5）主办机构、主管及计划承办人之姓名；

（6）马来西亚能参与或出席研究计划之程度为何。

第十九条

（1）每一个国家或有权的国际组织在专属经济区或大陆架进行海洋科学研究，应符合下述的条件：

（a）确保“马来西亚”政府（假如有意）参与或出席海洋科学研究计划之权利，特别是有关登临研究船、其他船舶或科学研究设施，当研究进行时，不须付给马来西亚科学家薪酬，马来西亚政府对此一计划也无支付费用之义务；

（b）应尽快向马来西亚政府提出初期报告，在研究结束时提出最后报告和结论；

（c）经马来西亚政府请求后，应提供计划有关的资料和样本，同样地，在未损害计划之科学价值之情况下，应提供从计划分出来的副本和样本之资料；

（d）如经马来西亚政府之请求，应提供对该资料、样本和研究结果之评估，或者对其所作的评估或解释提供协助；

（e）除非马来西亚政府另有规定，应确保研究成果经由适宜的国家的或国际的管道，能尽快地在国际上应用；

（f）研究计划有重大改变时应立即知会岛来西亚政府；

（g）除非另经同意，于研究计划完成时，应撤除科学研究设施或设备。

（2）本条是不能损害政府依照第十六或十七条做出同意或不同意之决定时所依据的条件，譬如对探勘和开发自然资源有直接重要性之计划，其研究结果要成为在国际上应用，须经事先同意。

第二十条

（1）如有下述情况发生，政府得命令在专属经济区或大陆架中止进行海洋科学研究活动：

（a）研究活动不按第十八条规定经政府核定的内容进行；或

（b）国家或有权的国际组织执行研究活动时不符合第十九条之规定。

（2）如有下述情况发生，政府得命令停止任何海洋科学研究活动：

（a）偏离依第十八条提出的资讯内容，而造成研究计划或研究活动重大改变；或

（b）第一款发生之情况未在一合理的期间内改正；其期间由政府

决定。

(3) 在政府发出中止或停止令通知后，国家或有权的国际组织应立即中止该命令指称的所有或任何海洋科学研究活动。

(4) 假如研究国或有权的国际组织在政府规定的一合理期间内改正而符合第十八或十九条规定的条件，则依第一款发布的中止令得由政府取消，海洋科学研究活动亦得继续进行。

第六部分 人工岛、设施和构造

第二十一条

(1) 除经政府之授权及其所定之条件，禁止在专属经济区或大陆架建设、营运或使用任何人工岛、设施或构造。

(2) 政府对在专属经济区及大陆架之人工岛、设施及构造拥有专属管辖权，包括海关、财政、健康、安全及移民法律之管辖权。

(3) 政府于必要时得在人工岛、设施及构造附近设立合理的安全区，并得制定适宜的办法以确保航行安全及人工岛、设施及构造之安全。

(4) 安全区之范围由政府决定之，应考虑到航行及人工岛、设施及构造是否符合国际标准，应发布安全区范围之通告。

(5) 所有船只必须遵守此一安全区，以及遵守政府依据有关在人工岛、设施、构造及安全区附近航行之国际标准订定的任何指示。

第二十二条

(1) 未经政府同意在指定的地点铺设电线和电缆，禁止在专属经济区或大陆架铺设海底电线或电缆。

(2) 除第（1）款之限制外，政府为了探勘大陆架、开发自然资源、防止、减少及控制因电线或电缆所造成的污染，得于必要时运用其权利采取合理的办法铺设或维护该电线和电缆。

第二十三条

已废弃不用或无法修复的海底电线或电缆之所有人，应立即报告政府，如政府有所指示，应在政府指定的时间内移除该电线或电缆。

第七部分 执行

第二十四条

(1) 为确保遵守本法或现行成文法律之规定，任何有权官员得自行判断其是否违反本法或其他成文法律，他得在没有令状之情况下，采取下述行动：

（a）停止、登临及搜寻在专属经济区内的船舶，检查依本法、成文法或国际普遍接受的规范和标准要求船上须携带的执照、许可、证书或任何文件，亦可就这些文件加以拷贝。

（b）进一步提出询问及对船舶、船员、设备、传动装置、家具、储藏室及货物进行检查，以确定其是否违反本法或成文法。

（c）进入及搜寻他认为可能违反本法或成文法的地点。

（d）逮捕他认为可能违犯本法或成文法之任何人。

（e）扣留他认为可能被用来违犯本法或成文法之任何物品。

（f）扣留他认为可能被用来违犯本法或成文法或与该犯罪有关之任何船舶，包括其设备、传动装置、家具、储藏室及货物。

（2）依第（1）款规定被扣留的物品、船舶或东西都应掣给收据。

第二十五条

（1）有权官员认为外国船舶有违反本法或现行成文法之虞者，他可依国际法对在专属经济区内的该船只采取紧追权加以阻止、逮捕及停泊。

（2）依第二十四条赋予有权官员之权力，可依据本条之规定有权管辖超越专属经济区之界限外至国际法所许可的范围内的船只。

（3）除马来西亚参与的区域或双边协议有所规定者外，紧追权在该被追船只进入其本国或第三国之领海或专属经济区时立即停止。

第二十六条

（1）有权官员依本法或任何现行成文法进行逮捕时，应立即将被逮捕者解送法庭。

（2）有权官员监禁被逮捕者之时间不应超过案子的合理时间。

（3）在没有刑事诉讼法第一一七条所规定的法庭之特别命令或特别命令届期，则该一时间不应超过二十四小时，惟不应将从逮捕地点至法·庭之旅行时间计算在内。

第二十七条　依本部分之规定被拘留之船只和船员应带至最近或最方便之港口，依据本法或任何现行成文法之规定加以处理。

第二十八条　任何人

（1）故意妨害有权官员依本法或现行成文法赋予他的权力之行使；

（2）不遵守本法或该成文法之法令或规定；或

（3）不遵守本法或该成文法之规定，而本法或该成文法对不遵守者无处罚之规定，亦俱为犯罪。

第二十九条　任何人依本法犯罪而无处罚之规定者，应处以一百万元马币之罚款。

（以下条款略）

参考文献

一、中文文献

（一）著作

1. 李昉：《太平御览》，北京：中华书局，1963 年第 1 版。

2. 《国际条约集（1958—1959）》，北京：商务印书馆，1974 年第 1 版。

3. 韩振华编：《南海诸岛史地考证论集》，北京：中华书局，1981 年第 1 版。

4. 《西沙群岛和南沙群岛自古以来就是中国的领土》，北京：人民出版社，1981 年第 1 版。

5. 韩振华：《南海诸岛史地研究》，北京：社会科学文献出版社，1996 年第 1 版。

6. 赵理海：《海洋法问题研究》，北京：北京大学出版社，1996 年第 1 版。

7. 中国军事百科全书编审委员会：《中国军事百科全书——军事地理测绘气象》分册，北京：军事科学出版社，1997 年第 1 版。

8. 中华人民共和国外交部政策规划司主编：《中国外交》，北京：世界知识出版社，2000 年第 1 版。

9. 吴士存主编：《南海问题文献汇编》，海口：海南出版社，2001 年第 1 版。

10. 周伟民、唐玲玲：《中国与马来西亚文化交流史》，海口：海南出版社，2002 年第 1 版。

11. 李金明：《南海争端与国际海洋法》，北京：海洋出版社，2003 年第 1 版。

12. 李国强：《南中国海研究：历史与现状》，哈尔滨：黑龙江教育出版社，2003 年第 1 版。

13. 刘宝银：《环中国岛链：海洋地理、军事、区位信息系统》，北京：

海洋出版社，2003 年第 1 版。

14. 李金明：《南海波涛——东南亚国家与南海问题》，南昌：江西高校出版社，2005 年第 1 版。

15. 多默·皮列士著，何高济译：《东方志——从红海到中国》，南京：江苏教育出版社，2005 年第 1 版。

16. 高之国、张海文、贾宇主编：《国际海洋法的理论与实践》，北京：海洋出版社，2006 年第 1 版。

17. 曹云华、鞠海龙主编：《南海地区形势报告（2011—2012）》，北京：时事出版社，2012 年第 1 版。

18. 曹云华、鞠海龙主编：《南海地区形势报告（2012—2013）》，北京：时事出版社，2013 年第 1 版。

19. 吴士存：《南海争端的起源与发展》，北京：中国经济出版社，2013 年第 1 版。

20. 《联合国海洋法公约》，北京：海洋出版社，2013 年第 2 版。

21. 曹云华、鞠海龙主编：《南海地区形势报告（2013—2014）》，北京：时事出版社，2014 年第 1 版。

22. 李金明：《中国南海疆域研究》，哈尔滨：黑龙江教育出版社，2014 年第 1 版。

23. 祁怀高：《中国崛起背景下的周边安全与周边外交》，北京：中华书局，2014 年第 1 版。

24. 鞠海龙主编：《南海地区形势报告（2014—2015）》，北京：时事出版社，2015 年第 1 版。

（二）论文及文章

1. 林金枝：《近年来外国人在南海海域进行石油勘探活动》，《南洋问题》1979 年第 4 期。

2. 《外交部就弹丸礁被外国军队非法侵占一事重申南沙群岛历来就是中国领土》，《人民日报》1983 年 9 月 15 日，第 1 版。

3. 榕星：《马来西亚防务政策重心转向海洋》，《东南亚研究》1990 年第 3 期。

4. 《马越两国重申合作开采石油》，[马来西亚]《新明日报》1993 年 6 月 5 日，第 10 版。

5. 《首相：东南亚国家不应靠军事条约 搞好经济维持和平》，[马来西亚]《南洋商报》1994 年 2 月 5 日，第 3 版。

6. 李金明：《我国人民开发经营西、南沙群岛的证据》，《南洋问题研究》1996年第2期。

7. 李金明:《我国史籍中有关南海疆域的记载》,《中国边疆史地研究》1996年第3期。

8.《马菲同意制定准则处理南沙群岛纷争》,［马来西亚］《星洲日报》1999年11月5日,第8版。

9.《东协首脑非正式峰会不讨论南沙群岛课题》,［马来西亚］《南洋商报》1999年11月24日,A4版。

10.《南沙争议属长期课题 马中以多边基础解决》,［马来西亚］《南洋商报》1999年11月24日,A4版。

11. 秦晓程:《与海底资源共同开发有关的几个国际法问题》,《政法论坛》2000年第1期。

12. 李国强:《解决南沙群岛主权争议几个方案的解析》,《中国边疆史地研究》2000年第3期。

13. 李金明:《21世纪南海主权研究的新动向》,《南洋问题研究》2001年第1期。

14. 李金明:《南沙海域石油开发与主权纷争》,《南洋问题研究》2002年第4期。

15. 岳德明:《中国南海政策刍议》,《战略与管理》2002年第3期。

16.《东南亚国家对南沙争议达共识 制订与中国谈商方案》,［马来西亚］《星洲日报》2002年7月28日,第27版。

17. 鞠海龙:《论清末和民国时期我国相关史料在解决南中国海争端方面的价值》,《史学集刊》2003年第1期。

18.《1989年〈帝汶海沟合作条约〉(印度尼西亚)》,《南洋资料译丛》2003年第3期。

19. 李金明:《论马来西亚在南海声称的领土争议》,《史学集刊》2004年7月,第3期。

20. 李金明:《〈从东盟南海宣言〉到〈南海各方行为宣言〉》,《东南亚》2004年第3期。

21. 李广一、李光盛:《中越关系和南沙群岛争端》,《湖南科技大学学报》(社会科学版)2004年第2期。

22. 李金明:《海洋法公约与南海领土争议》,《南洋问题研究》2005年第2期。

23. 张洁:《中国能源安全中的马六甲因素》,《国际政治研究》2006年第3期。

24. 张良福:《关于争议海域油气资源共同开发的问题》,见高之国、张海文、贾宇主编：《国际海洋法的理论与实践》，北京：海洋出版社，2006 年版。

25. 李金明：《南海地区安全：打击海盗与反恐合作》，《南洋问题研究》2008 年第 3 期。

26. 刘中民：《冷战后东南亚国家南海政策的发展动向与中国的对策思考》，《南洋问题研究》2008 年第 2 期。

27. 《菲中同意在南海争议区设置一捕鱼区减少紧张》，［菲律宾］《世界日报》2008 年 1 月 12 日。

28. 《加紧维护岛礁主权》，［马来西亚］《南洋商报》2008 年 5 月 28 日社论，A17 版。

29. 《岛礁主权判决 马新双赢》，［马来西亚］《南洋商报》2008 年 6 月 1 日，A18 版。

30. 李一平：《中国与马来西亚的新关系》，见《第六届中国亚太学会年会暨学术讨论会文集》，日本侨报出版社，2008 年 9 月版。

31. 吕晓伟：《南海争端的现状、原因及对策》，《当代社科视野》2009 年第 7—8 期。

32. 孔远志：《中国与东南亚文化交流的特点》，《东南亚之窗》2009 年第 1 期。

33. 江怀友等：《马来西亚国家石油公司发展战略与管理》，《中外能源》2009 年第 14 卷。

34. 周云：《文莱与马来西亚达成“领土换石油”协议》，［马来西亚］《东方早报》2009 年 3 月 20 日。

35. 《为争夺海域主权，中国南海周边四国正在加强潜艇部署》，［菲律宾］《世界日报》2009 年 8 月 2 日。

36. 陈晓：《南海的资源世界》，《三联生活周刊》2010 年第 46 期。

37. 鞠海龙、葛红亮：《美国“重返”东南亚对南海安全形势的影响》，《世界经济与政治论坛》2010 年第 1 期。

38. 李金明：《南海问题的最新动向与发展趋势》，《东南亚研究》2010 年第 1 期。

39. 苏莹莹：《走进马来西亚》，《回族文学》2010 年第 1 期。

40. 李鸿谷：《复杂的南海》，《三联生活周刊》2010 年第 46 期。

41. 刘锋：《南海油气资源开发与合作》，《新东方》2010 年 6 月。

42. 吴琪：《南海争端中的国际法困境》，《三联生活周刊》2010 年第 46 期。

43. 薛力：《“马六甲困境”内涵辨析与中国的应对》，《世界经济与政治》2010 年第 10 期。

44. 安应民：《论南海争议区域油气资源共同开发的模式选择》，《当代亚太》2011 年第 6 期。

45. 郭渊：《20 世纪 80 年代南海地缘形势与中国对南海权益的捍卫》，《历史教学》2011 年第 4 期。

46. 佟玉军：《对我国当前海上石油工程施工管理的思考》，《经营管理者》2011 年第 5 期。

47. 郭渊：《南海地缘形势与中国政府对南海权益的维护——以 20 世纪六七十年代南海争端为考察中心》，《太平洋学报》2011 年 5 月。

48. 李金明：《南海领土争议的由来与现状》，《世界知识》2011 年 12 月。

49. 李梦桃、黄鑫森：《引入 BOT 投资方式解决南海海上石油资源开采的主权问题——以中国与马来西亚在南海海上石油资源开采争议为例》，《东方企业文化》2011 年 12 月。

50. 刘琳：《越南：加强军力 虎视南海》，《世界之窗》2011 年第 15 期。

51. 骆永昆：《马来西亚的南海政策及其走向》，《国际资料信息》2011 年第 10 期。

52. 邵建平：《如何推进南海共同开发？——东南亚国家经验的视角》，《当代亚太》2011 年第 6 期。

53. 叶雨：《南海周边的海军力量》，《视野》2011 年第 16 期。

54. 王圣云、张耀光：《南海地缘政治特征及中国南海地缘战略》，《东南亚纵横》2012 年第 1 期。

55. 李国强：《中国的南海诉求究竟是什么》，《国际先驱导报》2012 年 3 月 9—15 日，第 32 版。

56. 丁刚、暨佩娟、孙广勇等：《200 家西方公司狂敛南海油气》，《环球时报》2012 年 3 月 22 日，第 3 版。

57. 李天星：《南海：主权属我，共同开发》，《中国石油企业》2012 年 5 月。

58. 侯瑞宁：《谁在开采中国南海》，《中国石油石化》2012 年 5 月 15 日，第 10 期。

59. 《中国主权的南海历史》，《国土资源》2012 年 6 月。

60. 陈小茹：《菲律宾越南多面出击应对中国成立三沙市》，《中国青年报》2012 年 7 月 27 日，第 4 版。

61. 葛红亮：《东盟在南海问题上的政策评析》，《外交评论》2012 年第 4 期。

62. 任远喆:《南海问题与地区安全:西方学者的视角》,《外交评论》2012 年第 4 期。

63. 吴心伯:《论奥巴马政府的亚太战略》,《国际问题研究》2012 年第 2 期。

64.《中国南海探明石油资源储量》,《西部资源》2012 年第 3 期。

65. 王海霞:《EIA 公布最新南海油气资源评估报告》,《中国能源报》2013 年 2 月 25 日,第 08 版。

66. 苏莹莹:《从马来西亚官方媒体的报道解读该国政府的南海政策——以马新社〈使者报〉1999 年至 2013 年的相关报道为分析依据》,《南洋问题研究》2013 年第 4 期。

67. 骆永昆:《浅析马来西亚外交战略的发展及其特点》,《和平与发展》2013 年第 5 期。

68. 张荷霞:《南海中南部海域油气资源开发战略价值评价》,《资源科学》2013 年第 11 期。

69. 苏莹莹:《在应对南海困局中发挥马来西亚因素的积极作用》,《海交史研究》2014 年第 1 期。

70. 姜丽等:《马来西亚在南海的战略利益分析》,《广东海洋大学学报》2014 年 4 月,第 34 卷第 2 期。

71. 蓝中华:《马中外交战略布局与互动》,[马来西亚]《当代评论》2014 年第 2 期,林连玉基金出版。

72. 徐桑奕:《明清时期中央政权南海管制式微与海上丝绸之路的衰落》,《历史教学》2014 年第 12 期。

73. 李国强:《南海油气资源勘探开发的政策调适》,《国际问题研究》2014 年第 6 期。

74. 朱锋:《"双轨思路"是处理南海争议的最佳途径》,《中国新闻周刊》总第 685 期,2014 年 11 月 20 日。

75. 陈相秒:《2014 年马来西亚南海政策评析》,《世界经济与政治论坛》2015 年 5 月第 3 期。

76. 丁洁琼、张丽娜:《南海油气资源共同开发"区块"选择研究》,《中国海商法研究》2015 年 6 月第 26 卷第 2 期。

77. 杜旸:《中国南海危机管理的战略探析》,《当代世界》2015 年第 9 期。

78. 苏莹莹:《中国文化在马来西亚的传播与传承》,《中国高校社会科学》2015 年第 6 期。

79.《奥巴马访菲先登二手军舰 被指反击中国新信号》，《环球时报》2015 年 11 月 18 日。

80. 张蕴岭：《中国—东盟对话 25 年：讲信修睦，合作共赢》，《世界知识》2016 年第 14 期。

81. 傅莹、吴士存：《南海局势及南沙群岛争议：历史回顾与现实思考》，《中国新闻周刊》2016 年第 17 期。

82. 刘怡：《南海之上：中国海洋转型的考验与前途》，《三联生活周刊》2016 年第 32 期。

83. 刘怡：《通道·均势·领导权：解读美国南海战略》，《三联生活周刊》2016 年第 32 期。

84. 普拉善斯·帕拉米斯瓦兰著，随缘译：《安全地玩：马来西亚的南海路线和对美国的预示》，《南洋资料译丛》2016 年第 1 期。

85. 李肇星：《如何看待当前的南海形势》，《和平与发展》2016 年第 4 期。

86. 徐菁菁：《南海棋局：小国博弈与战略选择》，《三联生活周刊》2016 年第 32 期。

87. 李金明：《当前南海局势与越南的南海政策》，《人民论坛·学术前沿》2016 年第 23 期。

88. 李克强：《在第十九次中国—东盟（10＋1）领导人会议暨中国—东盟建立对话关系二十五周年纪念峰会上的讲话》，《人民日报》2016 年 9 月 8 日，第 3 版。

89. 钟飞腾：《理解南海问题中的东盟：以陆制海、东盟崛起与地区稳定》，《南洋问题研究》2017 年第 1 期。

（三）学位论文

1. 王大燕：《南海区域渔业合作问题探讨》，中国海洋大学硕士学位论文，2010 年。

2. 邓后发：《南海争端中马来西亚的对华反应与行为策略分析》，广东外语外贸大学硕士学位论文，2014 年。

3. 苏奕文：《南海争端与马来西亚南海政策分析》，南京大学硕士学位论文，2014 年。

4. 王晓艳：《南海海洋环境保护合作机制研究》，海南大学硕士学位论文，2014 年。

（四）网络资料及其他

1. 《日向印尼提供 3 艘巡逻艇》，搜狐新闻网，2006 年 6 月 14 日，http：//news. sohu. com/20060614/n243723477. shtml，访问日期：2015 年 4 月 7 日 11：10。

2. 《马来西亚则是中国南海开采油气资源最多的国家》，香港经济网，2009 年 8 月 22 日，http：//news. cnfol. com/090822/101，1278，6398063，00. shtml，访问日期：2015 年 9 月 27 日 23：15。

3. 《警惕：日本染指马六甲海峡的野心与手段》，环球网，2010 年 1 月 27 日，http：//mil. huanqiu. com/world/2010 – 01/701700. html，访问日期：2016 年 12 月 3 日 16：20。

4. 《马哈蒂尔：中国崛起对东南亚是机遇而不是威胁》，中国经济网，2010 年 4 月 27 日，http：//intl. ce. cn/specials/zxxx/201004/27/t20100427_21331892. shtml，访问日期：2016 年 3 月 12 日 13：05。

5. 《菲律宾步步深入南海资源区抢“主权”》，中国新闻网，2011 年 4 月 28 日，http：//www. chinanews. com/gj/2011/04 – 28/3004842. shtml，访问日期：2016 年 10 月 8 日 17：30。

6. 《马来西亚总理：把中国看作敌人将是一个错误》，新华网，2011 年 6 月 6 日，http：//world. huanqiu. com/roll/2011 – 06/1737805. html，访问日期：2016 年 7 月 15 日 12：20。

7. 《越南总理：全党全民全军最强决心保护南沙》，中新网，2011 年 6 月 10 日，http：//www. chinanews. com/gj/2011/06 – 10/3102013. shtml，访问日期：2016 年 10 月 6 日 0：12。

8. 《美国联合东南亚六国军演 称其在南海有国家利益》，央视网，2011 年 6 月 16 日，http：//news. qq. com/a/20110616/000220. htm，访问日期：2016 年 10 月 5 日 23：15。

9. 《菲律宾购买美国巡逻舰称用来捍卫其南海利益》，环球网，2011 年 7 月 18 日，http：//world. huanqiu. com/roll/2011 – 07/1827110. html，访问日期：2016 年 8 月 1 日 10：01。

10. 《中华人民共和国对外合作开采海洋石油资源条例》，中央政府门户网站，2011 年 10 月 10 日，http：//www. gov. cn/zwgk/2011 – 10/10/content_ 1965581. htm，访问日期：2016 年 8 月 28 日 17：10。

11. 孙光勇：《探访“泰马海上共同开发区”》，人民网—国际频道，2011 年 10 月 14 日，http：//world. people. com. cn/GB/15898494. html，访问日期：2015 年 12 月 9 日 13：20。

12.《上海港今年集装箱吞吐量超 3000 万 TEU，蝉联世界第一》，搜狐证券，2011 年 12 月 23 日，http：//stock. sohu. com/20111223/n330050675. shtml，访问日期：2017 年 5 月 2 日 23：55。

13.《美向菲交付汉密尔顿级巡逻舰 菲花费近千万美元》，人民网，2012 年 5 月 23 日，http：//military. people. com. cn/GB/17957957. html，访问日期：2016 年 8 月 1 日 9：12。

14.《评论称越南增强海军实力 利用地理优势控制南海》，中国新闻网，2012 年 5 月 31 日，http：//www. chinanews. com/mil/2012/05－31/3929771. shtml，访问日期：2016 年 8 月 1 日 9：10。

15.《环太平洋—2012 联合军演》，人民网国际频道专栏，2012 年 6 月，http：//world. people. com. cn/GB/8212/191606/345616/index. html，访问日期：2016 年 8 月 2 日 13：15。

16.《外交部就越南立法侵犯中国领土主权提严正交涉》，人民网，2012 年 6 月 21 日，http：//politics. people. com. cn/GB/70731/18263916. html，访问日期：2016 年 10 月 8 日 17：25。

17.《菲律宾在我中业岛上建小型幼儿园》，人民网，2012 年 6 月 24 日，http：//world. people. com. cn/n/2012/0624/c1002－18370834. html，访问日期：2016 年 7 月 28 日 11：20。

18.《越南在我南沙南威岛用瓷片组巨幅国旗宣誓“主权”》，环球网，2012 年 6 月 26 日，http：//mil. huanqiu. com/gt/2012－06/2653107. html，访问日期：2016 年 7 月 29 日 8：05。

19.《越南南海动作不断 专家称中国应造“第四航母”》，凤凰网，2012 年 6 月 29 日，http：//news. ifeng. com/mil/4/detail_ 2012_ 06/29/15654520_ 0. shtml，访问日期：2016 年 10 月 6 日 0：15。

20.《媒体称菲越将南海争端国际化 再挑衅将惹怒中国》，环球网，2012 年 7 月 28 日，http：//world. huanqiu. com/hot/2012－07－2899496. html，访问日期：2016 年 7 月 9 日 15：10。

21.《台媒：马来西亚副总理到南沙“宣示主权”》，参考消息网，2012 年 8 月 15 日，http：//world. cankaoxiaoxi. com/2012/0815/78660. shtml，访问日期：2016 年 7 月 18 日 12：30。

22.《美媒：马来西亚总理拒“域外国家”插足南海》，参考消息网，2013 年 6 月 6 日，http：//world. cankaoxiaoxi. com/2013/0606/220658. shtml，访问日期：2016 年 7 月 23 日 12：12。

723.《马来西亚总理纳吉布会见王毅》，中华人民共和国外交部官网，2013 年 8 月 1 日，http：//www. fmprc. gov. cn/mfa_ chn/zyxw_ 602251/

t1063427. shtml，访问日期：2016 年 11 月 5 日 21：10。

24.《南海局势不会影响马中经贸关系》，［马来西亚］《东方早报》2013 年 9 月 6 日，http：//news. 163. com/13/0906/10/9834DBMN00014AED. html，访问日期：2016 年 7 月 24 日 16：54。

25.《菲律宾海军计划购买大批武器装备》，新华网，2013 年 10 月 7 日，http：//news. xinhuanet. com/2013 - 10/07/c_ 117608797. htm，访问日期：2016 年 7 月 24 日 10：25。

26.《马关注南海舰队在曾母暗沙宣誓主权》，联合早报网，2014 年 1 月 27 日，http：//www. zaobao. com/special/report/politic/southchinasea/story20140127 - 303957，访问日期：2016 年 10 月 6 日 0：20。

27.《外电：马来西亚连手菲越反对中国南海主张》，参考消息网，2014 年 2 月 28 日，http：//world. cankaoxiaoxi. com/2014/0228/353450. shtml，访问日期：2016 年 7 月 24 日 10：17。

28.《中华人民共和国与马来西亚建立外交关系 40 周年联合公报》，中国外交部官网，2014 年 6 月 1 日，http：//www. fmprc. gov. cn/web/ziliao_ 674904/1179_ 674909/t1161309. shtml，访问日期：2016 年 7 月 23 日 16：50。

29.《马来西亚能源产业亮点分析》，美国能源信息署官网，2014 年 9 月 29 日，http：//www. eia. gov/beta/international/country. cfm？iso = MYS，访问日期：2016 年 7 月 24 日 12：05。

30.《李克强：2015 年底完成中国—东盟自贸区升级版》，人民网，2014 年 11 月 12 日，http：//money. 163. com/14/1112/19/AASFQMK600254IU3. html，访问日期：2016 年 8 月 28 日 11：20。

31.《马来西亚防长：渲染紧张诋毁无助解决南海问题》，中国新闻网，2014 年 11 月 21 日，http：//www. chinanews. com/mil/2014/11 - 21/6801832. shtml，访问日期：2016 年 7 月 23 日 12：52。

32.《2014 年中马双边贸易额再次突破千亿美元》，新华网马来西亚频道，2015 年 1 月 16 日，http：//my. xinhuanet. com/2015 - 01/16/c_ 127392160. htm，访问日期：2016 年 11 月 5 日 21：20。

33. 胡逸山：《“海上丝路”拓宽中马合作空间》，《环球时报》2015 年 1 月 19 日，环球网，http：//opinion. huanqiu. com/opinion_ world/2015 - 01/5433593. html，访问日期：2016 年 11 月 30 日 14：25。

34. 尹承德：《“10 + 1”机制推动中国与东盟关系不断发展》，山东省人民政府外事办公室网站，2015 年 1 月 19 日，http：//www. sdfao. gov. cn/art/2015/1/19/art_ 54_ 64949. html，访问日期：2016 年 10 月 6 日 20：05。

35.《2014年中国东盟贸易额超4800亿美元》，中国新闻网，2015年1月31日，http://world.huanqiu.com/hot/2015-01/5558803.html，访问日期：2016年10月6日18：12。

36.《中马钦州产业园园区概况》，人民网，2015年5月21日，http://gx.people.com.cn/n/2015/0521/c371361-24945310.html，访问日期：2016年10月5日12：00。

37.《菲律宾爆发反华游行示威 称中国“侵占”领土》，环球网，2015年7月26日，http://www.mnw.cn/news/china/951154.html，访问日期：2016年10月5日23：50。

38.《中国—马来西亚海洋合作》，国家海洋局网站，2015年9月17日，http://www.soa.gov.cn/xw/ztbd/ztbd_2015/zdblh/sbhz/201509/t20150917_43082.html，访问日期：2016年10月30日22：40。

39.《中马首次联合军演举行 代号“和平友谊—2015”》，中国网，2015年9月17日，http://henan.china.com.cn/news/2015/0917/824789_4.shtml，访问日期：2016年10月4日17：05。

40.《中国—东盟国防部长非正式会晤在京举行》，新华网，2015年10月17日，http://news.xinhuanet.com/mil/2015-10/17/c_128328490.htm，访问日期：2016年11月4日23：50。

41.《中国—东盟关系》，环球网，2015年11月16日，http://china.huanqiu.com/hot/2015-11/7990720.html，访问日期：2016年10月6日18：10。

42.《2015年中马双边贸易额973.6亿美元 中国仍是马第一大贸易伙伴国》，环球网，2016年1月18日，http://china.huanqiu.com/News/mofcom/2016-01/8402749.html，访问日期：2016年11月5日20：20。

43. 黄和悦、张旺：《越媒悲情炒作“南沙海战”打造“受害者”形象》，《环球时报》2016年3月15日，http://world.huanqiu.com/exclusive/2016-03/8706796.html，访问日期：2016年10月6日0：10。

44. 习近平：《凝聚共识 促进对话 共创亚洲和平与繁荣的美好未来》，中央政府门户网站，2016年4月28日，http://www.gov.cn/xinwen/2016-04/28/content_5068771.htm，访问日期：2016年5月1日13：20。

45.《2015年中国东盟双边贸易额达到4720亿美元》，中国—东盟中心网站，2016年5月27日，http://www.asean-china-center.org/2016-05/27/c_135392778.htm，访问日期：2016年10月6日18：15。

46. 张军社：《中国是维护南海和平稳定的重要力量》，中国军网，2016年5月30日，http://www.81.cn/jfjbmap/content/2016-05/30/

content_ 146102. htm，访问日期：2016 年 11 月 4 日 23：30。

47.《曹文炼主任带队赴马来西亚推进中马产能合作》，国家发展与改革委员会国际合作中心网站，2016 年 6 月 3 日，http：//www. icc－ndrc. org. cn/Detail. aspx？newsId＝5760，访问日期：2016 年 11 月 5 日 23：00。

48. 丁子、俞懿春、杨讴、张志文：《南海问题研讨会在新加坡举行》，人民网，2016 年 7 月 19 日，http：//world. people. com. cn/n1/2016/0719/c1002－28564331. html，访问日期：2016 年 7 月 21 日晚 22：36。

49. 郑怡雯：《专访阎学通：南海仲裁案前后不会有两个不同格局》，澎湃新闻，2016 年 7 月 19 日，http：//www. thepaper. cn/newsDetail _ forward_ 1500715，访问日期：2016 年 7 月 22 日，22：20。

50.《又一次！央视记者王冠就南海仲裁舌战美国专家》，央视网，2016 年 7 月 22 日，http：//m. news. cctv. com/2016/07/22/ARTIQow0S9cyao-T8fqaD7tq8160722. shtml？t＝1469224181934，访问日期：2016 年 7 月 23 日 22：33。

51.《马来西亚总理访华欲买巡逻舰 英媒：是对美国的打击》，腾讯新闻，2016 年 10 月 31 日，http：//news. qq. com/a/20161031/005507. htm，访问日期：2016 年 11 月 5 日 21：20。

52.《马来西亚总理访华将坐中国高铁 军事合作达新高度》，搜狐新闻网，2016 年 10 月 31 日，http：//news. sohu. com/20161031/n471911105. shtml，访问日期：2016 年 11 月 5 日 21：10。

53.《马来西亚总理访华欲买巡逻舰 英媒：是对美国的打击》，腾讯新闻，2016 年 10 月 31 日，http：//news. qq. com/a/20161031/005507. htm，访问日期：2016 年 11 月 5 日 21：20。

54.《马来西亚总理访华购买 4 艘中国军舰 首次大规模采购中国武器》，观察者网，2016 年 11 月 2 日，http：//money. 163. com/16/1102/22/C4TBPCM1002580S6. html，访问日期：2016 年 11 月 5 日 19：35。

55.《马来总理访华 7 天 美媒：美转向亚洲又遇挑战》，观察者网，2016 年 11 月 2 日，http：//military. china. com/important/11132797/20161102/30027764_ all. html，访问日期：2016 年 11 月 5 日 21：40。

56. 游润恬：《中马领导人联合声明：南中国海主权声索国应通过谈判解决分歧》，[新加坡]《联合早报》2016 年 11 月 4 日，http：//beltandroad. zaobao. com/beltandroad/news/story20161104－685860，访问日期：2017 年 2 月 8 日 11：50。

57.《最近中国的几场外交让美国很上火》，中国网，2016 年 11 月 5 日，http：//henan. china. com. cn/life/2016/1105/3656571 _ 6. shtml，访问

日期：2016年11月5日12：15。

58. 胡逸山：《马菲相会谈不上选边》，［新加坡］《联合早报》2016年11月11日，http：//www. zaobao. com/forum/expert/oh – ei – sun/story 20161111 – 688923，访问日期：2016年11月15日23：40。

59. 张天南：《“和平友谊 – 2016”中马联演拉开帷幕》，中国国防部网站，2016年11月22日，http：//www. mod. gov. cn/photos/2016 – 11/22/content_ 4764324. htm，访问日期：2016年12月2日20：00。

60. 孙力舟：《就有争议海区的油气资源两国共同开发成功先例不少》，中国青年报社青年参考网，http：//qnck. cyol. com/content/2008 – 06/24/content_ 2236086. htm，访问日期：2016年9月13日12：05。

61. 《2011年世界人口状况报告》，豆丁网，http：//www. docin. com/p – 499761438. html，访问日期：2016年7月22日17：50。

62. 《2015年各国人口排名》，世界人口网，http：//www. renkou. org. cn/countries/，访问日期：2016年7月22日17：55。

63. 《中华人民共和国领海及毗连区法》，中国人大网，http：//www. npc. gov. cn/wxzl/wxzl/2000 – 12/05/content_ 4562. htm，访问日期：2015年12月12日15：10。

64. 《与马来西亚合作与交流》，中国南海网，http：//www. thesouthchinasea. org/2016 – 07/22/c_ 53580. htm，访问日期：2016年8月28日13：20。

65. 吴士存：《南海局势趋缓还是趋紧?》，参考消息网，2017年1月6日，http：//www. cankaoxiaoxi. com/china/20170106/1586107. shtml，访问日期：2017年3月20日20：50。

66. 《中国潜艇首次停靠马国休整补给》，［新加坡］《联合早报》2017年1月8日，http：//www. zaobao. com/special/report/politic/southchinasea/story20170108 – 710953，访问日期：2017年3月26日21：05。

67. 《国务院关于印发全国国土规划纲要（2016—2030年）的通知》，中华人民共和国中央人民政府官网，2017年2月4日发布，http：//www. gov. cn/zhengce/content/2017 – 02/04/content_ 5165309. htm，访问日期：2017年3月19日10：45。

68. 《亚细安中国完成南中国海行为准则框架第一份草案》，［新加坡］《联合早报》2017年3月9日，http：//www. zaobao. com/special/report/politic/southchinasea/story20170309 – 733631，访问日期：2017年3月26日20：45。

69. 朱静斯、李嘉鑫、谢庆珍：《一图看懂马来西亚武装部队》，中国军网，2017 年 3 月 29 日，http：//www.81.cn/syjdt/2017 - 03/29/content_7543373.htm，访问日期：2017 年 4 月 29 日 18：40。

70.《中国高铁力压日本，拿下 745 亿新马高铁项目》，搜狐财经网，2017 年 4 月 10 日，http：//mt.sohu.com/business/d20170410/132996057_496114.shtml，访问日期：2017 年 5 月 10 日 22：15。

71.《打造中国与东盟合作新典范——中马钦州产业园区五年发展回眸》，广西壮族自治区商务厅门户网站，2017 年 4 月 26 日，http：//www.gxswt.gov.cn/htmlContent/detail/da6213ea - eef2 - 46c5 - a4b7 - 1f3077fbeee9，访问日期：2017 年 5 月 2 日 21：20。

72.《送 43 个榴梿象征建交 43 年 纳吉访华展开“榴梿外交”》，［新加坡］《联合早报》2017 年 5 月 15 日，http：//beltandroad.zaobao.com/beltandroad/news/story20170515 - 760140，访问日期：2017 年 5 月 16 日 7：40。

73.《马来西亚总理纳吉布出席“一带一路”国际合作高峰论坛》，中华人民共和国驻马来西亚大使馆官网，2017 年 5 月 18 日，http：//www.fmprc.gov.cn/ce/cemy/chn/zgxw/t1463123.htm，访问日期：2017 年 5 月 21 日 20：05。

74.《马哈蒂尔不太可能做中马关系的颠覆者》，《环球时报》，2018 年 5 月 10 日，http：//opinion.huanqiu.com/editorial/2018 - 05/12008080.html，访问日期：2018 年 5 月 11 日 11：15。

75. 刘栋：《马来西亚总理马哈蒂尔：新政府将遵守与中国签订的所有协议》，澎湃新闻，2018 年 5 月 18 日，https：//www.thepaper.cn/newsDetail_ forward_ 2137613，访问日期：2018 年 5 月 19 日 16：20。

76.《白天大使拜会马哈蒂尔总理》，中华人民共和国驻马来西亚大使馆官网，2018 年 5 月 24 日，http：//www.fmprc.gov.cn/ce/cemy/chn/sgxw/t1562197.htm，访问日期：2018 年 5 月 25 日 15：30。

77.《博鳌亚洲论坛 2019 年年会南海主题分论坛成功举办》，光明日报网，2019 年 4 月 2 日，http：// politics.gmw.cn/2019 - 04/02/content_32710094.htm，访问日期：2019 年 4 月 21 日 21：40。

78. 孙书贤：《海洋权益形势与强国战略》，2015 年 10 月 20 日，北京外国语大学讲座。

79. 王逸舟：《中国外交研究：新形势新挑战》，2014 年 4 月 4 日，北京大学演讲。

二、马来文文献

1. Abdul Rashid Abdul Rahman. 2011. "TLDM Ikuti Perkembangan Spratly". *Utusan*, 28 Jun. http://www.utusan.com.my/utusan/info.asp? y = 2011&dt = 0628&pub = utusan_ malaysia&sec = Dalam_ Negeri&pg = dn_ 14.htm#ixzz2IlCZa6rg.

2. Azmi Hassan. 2011. "Saranan Malaysia kekang Konflik Laut China Selatan". *Utusan*, 3 Jun. http://www.utusan.com.my/utusan/info.asp? y = 2011&dt = 0603&pub = utusan_ malaysia&sec = Rencana&pg = re_ 08.htm#ixzz2In6JL0Ww.

3. Azmi Hassan. 2012. "Kepentingan Strategik Kapal Selam Scorpene Malaysia". *Utusan*, 27 April. http://www.utusan.com.my/utusan/Rencana/20120427/re_ 05/Kepentingan – strategik – kapal – selam – Scorpene – Malaysia #ixzz2ImbiZDEi.

4. Azmi Hassan. 2013. "Pendirian Malaysia Elak ASEAN Berpecah". *Utusan*, 5 Sep. http://www.utusan.com.my/utusan/Rencana/20130905/re_ 02/Pendirian – Malaysia – elak – ASEAN – berpecah#ixzz 2qvGGacVK.

5. Azmi Hassan. 2014. "Pertahan Kedaulatan Beting Serupai". *Utusan*, 6 Feb. http://www.utusan.com.my/utusan/Rencana/20140206/re_ 02/Pertahan – kedaulatan – Beting – Serupai#ixzz30R6Za5pF.

6. Azmi Hassan. 2014. "Iktibar Dasar Luar Kuala Lumpur". *Utusan*, 24 April. http://www.utusan.com.my/utusan/Rencana/20140424/re_ 01/Iktibar – dasar – luar – Kuala – Lumpur#ixzz30QOER29C.

7. Azmi Hassan. 2014. "Natijah Hubungan Malaysia-China". *Utusan*, 1 Jun. http://www.utusan.com.my/utusan/Rencana/20140601/re_ 01/Natijah – hubungan – Malaysia – China#ixzz33wQ0hgeD.

8. Azmi Hassan. 2014. "Diplomasi Cara Malaysia". *Utusan*, 26 Oktober. http://www. utusan.com.my/rencana/diplomasi – cara – malaysia – 1.16789.

9. Azmi Hassan. 2015. "Kuala Lumpur Berjaya Satukan Asean". *Utusan*, 6 Ogos. http://www.utusan.com.my/rencana/kl – berjaya – satukan – asean – 1. 121045.

10. Azmi Hassan. 2015. "Isyarat Tersirat Latihan ATM-PLA". *Utusan*, 24 Sep. http://www.utusan.com.my/rencana/isyarat – tersirat – latihan – atm – pla – 1.139514.

11. Azmi Hassan. 2015. "Senario Geopolitik Baru ASEAN". *Utusan*, 19

Nov. http: //www. utusan. com. my/rencana/senario - geopolitik - baharu - asean - 1. 159841.

12. Baharom Mahusin. 2016. "Hubungan Tidak Terjejas". *Utusan*, 4 Nov. http: //www. utusan. com. my/berita/nasional/hubungan - tidak - terjejas - 8211 - najib - 1. 403332.

13. Fuziah Shaffie, Ruslan Zainuddin. 2000. *Sejarah Malaysia.* Shah Alam: Penerbit Fajar Bakti Sdn. Bhd.

14. Hamden Ramli. 2015. "Pengiktirafan Hubungan AS-Malaysia". *Utusan*, 19 Oktober. http: //www. utusan. com. my/rencana/pengiktirafan - hubungan - as - malaysia - 1. 148009.

15. Ismail bin Haji Hasan. 1992. "Spratly: Implikasi Pengisytiharan China Terhadap Kestabilan Serantau". *Jurnal Parlimen Malaysa*, Vol. 11, hlm. 25 - 28.

16. Kna Kamal Abdul Muld. 2004. "Wisma Kaki Langit Stesen Luar Pantai TLDM". *Utusan*, 24 April. http: //www. utusan. com. my/utusan/info. asp? y = 2004&dt = 0424&pub = utusan _ malaysia&sec = Tentera&pg = te _ 02. htm # ixzz2InY5v3JU.

17. Ku Seman Ku Hussain. 2015. "AS - China Pertingkat Pengaruh di Laut China Selatan". *Utusan*, 14 Jun. http: //www. utusan. com. my/rencana/as - china - pertingkat - pengaruh - di - laut - china - selatan - 1. 102709.

18. Mahathir Ali. 2011. "Kemusykilan terhadap Niat China". *Utusan*, 16 Jun. http: //www. utusan. com. my/utusan/info. asp? y = 2011&dt = 0616&pub = utusan_ malaysia&sec = Rencana&pg = re_ 02. htm#ixzz2ImkszROI.

19. Mohd. Asron Mustapha. 2011. "Op Pasir Bukti Kecekapan ATM Jaga Perairan Negara". *Utusan*, 3 Ogos. http: //www. utusan. com. my/utusan/info. asp? y = 2011&dt = 0803&pub = utusan_ malaysia&sec = Polis_ %26_ Tentera&pg = te_ 01. htm#ixzz2ImQzOqIL.

20. Mohd. Khuzairi Ismail. 2010. "China Gelisah Keakraban Vietnam-Amerika Syarikat". *Utusan*, 14 Ogos. http: //www. utusan. com. my/utusan/info. asp? y = 2010&dt = 0814&pub = utusan_ malaysia&sec = Rencana&pg = re_ 07. htm#ixzz2Imq34yBz.

21. Mohamad Shofi Mat Isa. 2013. "Kesiapsiagaan Maritim Malaysia". *Utusan*, 13 Feb. http: //ww1. utusan. com. my/utusan/Polis_ %26_ Tentera/ 20130213/te_ 01/Kesiapsiagaan - Maritim - Malaysia#ixzz3QSPcu Np6.

22. Muhammad Afifi Abdul Razak. 2013. "Isu Keselamatan Negara Bukan 'Wayang'". *Utusan*, 14 Mac. http: //ww1. utusan. com. my/utusan/Rencana/

20130314/re_ 02/Isu – keselamatan – negara – bukan – 'wayang.

23. Muhammad Hadi. 2013. "Malaysia Pusat Maritim yang Kompetitif". *Dewan Ekonomi*, Disember: 5 – 7.

24. Nazery Khalid. 2006. "China Kuasa Maritim Baharu Dunia". *Dewan Masyarakat*, September: 39.

25. Nazery Khalid. 2008. "Pencarian Minyak di Laut Dalam". *Dewan Masyarakat*, Disember: 37 – 39.

26. Nazery Khalid. 2011. "Dagangan Strategik Laut China Selatan". *Dewan Ekonomi*, Oktober: 43 – 45.

27. Nik Azman Nik Abdul Majid. 2013. "Konflik Perebutan Laut China Selatan". *Dewan Masyarakat*, Mac: 53 – 55.

28. Nik Azman Nik Abdul Majid. 2014. "Kepentingan Laut China Selatan Menjadi Rebutan". *Dewan Masyarakat*, Mei: 56 – 58.

29. Rizal Zamani Idris, Ramli Dollah, Marja Azlima Omar. 2010. *Isu Keselamatan Persempadanan Negeri Sabah dan Tuntutan terhadap Kepulauan Spratly*. Sabah: Penerbit Universiti Malaysia Sabah.

30. Rozaman Ismail. 2014. "Komited Lonjak Hubungan". *Utusan*, 2 Jun. http://www.utusan.com.my/utusan/Dalam_ Negeri/20140602/dn_ 01/Komited – lonjak – hubungan#ixzz33wYf3wrT.

31. Sofian Baharom. 2013. "Kepentingan Pulau Layang-Layang". *Utusan*, 17 April. http://ww1.utusan.com.my/utusan/Polis _ % 26 _ Tentera/20130417/te_ 01/Kepentingan – Pulau – Layang – Layang.

32. Sofian Baharom. 2016. "Isu Nelayan China Dibincang". *Utusan*, 11 Mei. http://www.utusan.com.my/berita/nasional/isu – nelayan – china – dibincang – 1.322083.

33. Sukhvinder Kaur. 1999. "Malaysia Pertahan Hak di Kepulauan Spratly". *Utusan*, 24 Jun. http://www.utusan.com.my/utusan/info.asp? y = 1999&dt = 0624&pub = utusan _ malaysia&sec = Muka _ Hadapan&pg = fp _ 02.htm # ixzz2IlvZR5xL.

34. Sutarji Kasmin. 1996. "Tuntutan Malaysia Ke Atas Kepulauan Spratly: Apakah Implikasinya Terhadap Dasar Negara". *PEMIKIR*, Vol. 4, hlm. 86 – 115.

35. Sutarji Kasmin. 2005. "Isu-Isu Persempadanan Maritim Malaysia". Dlm. *Konferens Kebangsaan Pertahanan Strategik dan Keselamatan Serantau*. 24 – 26 Mei, hlm. 7 – 8.

36. Yulpisman Asli, Siti Haniza Rahman, Siti Zaleha Jorimai. 1999.

"Pertahan Kedaulatan Kita-Isu Spratly: Kerajaan Didesak Jangan Mengalah Tuntutan Filipina". *Utusan*, 26 Jun. http://www.utusan.com.my/utusan/info.asp?y=1999&dt=0626&pub=utusan_malaysia&sec=Muka_Hadapan&pg=fp_01.htm#ixzz2ImTRLxGg.

37. Yulpisman Asli. 2011. "Spratly: Malaysia Kemuka 4 Cadangan". *Utusan*, 19 Jun. http://www.utusan.com.my/utusan/info.asp?y=2011&dt=0619&pub=utusan_malaysia&sec=Muka_Hadapan&pg=mh_06.htm#ixzz2IlZ9wdPN.

38. Zin Mahmud. 2015. "Gelora Baharu di Laut China Selatan". *Utusan*, 18 Oktober. http://www.utusan.com.my/rencana/gelora-baharu-di-laut-china-selatan-1.147652.

39. Zin Mahmud. 2016. "Mencari Damai di Laut China Selatan". *Utusan*, 5 Jun. http://www.utusan.com.my/rencana/mencari-damaaut-china-selatan-1.338766.

40. Zulkifli Jalil, Kasthuri. 2016. "Tiada Istilah Berlembut". *Utusan*, 3 Jan. http://www.utusan.com.my/rencana/tiada-istilah-berlembut-1.175698.

41. Zulkifli Salleh. 2015. "Gelombang Besar Di Laut China Selatan". *Dewan Masyarakat*, Ogos: 57-59.

42. "Spratly: Malaysia Guna Diplomasi". 2008. *Utusan*, 21 Ogos. http://www.utusan.com.my/utusan/info.asp?y=2008&dt=0821&pub=utusan_malaysia&sec=Dalam_Negeri&pg=dn_11.htm#ixzz2InVBZjfv.

43. "Kepulauan Spratly: Malaysia Tetap Guna Pendekatan Diplomatik". 2009. *Utusan*, 13 Mei. http://www.utusan.com.my/utusan/info.asp?y=2009&dt=0513&pub=utusan_malaysia&sec=Dalam_Negeri&pg=dn_08.htm#ixzz2InQy0elu.

44. "Amaran China Bakal Cetus Ketegangan Negara Lain". 2009. *Utusan*, 14 Mei. http://www.utusan.com.my/utusan/info.asp?y=2009&dt=0514&pub=utusan_malaysia&sec=Dalam_Negeri&pg=dn_10.htm#ixzz2InCrNxly.

45. "Spratly: Boleh Selesai Secara Rundingan". 2009. *Utusan*, 14 Mei. http://www.utusan.com.my/utusan/info.asp?y=2009&dt=0515&pub=utusan_malaysia&sec=Dalam_Negeri&pg=dn_01.htm#ixzz2InAeLnA.

46. "ATM Kukuhkan Tuntutan Malaysia Melalui Penempatan Aset, Anggota". 2009. *Utusan*, 15 Mei. http://www.utusan.com.my/utusan/

info. asp? y = 2009&dt = 0515&pub = utusan _ malaysia&sec = Dalam _ Negeri&pg = dn_ 02. htm#ixzz2IlujzjO9.

47. "Malaysia Cadang Kongsi Ekonomi Laut China Selatan". 2011. *Utusan*, 6 Jun. http://www. utusan. com. my/utusan/info. asp? y = 2011&dt = 0606&pub = Utusan_ Malaysia&sec = Terkini&pg = bt_ 07. htm#ixzz2IlLGATip.

48. "Era Hubungan Sahabat Malaysia-AS". 2014. *Utusan*, 29 April. http://www. utusan. com. my/utusan/Rencana/20140429/re_ 01/Era – hubungan – sahabat – Malaysia – AS#ixzz30QlVAN4t.

49. "TUDM Lancar Misil dalam Latihan". 2014. *Utusan*, 25 Sep. http://www. utusan. com. my/utusan/Dalam _ Negeri/20140925/dn _ 24/TUDM – lancar – misil – dalam – latihan#ixzz3QO9y0NBR.

50. "Interaksi Tentukan Hubungan dengan AS, China". 2014. *Utusan*, 25 Sep. http://wwl. utusan. com. my/utusan/Dalam_ Negeri/20140925/dn_ 03/Interaksi – tentukan – hubungan – dengan – AS, – China#ixzz3QQMePBAe.

51. "ASEAN Sepakat Tidak Iktiraf Tuntutan". 2015. *Utusan*, 16 Jun. http://www. utusan. com. my/berita/parlimen/asean – sepakat – tidak – iktiraf – tuntutan – 1. 103462.

52. "Malaysia Tolak Provokasi Ketenteraan di Laut China Selatan". 2015. *Utusan*, 3 Nov. http://www. utusan. com. my/berita/nasional/malaysia – tolak – provokasi – ketenteraan – di – laut – china – selatan – 1. 153846.

53. "Malaysia-China Bina Abad Asia". 2016. *Utusan*, 2 Nov. http://www. utusan. com. my/berita/nasional/malaysiachinabinaabadasia1. 402542.

54. "PM Sangkal Dakwaan". 2016. *Utusan*, 5 Nov. http://www. utusan. com. my/berita/wilayah/kl – putrajaya/pm – sangkal – dakwaan – 1. 403822.

55. "Dasar Luar Malaysia", Web Rasmi Kementerian Luar Malaysia, http://www. kln. gov. my/web/guest/foreign_ policy (25 Julai 2016).

56. "Sambutan Hari TLDM Ke – 83 Peringkat Lembah Klang", Web Rasmi Kementerian Pertahanan Malaysia, http://www. navy. mil. my/index. php/informasi/berita/berita – utama/item/4305 – sambutan – hari – tldm – ke – 83 – peringkat – lembah – klang (29 April 2017).

三、英文文献

1. ASEAN, 1998 Ha Noi Plan of Action, Ha Noi, December 15, 1998.

2. ASEAN, 2002 Joint Communique of 35th ASEAN Minister Meeting, Bandar Seri Begawan, July 29 – 30, 2002.

3. Barrett Bingley, 2004, "Security Interests of the Influencing States: The Complexity of Malacca Straits", The Indonesian Quarterly, Vol. 32, No. 4 (Fourth Quarter 2004).

4. Christopher C. Joyner, 1998, The Spratly Islands Dispute: Rethinking the Interplay of Law, Diplomacy and Geo-politics in the South China Sea, The International Journal of Marine and Coastal Law, 13 (2).

5. Christopher C. Joyner, 1999, The Spratly Islands Dispute in the South China Sea: Problems, Policies and Prospects for Diplomatic Accomodation, Confidence-Building Measures in the Asia-Pacific Region, Report No. 28, Hendry L. Stimson Center.

6. Johan Saravanamuttu, David Han, 2016, Malaysia-China Relations: A New Turn? No. 274 - 4 November, http://www.rsis.edu.sg/wp-content/uploads/2016/11/CO16274.pdf (Jan. 15, 2017).

7. Leszek Buszynski, Iskandar Sazlau, 2007, Maritime Claims and Energy Cooperation in the South China Sea, Contemporary Southeast Asia, Vol. 29, No. 1.

8. Lian A. Mito, 1997 (3), The Timor Gap Treaty As A Model for Joint Development in the Spratly Islands, American University International Law Review.

9. Lisetotte Odgaard, 2002, Maritime Security Between China dan Southeast Asia-Conflict and Cooperation in the Making of Regional Order, England: Ashgate.

10. Mark J. Valencia, 1995, China and the South China Sea Disputes, Oxford University Press Inc., New York.

11. Mark J. Valencia, 2003, The Spratly Islands Dispute, Far Eastern Economic Review, January 9.

12. R. Haller-Trost, 1994, The Brunei-Malaysia Dispute Over Territorial and Maritime Claims in International Law, Maritime Briefing, Vol. 1, No. 3, International Boundaries Research Unit, University of Durham.

13. R. Halle-Trost, 1998, The Contested Maritime and Territorial Boundaries of Malaysia: An International Law Perspective, London: Kluwer Law International Ltd..

14. Sumathy Permal, 2013, The rising turbulence in the South China Sea, Centre for Maritime Security and Diplomacy, Maritime Institute of Malaysia, April 15. http://www.mima.gov.my/mima/wp-content/themes/twentyeleven/

cms/uploads/seaview/73. Turbulence%20in%20SCS (5 – 2013) . pdf (Mei 20, 2015) .

15. Theresa C. Carino, 1992, The South China Sea Disputes: An Overview, China Currents, Vol. 3, No. 1, January-March.

16. Yan Huei Song, 2008, The Potential Marine Pollution Threat from Oil and Gas Development Activities in the Disputed South China Sea/ Spratly Area: A Role that Taiwan Can Play, Ocean Development & International Law, Vol. 39, No. 2.

17. Malaysia, China Seek Stronger Ties in High Education, Tourism. 2011. *Bernama*, 28 Apirl.

18. "Malaysia's navy chief denies Chinese incursion in James Shoal", The Sunday Times, http: //www. straitstimes. com/breaking – news/se – asia/story/malaysias – navy – chief – denies – chinese – incursion – james – shoal – 20140129 (March 20, 2015) .

19. 2nd MIMA South China Sea Conference 2012, http: //www. mima. gov. my/v2/? m = posts&c = shw_ details&id = 34 (Jun 15, 2016) .

20. 3rd MIMA South China Sea Conference 2014, http: //www. mima. gov. my/v2/? m = posts&c = shw_ details&id = 465 (Jun 15, 2016) .

21. 4th MIMA South China Sea Conference 2015, http: //www. mima. gov. my/v2/? m = publications&c = shw_ details&id = 31 (Jun 15, 2016) .

22. 5th MIMA South China Sea Conference 2016, http: //www. mima. gov. my/v2/? m = event&c = shw_ details&id = 53 (Jun 15, 2016) .